デンマーク式生涯学習社会の仕組み

坂口緑／佐藤裕紀
原田亜紀子／原義彦
和気尚美

ミツイパブリッシング

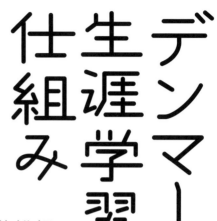

目次

はじめに

幸せの国デンマーク

「デンマーク？　幸せな国なんですってね」。今から10年ほど前、1年間滞在したデンマークから日本に帰国した日、近所の人に挨拶をするとそんな言葉が返ってきた。デンマークは幸せの国というイメージを抱いている人は思いのほか多いようだ。英国レスター大学が最初の「世界幸福地図」を発表したのは2006年のことだった。このとき世界幸福度ランキング第1位という輝かしい栄光を手にしたのが、北欧の国デンマークだった。ヨーロッパの北の方にある国ということは知っていても、スウェーデンの隣かノルウェーの隣かわからないし（どちらも正解）、なぜかオランダとつい間違えてしまう国。同じ調査でトップ3に入ったスイスやオーストリアに比べても、あまりに知られていない小国が第1位だったということもあり（ちなみに日本は178カ国中90位）、このときの結果はある種のざわめきをもって受け止められた。

それは、デンマークに住む人にとっても同じだったようだ。日本に滞在経験のあるデンマーク在住の英国人ジャーナリスト、マイケル・ブースも、レスター大学の調査についての記事を目にした日の驚きを隠せない。「思わず新聞の日付を見た——エイプリルフールではなかった。……一番幸せ？　現在、私が住んでいる、この暗くて雨が多くて退屈で平坦な国、冷静で分別あふれる、ごく少数の国民が住む、世界一税金の高いこの国が？・」（ブース 2014=2016:7）。レスター大学の調査のトップ10には、アイスランド、フィンランド、スウェーデンといった、これまた暗くて雨の多い国々が並んだ。「天気が考慮されないのはどう考えてもおかしい」と、デンマーク在住の私の友人は当時から強く主張していたが、そんな声が世界に届くことはなく、この頃から、北欧は幸せな国々というイメージが順調に形成されていく。

国連世界幸福度調査

２０１２年以降は、国連が世界幸福度調査（World Happiness Report）を毎年実施している。これは各国の住民に対する意識調査をとおして主観的な幸福度を尋ねる質問群とともに、一人あたり国内総生産（ＧＤＰ）、社会保障制度などの社会的支援、健康寿命、人生の自由度、他者への寛容さ、国家への信頼度を基準に分析した結果をランキングにしたものである。[1]２０１２年の初回調査ではまたしてもデンマークが第１位を獲得し、幸せの国の称号を揺るぎないものとした。さすがにその後は、他の北欧諸国に１位の座を譲ることが増えたものの、デンマークは依然として2位か3位という上位を維持している。

幸福は、現代社会にとって魅力的な指標のひとつである。国内総生産やジニ係数といった経済指標によるランキングとは異なり、私たちの暮らしの質《クオリティオブライフ》を教えてくれ、できるものなら目標にしたいと思わせる訴求力を備えている。加えて、雑誌やＳＮＳから発信されるデンマークの雑貨や家具や食器がまとうスタイリッシュなイメージも、私たちのデンマークへの憧れをかき立てる。居心地の良さを意味するデンマーク語「ヒュッゲ（hygge）」がワールドワイドな流行語となり、野草と苔に魔法をかけておしゃれな一皿に変身させるニューノルディックキュイジーヌがグルメ界を席巻する様子も目にしてきた。手厚い社会保障制度の下で、病気も出産も老後も心配することなく、平日だって夕方には自転車に乗って帰宅して家族で食卓を囲んでもまだ午後7時。夏（だけ）は明るい時間が続くから夕食後にふらりと森に散歩に出かけられる。そのような暮らしが実際に営まれているという話を耳にすると、心からうらやましいと思ってしまう。そして想像するゆとりある暮らしぶりから、デンマークは幸せな国、とのテーゼを誰も疑わない。消費税を25％も徴収する国なのだから社会保障が充実するのは当然だ、人口が少ないから何事もシンプルに進むのだろう、ワークライフバランスが実現されれば人生の自由度も高まるに違いない。たしかにデンマークの高福祉は高負担によって支えられているし、人口はたった581万人で、法定労働時間は週37時間である。

けれどもそのこと自体、デンマークが重ねてきた制度改革の成果なのではないか。決して恵まれているとはいえない北緯55度の土地で、ブースがコミカルに引用する配偶者の言葉のとおり、「天気の悪さ、税金の高さ、意外性のない単一文化、最大公約数的なものを息苦しいまでに押し付けてくる社会、標準からはずれる事柄や人間に対する恐怖心、野心に対する不信と成功に対する反感、おそろしく悪い公衆マナー、脂肪過多の豚肉や塩味のリコリス、安物のビールやマジパンに疑いをもたない食生活」（ブース 2014=2016:10）といった数々のマイナスを乗り越え、デンマークの人びとはいったいどのようにして幸せの国を形作ってきたのだろうか。

教育へのアクセス

レスター大学の調査が世界幸福地図を描出するために重視したのは、国内総生産、健康、そして教育へのアクセスという三つの指標だった。教育へのアクセスが考慮された理由は、教育は個人の成長という点で主観的な幸福度に寄与するだけではなく、次世代の育成という点で未来社会のあり方を規定するからだという。

教育についても、実はデンマークはほどほどに優等生である。OECDが世界の15歳生徒に実施している学習到達度調査（PISA）2018年の結果を見ると、科学的リテラシーは平均489点に対してデンマークは493点（日本は529点）、読解力は平均487点に対してデンマークは501点（日本は504点）、数的リテラシーは平均489点に対してデンマークは509点（日本は527点）であり、過去の調査でも平均点よりやや上の位置をキープしている。[2] 一方で、教育に対する公的支出を比較するOECDのランキングにおいて、デンマークは常に上位につけている。ここでの公的支出とは、学校をはじめとする教育施設や教育関連の補助金に対する政府の支出を意味する。[3] OECD加盟国であっても国の大小により財政規模は大きく異なるが、一国の歳出に占める教育関連費支出の割合を見ると、その国が教育にどのくらい力を入れているのかが見えてくる。

2017年のデータによると、OECD加盟国の歳出に占める教育関連の公的支出割合は平均で10・8%だったのに対し、デンマークは12・7%だった (OECD 2020a:312)。教育大国として知られるフィンランドは9・9%、日本が7・8%といった数字を並べると、デンマークの公的支出割合の大きさがわかるかもしれない。生徒一人あたりの年間教育支出額(2017年)も、OECD平均が約1万1000ドル、日本は約1万2000ドルだったのに対し、デンマークは約1万4000ドルである (OECD 2020a:270)。OECDのカントリーレポートでも、政府の教育支出に対する気前の良さを賞賛する文章が並ぶ。「デンマークの教育支出は大規模で強力である。課題があるとしたら効率性をアップさせることくらいだろう」(OECD 2020b:3)。教育へのアクセス、これが幸せの国デンマークを形成する要素なのだろうか。

PISAの点数や教育に対する公的支出だけを見れば、日本だってほどほどに良い位置につけている。教育の公的負担が軽い代わりに私的負担でなんとか補っている日本が、デンマークより、政府による生徒一人あたりの年間教育支出額も低いのは当然だとも言える。レスター大学が重視した他の国内総生産、健康という指標も、実は日本もトップクラスに位置している。それなのになぜ、幸福度調査となるとデンマークと日本の間には暗く深い亀裂が走るのだろう。「教育へのアクセス」の内実をもっとよく見てみる必要があるのではないだろうか。

教育制度を見通すために

私たちは、比較教育学、生涯学習論、図書館情報学を専門とする研究者のグループである。時期は異なるものの、それぞれが研究や調査のためにデンマークに滞在した経験をもち、デンマーク社会の、とくに教育の領域に関心をもち続けてきた。大国スウェーデンに比べると研究する人の数もぐっと限られるなか、デンマークの教育に関心を寄せる者同士、集まって情報を共有できればと、数カ月に一度、オンラインやオフラインで研究会を開催してきた。

本書の企画はこの会での話し合いから始まった。デンマークの幸福度が教育へのアクセスによって支えられているのだとしたら、デンマーク社会に対する理解を深めるためにも、教育制度を見通す視点を共有できないか。日本とは異なり、留年したりコースが変更できるフレキシブルな学校制度、自分にふさわしい学びが何かを相談できる進路指導《ガイダンス》、ウェブ申請でほとんど完了する大学入試、大人が当たり前に利用できる学び直し、いつでもどこでも誰でも学べる機会を提供する生涯学習機関、学校とは異なる若者のための組織や施設、中高年が若者とともに歌ったり踊ったり祈ったり作ったり描いたり運動したりしながら人生を見つめ直す学校フォルケホイスコーレ、移民や難民がアクセスできるよう工夫された図書館プログラム。インターネットでキーワード検索をすれば一定の情報には行き着くけれども、そもそもデンマークの教育制度は全体としてどのようなものなのか。

研究会を重ねるにつれだんだんと理解できるようになってきたのは、デンマークの教育制度は、まるでデンマーク発の世界的玩具「レゴ」のように、パーツとパーツを組み合わせるだけで創造的な造形を形作る、生涯学習社会だということだった。アメリカの進歩主義的な公教育制度をトレースしながら改変されてきた日本の教育制度とは異なり、教育と職業訓練を区別し統合してきたヨーロッパ型の系譜につながる。デンマークの場合はそれに加えて、19世紀以降、ルター派キリスト教の伝統に連なる、ささやかな家庭集会をモデルとするような、当事者が合意を形成しながら教育の場を民主的に運営することを最善とする独自の価値観が反映され、必ずしも国家主導で整備されてきたわけではない。何度もデンマークを訪問する機会に恵まれている私たちにとっても、実は、日本と大きく異なるデンマークの教育制度の概要を把握するのは、ずいぶんと骨の折れる作業だった。けれどもそれぞれの知見を持ち寄り、文献やウェブサイト、政府や地方自治体、各種のアソシエーションやＮＧＯ、国際機関の報告書を渉猟して集めた情報を束ねながら、できるだけ順を追ってデンマークの教育制度がわかるように並べ直したつもりである。

オーダーメイドの学びを支援

本書のための調べ物をしながらたびたび感嘆したのは、デンマークにおいて「教育」のもつ意味が思いのほか広く、深いという点である。最大の特徴は、学校教育を意味するフォーマルな教育制度に加えて、多種多彩なノンフォーマルな教育制度が整備されている点である。冷戦終結後、人の移動の増大と情報化に伴う産業の構造転換は、世界中で、教育のあり方や人々の生き方に大きな変更を迫っているが、時間をかけてデンマークはこの変化に対応しようとしてきた。とりわけこの20年ほどのあいだ、職業教育、進路指導、移民政策、知識社会といった課題について、学校教育においても学校外教育においても何度かの大きな改革が敢行されてきた。教育が、個人の成長だけではなく社会として経済規模の維持や成長をどのように準備するのかという意味で、次世代への投資だという価値観が官民両者に共有されている点もわかりやすい。

けれども必ずしもそのような経済的価値の追求が至上命題になっているわけではない。デンマークには、国民国家が形成された19世紀以来、教育の自由を継承する思想が制度に反映されており、個人の自由を実現しようとする意志は、度重なる改革にも揺るがない。福祉国家の再編が重要な政治課題となり教育が政争の具となる経験を重ねながらも、あるときは打算的な立場から、また別のときは人道的な立場から、境界線上におかれがちな人びとを戦略的に包摂してきた。義務教育にあっても必要であれば就学期間を延長できたり、後期中等教育後の進路選択を急かされず、コース変更をする人がいることを前提に制度が設計されており、複雑になった学校制度を案内する制度をつくり、既存の枠からはみ出る人たちに伴走する専門家がオーダーメイドの学びを支援する。「ひとりひとりの声を聞く」――デンマークの社会で受け継がれてきた、教育の自由を個人のレベルで実現しようとする制度のあり方の根底には、こうした姿勢があると言えよう。

本書の構成

本書は全5章から成る。

第1章は、回り道や寄り道が可能な小学校から大学までの学校制度について描出している。前半にあたる第1節では、初等教育から前期中等教育までを対象とし、国民学校（Folkeskoler）や10年生、高校進学前に可能となるオルタナティブな進路といった選択肢について説明したのち、学校の歴史を振り返っている。さらに、現在、どのような国家目標の下に学校教育が位置づけられているのかを解説している。後半にあたる第2節では、後期中等教育から高等教育までを対象とし、中学校卒業後から複雑に分岐する複線型の学校制度や、デンマークの大学、職業アカデミー、専門職大学といった高等教育機関の種別のほか、日本とは大きく異なる大学入試の方法について解説している。

第2章は、複雑に分岐する学校制度の背後にある、若者の進路移行を支える教育機関とガイダンス制度の実際を取り上げる。EU内でも共通した課題となっている後期中等教育期にある若者の離学や雇用不安に対し、デンマークの各種の制度がどのように対応してきたのかが焦点となる。2004年以降、徐々に拡充されてきた進路指導のためのガイダンス制度のほか、ノンフォーマルな教育制度に位置づけられる若者学校、エフタスコーレ、生産学校について解説している。

第3章は、若者の政治参加をテーマに、それを可能にしているデンマークのユースカウンシルという機関を取り上げる。地方自治体が設置する若者政策提言組織は日本を含め各国に見られるが、デンマークでは1980年代に「若者の社会的排除」が社会問題となった時期以降、順次設立され、全自治体の半数近くに団体があることが確認されている。デンマークのユースカウンシルは、団体ごとに活動のスタイルも内容も異なるものの、若者の政治参加を目指す際には、若者が主体であるという視点、そして日常生活での対話を基本とする姿勢が共通し、それが多様な若者たちの政治参加を可能にしている。

第4章は、成人教育を取り上げる。19世紀半ば、農閑期に農民が集い学びあう自主的な学校フォルケホイスコーレ発祥の国として知られるデンマークには、現在まで、成人を対象とする多様な成人教育の機関と制度が存在する。補償教育を可能にする普通成人教育、学び直しと進路変更を可能にする労働市場教育、人生を見つめ直し自主的に学ぶための自由成人教育といった成人教育の種別は、いずれもデンマークのもつ広義の「教育」を実質的に支える制度となっている。

第5章は、デンマークの自治体で中心的な社会教育施設として機能している、デンマークの公共図書館について取り上げる。近年、デンマークの公共図書館は、教育と福祉と地域サービスの拠点として活用されるようになっている。ICT支援、生活困窮家庭支援、父親の育児参加、移民・難民に対する図書館サービス等、図書の収集・維持・管理を超えて多様に展開されるプログラムがなぜ可能なのかを解説している。

本書の目的は、デンマークの生涯学習社会の概要を描き出すことである。ひとりひとりがレゴを組み立てるようにライフコースを決定できるのは、どのような機関や制度があるからなのかという問いを中心に本書は構成されている。そのため、各教育段階においては、いくつかの論点を省略せざるを得なかった。たとえば、日本の読者にもなじみ深い「森のようちえん」の実践を生み出している就学前教育に関しては、取り上げていない。また、先進的な取り組みの多い特別支援教育についても紙幅を割くことができなかった。さらに、学校教育においても、その他のノンフォーマルな教育機関においても、それぞれどのようなカリキュラムを採用し、どのような教材を活用し、どのように教員を養成しているのかといった点に関しては、部分的な言及にとどまっている。けれども、デンマークに関する在住者のブログや研究者の論文においてもしばしば断片的な紹介にとどまっていた、デンマークの教育制度の全体を見渡せるようできるだけ留意したつもりである。

本書が、天気の悪さを補ってなお余りある幸せの国デンマークの教育を理解する一助となることを願っている。

2022年8月

筆者を代表して　坂口緑

第1章 デンマークの学校教育

回り道や寄り道を可能にする制度

坂口 緑

［第1節］デンマークの義務教育

1 デンマークの国民学校

ラウラさんの選択

デンマークの首都コペンハーゲン市に暮らす高校2年生のラウラさんは、かつて中学校時代をホームスクーリング（Hjemmeudervisning）で過ごした経験をもつ。幼い頃から熱心にクラシックバレエに取り組んできたラウラさんは、公立の小中学校である国民学校（Folkeskole）に通っていたが、バレエ教室に通うため、そして自ら学びたいと思っていたフランス語の学習を優先するために、国民学校の7年生（日本の中学1年生）になってからしばらくして、学区の国民学校に通わないという選択をした。

国民学校をやめるにあたっては、市の担当者がやってきて、代わりにどのような方法があるのかをラウラさんとラウラさんの保護者に教えてくれたという。ホームスクーリングという制度があること、教材は自分で調達しなければならないけれども、自宅のコンピュータを使ってひとりで必要な勉強が進められること、ホームスクーリングで学ぶことのできない科目は近くの若者学校（Ungdomsskole）に通学し学べること、質問がある場合はオンラインで担当者に質問できること、学区の国民学校の監督のもとに学習を進められるため、中学校修了試験も問題なく受験できることがわかり、ラウラさんは迷わずホームスクーリングを選択した。

ラウラさんがこのような選択をした背景には、学区の国民学校の運営に対する本人の不満があった。バレエを練習してきたラウラさんは、7年生になってフランス語を習うことを楽しみにしていた。しかし、実際に始まってみると、授業は彼女の期待に応える水準ではなかった。学校へ通うのは楽しく、仲の良い友人もたくさんできた。けれども、研修や休暇やストライキを理由に、教科を担当する教員が休みをとることが多かった。代理教員がそれまでの学習計画を引き継いでいることはほとんどなく、一日をスポーツやアートなどの単発型アクティビティに費やして終わってしまうこともあった。クラス全体も、どちらかと言うと勉強を優先する雰囲気ではなく、バレエの練習のために効率的に勉強を進めたいと考えていたラウラさんの都合には、あまり合わなかった。幼い頃からの友人も多く離れがたいと感じたものの、友人たちとはSNSで密にコミュニケーションをとることもでき、国民学校をやめたあとも、実際の生活にあまり大きな変化はなかったという。若者学校では、フランス語、化学と物理などの授業を無料で受け、そのほかの科目はホームスクーリングで勉強し、自由になる時間を自分のための活動に費やした。ホームスクーリングのコミュニティもあり、時々そこで同じ環境で学ぶ友人に会ったり、保護者同士も交流することができた。ホームスクーリングを証明する書類を見せれば、市内の博物館や美術館は国民学校の生徒と同じ割引価格で利用できる特典もあったという。

国民学校の教育課程をホームスクーリングで無事に終え、国民学校修了試験（Folkeskolensafgangseksamen）に合格したラウラさんは、高等学校の入学のための特別な試験を受け、現在、全日制の理工科高等学校（ＨＴＸ）に通っている。中学校時代、時間を自由に使えたラウラさんは、長期休暇ではない時期でも時間が合えば家族とともにフランスやベルギー、日本に旅することができた。その後バレエのレッスンを中止したラウラさんは次第にアートの世界に関心をもつようになり、中国の工房で陶芸のレッスンを受けたり、インスタグラムでアート作品を発表するなど自分の世界をどんどん広げている。

10年間の義務教育

ラウラさんのようにホームスクーリングを選択する生徒は全体の０・１％未満であり、決して一般的ではない。けれども本人の希望に沿っていくつかの選択肢を可能にするという考え方は、デンマークの教育制度を表す特徴となっている（永田 2005:154-184）。

デンマークの義務教育期間は０年生から９年生までの10年間である。義務教育は、日本と同様、学校に通う義務（skolepligt）ではなく、子どもが教育を受ける義務（undervisningspligt）という理解であるが、デンマークではその理念が驚くほど制度に反映されている（図表1－1）。

デンマークの初等教育・前期中等教育は基礎学校（Grundskole）課程と呼ばれる。デンマークではGDPの3％を基礎学校の領域に充てており、これはOECDのトップ5カ国に入るものである（OECD 2020）[1]。その課程の教育が受けられる学校群にはいくつかの種別があるが、中でももっとも一般的な公立の小中学校は「国民学校（フォルケスコーレ、Folkeskoler）」と呼ばれ、全国の0〜9年生に当たる就学年齢人口約66万人のうち、78・5％が通う（デンマーク統計局 2019/2020年）。

もちろん、デンマークにも私立学校（Friskoler および Privatskoler）が存在している。国民学校と同等の初等・前期中等教育の基礎教育課程に当たる私立の国民学校は「フリースコーレ（Friegrundskoler）」と呼ばれ、全国の子どもの約18・1％が通う（デンマーク統計局 2019/2020年）。「自由な学校」という意味のフリースコーレは、後述のように、19世紀に国の定める「ラテン学校」とは異なる手作りの学校を作ろうとした教育運動に端を発している。現在では、外国語教育に重きを置く学校、ラテン学校を出自とする伝統校、宗派による教育を重視する宗教的な学校、インターナショナルスクールなど、特色のある私立学校が全国に158校ある（2020年）。基礎教育課程を提供する私立学校に対しては国からの補助金があるため、授業料は有料ではあるがさほど高額というわけではない。入学に関して一律で課せられる選抜試験はなく、学校ごとにルールを設けて入学者を選定している。私立学校への進学を希望する家庭の中には、海外ルーツや外国籍をもつ家庭で子どもに母国語教育を望む人、学区内の国民学校よりも規律訓練が行き届いて

図表1-1　デンマークの教育制度

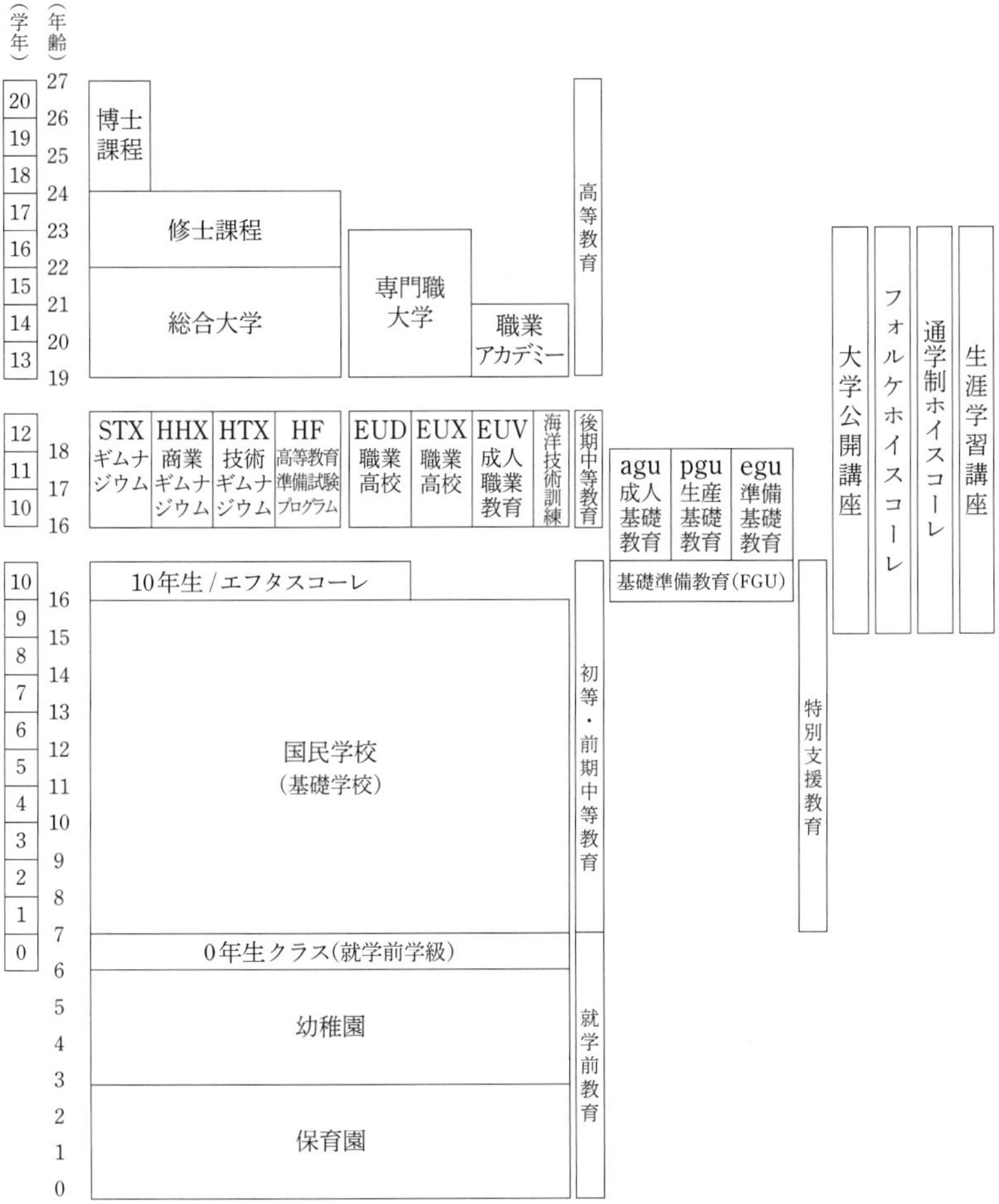

出典：子ども教育省ウェブサイト（2020年1月9日改訂版）を元に著者ら作成。

いるとの理由で希望する人、信仰上の選択として選ぶ人などさまざまである。

子どもたちは学区内にある学校に徒歩や自転車で通学する。まず、6歳前後の子どもたちは、国民学校に付属する0年生クラス（Børnehaveklasse, 幼稚園クラス）に進学する。就学の準備ができていないと保育園で判断されたり、両親や本人が希望する場合には、1年就学を遅らせることもできる。

0年生クラスで学校という空間や、時間割に沿って進む生活時間に慣れたのち、たいていは同じ建物内にある1年生クラスに進学する。低層の建物で広い芝生の校庭や体育館がある学校も多いが、体育の授業には近隣のスイミングプールやスケート場に移動して授業を実施するため、すべての学校に同じような施設が整備されているわけではない。けれども学校内の廊下が比較的広く作られていて室内での遊び場になっていたり、廊下のすみにソファが置かれていることも多く、休み時間や放課後になると子どもたちがくつろぐ姿がよく見られる。[2]

これらの学校に加え、ラウラさんのように、自治体ごとに実際の条件は異なるが、学区の国民学校の監督の下、若者学校に通学したり、家庭で学習するホームスクーリングという選択肢も存在している。残りの3％程度の生徒はその他の学習形態を選んでいる。[3]

デンマークの国民学校に見られるもう一つの特徴的な制度に、10年生という、日本の学校にはない学年がある。10年生とは、国民学校修了試験の成績がふるわなかった場合や、本人や家庭の希望で自主的に後期中等教育課程への進学時期を遅らせたいと考える人たちが、1年長く前期中等教育課程に在籍することのできる制度である。デンマークでは、一つの学校を修了したら、すぐに次の教育課程へと急ぐ必要はない。2021年には、9年生を修了した生徒の過半数である51％が10年生を履修することを希望している。中でも人気があるのが、9年生や10年生の期間に家庭を離れる寄宿制の学校エフタスコーレ（Efterskoler）であり、10年生を希望する生徒の実に3分の2がこのような学校を選択している。最近はこの国民学校卒業後の時期を活用して、海外の高校に留学する生徒も増えている。

以下では、10年生を中心に、義務教育である前期中等教育の中に組み込まれている特徴的な進路を見ていきたい。

オルタナティブな進路

デンマークの中等教育では、一般的な国民学校に進学するコース以外にも、いくつかのオルタナティブな進路が可能となっており、この点が日本の学校制度と大きく異なっている。日本にもたしかに通信制の中学校やフリースクールが存在はしているが、その数は少なく学費の負担もあるため、あまり現実的な選択肢ではない。それに対しデンマークの場合、日本の中学生に当たる前期中等教育期間がその後の進路や職業選択に大きく関連するとの前提のもとに、本人の希望にそった進路を取るための次のような公的な選択肢が用意されている。

何よりも特徴的なのが、先に少し触れた「10年生」という制度である。これは、国民学校は修了したものの、学習内容の理解をさらに深める必要がある場合や、後期中等教育に進むにあたって進路選択の希望を考える必要がある場合に、1年間、教育期間を延長できる制度である。10年生は、さらに次の二つの分野に分かれている。

一つは、「10年生クラス（10.klasse）」である。前述のように、これは国民学校の学習内容を復習するために設置された制度である。期間は1年間で、基本的には9年間の義務教育を受けた人が在籍できる。学費は無料である。デンマーク語、英語、数学が必修となり、さらにフランス語、ドイツ語、物理・化学や実技系科目から選択でき、10年生修了時に国民学校修了試験に該当する試験を再度、受けることができる。通っていた国民学校に10年生クラスがあり、そこを希望すればそのまま進学することもできるが、エフタスコーレのような寄宿制の学校が選ばれることも多い。また多くの自治体で、特別な10年生クラス用の学習センターが設置されている。何らかの事情で義務教育を終えていない若者や成人が通学し、修了試験を受ける準備をすることもある。成人教育としての10年生という制度もあり、成人教育センター（VUC）もしくは一般成人教育（AVU）の枠組みで、国民学校のカリキュラムをあとから学ぶことも可能である。

もう一つが、「Eud10」と呼ばれる制度で、2015年からすべての自治体に設置が義務付けられたものである。国民学校の卒業後にアカデミックな教育が中心の高等学校への進学を希望する生徒が増加する一方、キャリアと技能を中心とする高等専修学校を希望する生徒が伸び悩んでいる背景があり、2014年に「よりよく、さらに魅力的な職業教育のための合意」が出され、Eud10が設置された（子ども教育省 2021）。期間は1年間であり、9年間の義務教育を受けた人が在籍できる。学費は、約6週間の「架橋コース」を国が、それ以外の期間は自治体が負担する。架橋コースは、高等専修学校に進学するために必要とされる科目の成績が十分でない場合や、何となく将来の職業を意識して高等専修学校へ進学するつもりでいるものの、それが正しい選択なのかまだ自信がないという生徒のためのものである。そのため、通常の10年生課程と同様に、デンマーク語、英語、数学が必修教科となるが、そのほかの選択科目や必修課題などは高等専修学校への進学へ向けたものとなる。具体的には、選択科目である実技系に関しては、工芸、技術、貿易、農業、福祉等、より幅広い職業に関連する科目が設置されている。架橋コースを含む授業時間の30％は職業教育を行う学校と協働することになっている。２０２０年からは、後期中等教育の高等専修学校の１年生課程と10年生課程を同時履修することも可能になった。週のうち３日間が10年生クラス、２日間が高等専修学校の基礎コースといったように、フレキシブルに組み合わせられる。

自由職業学校・若者学校・エフタスコーレ

これらのほかに、デンマークには前期中等教育の期間に進学できる、特色あるカリキュラムをそろえた特別な学校が主として三種類ある。[4]

第一に、全国に13校ある「自由職業学校（Frie fagskoler）」である。[5] これは主として９年生修了後の期間を使って進学する寄宿制の学校で、提供される授業全体の３分の１以上が職業に関連する実技系になっている。期間は１週間から１年間で、16歳以上もしくは９年生を修了している人が入学できる。学費は学校ごとに異なるが、18歳未満の生徒の場合は週約１２００クローネ（２０２２年現在１クローネは約19円）であり、多くの場合に自治体からの補助金が出る。実技系の科目には、食品、IT、アニメーション、家具デザイン、保育、工芸、被服、建設、農業といった内容があり、全国の学校の中から自分の関心に合うものを選ぶ。学校によるが、多くが学問専攻（理論中心）、職業専攻（技能重視）、10年生クラス、就職準備という四つの段階の中から選ぶことができる。多くの学校で、スポーツ、ゴーカート、音楽、演劇、映画、乗馬といった余暇活動も提供されている。

第二に、「若者学校（Ungdomsskolen）」である。これは、14歳から18歳までの若い世代を対象とする通学制の学校（一部に寄宿制の私立学校）で、国民学校での環境適応や学習の進度に困難を覚える生徒が自分のペースで学ぶことができるよう用意されている。期間は人によって異なり、1週間から1年間など個人の必要に応じて決まる。学費は無料であるが、一部の科目は有料となっている。提供される科目は、国民学校修了試験を準備するための科目のほか、各国語、数学、コンピュータ、料理、保育、工芸、技術、エンジニアリング、美術、音楽、演劇、機械工学、写真、メディア、美容、ヨガ、コスプレ、スクーター等、多岐にわたる。若い移民に対する第二言語としてのデンマーク語、デンマーク社会についての授業も用意されている。全国に約１００校あり（２０２１年現在）、自治体が運営する公立の施設が大半で、市街地にある。一般的な公立の若者学校は、地域に住む若者すべてに開かれた施設で、音楽や演劇、キャンプや週末のパーティなどイベントも開かれる。

第三に、進学希望者が最も多い「エフタスコーレ（Efterskoler）」である。これは、14歳から18歳までの若い世代を対象とする寄宿制の私立学校で、国民学校の8年生から10年生に相当する教育を受けることができる。エフタスコーレの生徒総数としては、3分の2が10年生であり、8年生と9年生を足しても全体の3分の1に過ぎない。就学期間は1年間から3年間で、14歳以上もしくは7年生を修了している人が在籍できる。学費は学校ごとに異なるが年間3万5000〜7万クローネで、世帯収入によって各種の補助金が出る。9年生までの課程はしっかりと終え、学力的には後期中等教育に進学する準備もできているという判定がされていても、人間としての成熟の場としてエフタスコーレに進み、1年間学ぶことを希望する生徒も多い。通常、学費はすべて無料のデンマークで、経済的負担もいとわずエフタスコーレに子どもを送り出すことのできる家庭は、通常の10年生クラスを選ぶ生徒よりも、母親の就労率、教育段階がともに高いことが指摘されている（EVA 2018）。こうした社会経済的に恵まれた家庭で育った子どもで、9年生の成績が十分な場合でも、エフタスコーレに進学し、9年生、10年生クラスを選ぶことができる。

エフタスコーレで提供される科目は学校ごとに大きく異なるが、いずれの学校も必修科目と選択科目があり、音楽や演劇、スポーツ、あるいはキリスト教といった学校を特徴づける特別なカリキュラムをもっている。学校の規模も様々で、生徒数は50名から500名までと幅広いが、たいていは市街地から離れた風光明媚な場所に設置されている。義務教育のカリキュラムが提供されているものの、学校法人によって運営される私立学校であり、教育制度の上ではノンフォーマル教育に位置づけられている。2020年現在全国に約240校あり、毎年約3万人の生徒がエフタスコーレで学ぶなど、近年、その人気が高まっている（鈴木 2019:239）。

2018年の報告書によると、これまで通っていた国民学校の10年生クラスに進級する生徒の多くが、教科成績の向上（63％）やこの先の進路や就職について明確化すること（49％）を目的として挙げているのに対し、エフタスコーレに進学する生徒の目的は、自分の関心を深める可能性について探ること（69％）が最大で、進路や就職について明確化すること（35％）、成熟すること（32％）、社会的な事柄に通じるようになること（28％）と続く。通常の10年生クラスを選んだ生徒のうち53％、エフタスコーレでの10年生を選んだ生徒の75％が、すでに9年生修了時に高等学校あるいは高等専修学校へ進学する準備ができているという判定を受けている（EVA 2018:6)。このように10年生という制度は、進学の準備ができているかどうかという客観的な観点だけではなく、本人がこの先の進路について明確な意思をもてているか、進学するのに現在の学力が十分だと感じているかという主観的な観点からも選択されていると言える。

教育の質保障

このようにデンマークの義務教育期間は、基本的には日本と同様、年齢に応じた段階的なカリキュラムをこなすことが期待され、多くの人は学区内にある国民学校に通学する。けれども日本の学校制度とやや異なる点は、本人が希望するのであれば、多数の人が選択する道から少し逸れることができ、一時停止をしたり、回り道や寄り道をすることに引け目を感じる必要がないような仕組みになっているところである。どのような道を選ぼうと、多数派が選択するコースを歩んだ場合に受けられるものと同等の教育の質が保障される。学区内の学校が本人の希望に合わない場合は、学区外や他の自治体に希望の学校を見つけたり、私立学校を選択することができる。また国民学校から離れてもっと異なる世界を見てみたい、特別なカリキュラムのもとで学びたい、自分のペースで勉学に励みたいと考える生徒たちにも、オルタナティブな進路が用意されている。

義務教育期間であってもこのような複数の進路が用意されているのは、前期中等教育後に将来の職業につながる進路選択をする機会が控えているためである。どのような学問を志すのか、自分の適性に合った進路は何か、どのような技術を修得するのか、どのような人間になりたいのか、どのようなキャリアを目指せばいいのか。このような問いを10代半ばの生徒たちが十分に悩み、準備することができるよう、またその後の進路選択によるミスマッチをできるだけ最小にできるよう、デンマークの学校制度にはオルタナティブな進路が組み込まれている。

2 学校の歴史

19世紀の学校

デンマークの初等・前期中等教育課程に見られる、回り道や寄り道が可能となる制度はどのようにして定着してきたのだろうか。ここには義務教育制度が導入される以前の、学校の歴史が大きく関係している。

デンマークの学校制度は、１８１４年に始まった。牧師の養成を目的とするラテン学校(latinskolen) しかなかったところに、キリスト教徒を育成しようと一般庶民のための平民学校

(almueskolen)が設立されることになった。どちらの学校においても19世紀の子どもたちの就学期間は7歳から堅信礼を受ける14歳までの7年間で、科目は宗教、読み書き、算数とされていた(コースゴー 1999:114-120)。特筆すべきは、教育費は国が支出するということがこのときに定められたという点である。とはいえ、誰もが気軽に学校に通える環境にあったわけではない。ラテン学校は主要都市に、平民学校も市街地に建設され、家業を手伝うことが優先される農村部の子どもたちにとって学校は遠い存在だった。1855年、義務教育制度を導入するにあたり、学校に通えない環境にある子どもたちが教育を受ける環境を実現するために、親もしくは保護者が子どもたちの教育を監督することを可能とする法律が成立した。同時に、学年ごとの教育水準を確認する方法が確立し、市街地にあるラテン学校や平民学校に通わなくても、家庭で、もしくは村の子どもたちを集めた手作りの学校において、子どもたちに義務教育を受けさせることが可能となった。

この19世紀半ばに成立した義務教育制度が、デンマークにおける多様な、オルタナティブな進路を可能とする制度の源泉である。ラテン学校でも平民学校でもない場所で、村の子どもたちを集めた手作りの学校を設立することが可能になった農村部では、独立系学校フリースコーレ(Friskoler)が相次いで設立された[6]。

その後、義務教育制度の整備が進む。1899年の法律により、初等教育機関としての条件が標準化されるようになった。週に18時間の時間割とすること、1年間のうち41週間を学期とすること、農村部で1クラスの生徒の数を37人以下に、都市部で35人以下に減らすことなどである。歴史、地理、体操、自然科学といった新たな科目が加えられ、上級学校に進学することを前提とするカリキュラムが組まれるようになった。１９０３年に成立した一般学校法は、それまで私立の教育機関にしか進学できなかった女子生徒が公立の中等教育機関（den offentlige gymnasieskole）に進学できるようにする法律だった。[7]

このように、19世紀に整備されたデンマークの義務教育制度は、一律に誰もが既存の学校に通学することを前提とせず、場合によっては家庭で親や保護者が教えたり、村で学校を設立するなどの方法で、学校ごとに特色あるカリキュラムを導入することを可能とするものだった。その後、初等教育機関としての学校の条件についての標準化は進むものの、このような独立系学校の教育思想は、のちのデンマークにおける公教育に大きな影響を与えることになる。

教育運動としてのフリースコーレ

19世紀に義務教育制度が導入される中で、ラテン学校でも平民学校でもない学校をつくろうという機運は、「フリースコーレ（Friskoler）」を設立する教育運動として広まった。デンマークでは、私立学校は現在も「フリースコーレ（Fri- og privateskoler）」と呼ばれる。これは文字通り「自由な学校」という意味である。なぜ「自由」なのか。ここには二つの意味が込められている。一つは、ラテン学校の決まり切ったカリキュラムや試験から自由な学校という意味であり、もう一つは、義務教育機関だとしても精神的には「国家」から自由な学校という意味である（鈴木 2019:235-255）。

この運動の精神的支柱となったのが、デンマークの教育思想家クリステン・コルと、デンマークの近代思想を形作ったN・F・S・グルントヴィである（コル 2007, コースゴー 1999:134-141, 清水 2019:272-293)。

「フリースコーレ運動の父」と呼ばれるクリステン・コルは、1816年デンマーク、ユトランド半島北部のティステズ（Thisted）に靴屋の息子として生まれた。教員になるための教育を受けたが正規の教員ではなく、家庭教師や夜間学校の教師として働いたのち、グルントヴィに大きな影響を受けたコルは、数々の学校を設立する。

1844年、デンマークの絶対王政が終わり立憲君主制に移行する頃、デンマークの民衆教育家として活動していたコルは、外国で貯めた資金とグルントヴィの呼びかけによって集められた寄付金とで、まずは1851年にフュン島のリュスリンゲ（Ryslinge）に、のちのフォルケホイスコーレの原型となる小規模の寄宿制学校を設立した（コル 2007:30-32)。そして1852年にはフュン島の北部に手作りの私立学校を設立している。コルが設立したこれらの学校こそが、国家から独立した自由な学校、フリースコーレの始まりだと言われている。[8]

前述のとおり1855年に義務教育制度が導入されると、コルの手作りのフリースコーレは、公式に義務教育機関となる。その後、コルに賛同し国家から独立した手作りの学校を作ろうとする人たちが相次ぎ、1886年には、独立系学校のネットワークである「フリースコーレ協会」が設立される。彼らは「自分たちのアイデアにもとづき良い学校、良い教育、良い成長を実現する親の権利を守る」ことを目的とし、全国各地にフリースコーレを設立した。[9]

物語と対話

コルやグルントヴィのどのような考え方が賛同者を集め、「運動」へとつながったのだろうか。コルが重視したのは、体系的な教理問答方式の詰め込み教育ではなく、「物語を語るという方法」だった。当時の初等教育が「もっぱら理性に向かって語りかけて感情にはただ部分的にしか語りかけ」ないことを、コルは批判する。また、外国からきた教理問答方式に拘泥する教育も、豊かなファンタジーと感情をもつデンマーク人には「不自然なやり方」だと考えた。なぜなら、「子どもの心はファンタジーを通し、証明できないようなことを子どもらしい信仰心で明快に喜んで受け入れることができる」からである（コル 2007:96）。コルは子どもたちに「生きた言葉が届く」教育を志し、次のように書き残した（コル 2007:97）。

私たちは次のことを知っている。子どもたちの面倒を見るのが好きな人たちがボランティアの教師として、あるときは物語やサーガ、あるときは宗教的な内容、またあるときは巨人やドワーフの話というように物語を通して教えてきたこと、そしてそういう人たちがたくさんいたことを知っている。穏やかに作用してきた物語がもつこうした有益で喜ばしい影響は、かけがえのないものだと私は考える（コル 2007:98）。

このようにコルは、教理問答を暗記するという当時の標準的な方法ではなく、「物語を通して教える」方法を提唱した。

この考え方は、グルントヴィが重視した対話とも呼応するものだった。グルントヴィは「国家のための教育」（１８３４）で、キリスト教ではなくデンマークの歴史と文学を学校で教え、教会の役割と学校の役割を区別するよう提案する。聖書を通したキリスト教信仰こそが子どもたちに教えられるべきだと考えられてきた社会にあって、その価値を疑う発言は物議を醸すものだった。しかしグルントヴィは、学校で教えられるべきは、デンマーク語で語られるデンマークの歴史と物語であり、それが教師と生徒、生徒同士の対話を通して深められるべきだと主張した(Korsgaard 2011:27-34)。

特筆すべきは、コルの教育思想は、国民教育という観点からすると、都市ブルジョワジーの立場から無知な農民を啓蒙しようとするものではなく、地方農民の立場に立つものだったという点である（清水 2007:206-207)。これは、デンマーク語と北欧の神話を重視するグルントヴィの思想が大きく影響している。特権的な地位にある人のための社会を動かす言語としてのラテン語を運用できるようになることではなく、土地の歴史と物語に根ざした母語こそが、「生きた言葉（det levende ord)」だと捉えるグルントヴィとコルは、教育を通して育まれるべき能力はデンマーク語に根ざすべきだと考えていた（清水 2007:197–198)。

国民学校法の成立

その後、20世紀になると、現在につながる国民学校のかたちができあがる。デンマークでは

1937年に最初の「国民学校法」が成立する。この法律では、公立の国民学校が「学齢期の児童のための地方公共団体によって運営される学校」であることが定義された。そして、初等教育と前期中等教育は、ルター派のキリスト教会の考えに沿ったものでなければならないとされた。ただしラテン学校と平民学校、その他の独立系学校という区別はそのまま継承され、農村部にはのちの私立学校につながる独立系学校が数多く残った。

これらの学校の区分がなくなり、一律に国民学校と位置づけられたのは、第二次世界大戦後の1958年になってからだった。このときに農村部と都市部の学校の区分、小学校と中学校の区分は撤廃され、すべてを国民学校と呼称するようになった。1960年代、デンマークの学校教育にもたらされたのは児童中心主義の考え方で、子どもたちが調和のとれた幸せな人間として成長することを促すのが学校教育の役割との考え方が広まった。併せて、教育方法論においても、進歩主義的教育学の影響を受け、グループワークが取り入れられるようになった。学校教育、家庭生活、社会福祉のすべての領域で子どもを最優先する考え方は、北欧の就学前教育と初等教育の特徴といえる（Judith T. Wagner/Johanna Einarsdottir 2006:4）。

その後、冷戦の終結と経済圏としてのEUの影響力が増大する中で、20世紀末から21世紀にかけては、国民学校においても学力を向上させるためのカリキュラムが次々と取り入れられるようになった。1993年の法改定では、「共通目標」が導入され、科目横断的な授業が取り入れられ、プロジェクト型学習、学際的な主題が採用されるようになった。また、2009年には義務教育期間がそれまでの9年間から10年間へと1年間延長され、就学前クラス0年生

(Børnehaveklasse) が義務化された。２００9年の国民学校法改正では「学校が保護者と協力して子どもに対して将来の教育のために知識とスキルを授けること」「デンマーク文化とデンマークの歴史に親しむこと」「社会への参加、共同責任、権利、義務、自由、法の支配を理解し、精神の自由、平等と民主主義を理解すること」といった内容が盛り込まれ、ひとりひとりの多様な成長を促すことが強調された[10]。前項で見たように、現在の国民学校法にもこれらの観点は引き継がれ、本人の希望による進路を可能とする法的根拠となっている。

学校の多様性

19世紀半ばに生まれたコルとグルントヴィの教育思想は、現在の学校制度に多様性をもたらした。特筆すべきなのは、19世紀のフリースコーレ運動をきっかけに、地域の人たちが自分たちで学校をつくる自由が認められたという点である。この点を哲学研究者の清水満は、「デンマークの教育権は『教育を受ける権利』ではなく自分たちで自分たちの考える『教育をつくる権利』と解説する(清水 2007:244)。

たしかにフリースコーレ運動に始まる独立系学校の系譜が、現在の学校の多様性を支えている。義務教育期間であっても多様な進路を可能にする制度や学校群が維持されてきたのも、そのためである。現在、フリースコーレに通うのはデンマーク国内の全生徒のうち約2割弱と言われている。すべての学校がコルのフリースコーレに源流をもつわけではなく、この中には教科教育を重視する私立学校、カトリック系学校、保守的プロテスタント系学校、ドイツ系マイノリティの学校、ムスリム系の学校のほか、シュタイナー等のオルタナティブ教育を掲げる学校、サイエントロジー等の宗派による学校などがある（Broadbridge 2011:289-290）。

近年、自治体の運営する公立の国民学校を閉校して、代わりに私立学校として同じ校舎を使いながら運営母体だけを変える方法が採択されるようになってきた。２０１８年には、新設される私立学校の64・３％が、国民学校を閉鎖したあとに同じ校舎を引き継いで開設されたものだと報告されている。地方によっては子どもの数が減少し、ある自治体では市議会が、２０２２年から生徒数が60人を下回る場合には公立の国民学校を閉鎖すると決定した。子どもたちがこれまでのように近くの学校に通い続けることを希望する親たちは、フリースコーレ法（Friskoleloven）に基づき、親を中心とする団体を設立し、閉鎖が決定した学校を私立学校として運営する決断を迫られる。ＶＩＡ専門職大学の研究代表アンドレアス・ラッシュ・クリステンセンは、私立学校しか選択できない状態は問題ではないかと指摘する[11]。国や教会から独立したフリーな学校の伝統が、デンマークの初等・前期中等教育の多様性を支えると同時に、衰退する地域にとってはやむを得ず学校を守るための最後の砦ともなっている。

3　学校の現在

国民学校法

義務教育における学校や個人の多様性は、デンマークの国民学校全体を統括する国民学校法（Folkeskoleloven）の中にも確認することができる。

国民学校法は、日本の教育基本法と学校教育法に相当する法律で、時の政府の政策が国民学校の教育に過度に介入しないよう独立した存在であることを規定するものである。全61条で構成されるこの法律の第1条には、国民学校の目的として次のように書かれている。

第1条　国民学校は、保護者と協力し、生徒に知識とスキルを提供する。さらなる教育を準備し、より多くを学ぼうとする意欲を与え、デンマークの文化と歴史に親しみ、他国の文化を理解し、人間と自然との相互行為に関する理解を深め、ひとりひとりの多様な成長を促す（fremmer den enkelte elevs alsidige udvikling）[12]。

ここには、保護者と協力すること、生徒に知識とスキルを提供すること、次の教育段階へと準備する教育であること、学ぶ意欲を支援することといった取り組み姿勢が書かれてあるほか、文化と歴史、他国の文化、人間と自然といった学習内容について触れたのち、国民学校の目的として「ひとりひとりの多様な成長を促す」とある。「人格の完成」を目指し、「平和で民主的な国家および社会の形成者として必要な資質を備えた心身ともに健康な国民の育成」を目指すとする日本の教育基本法第1条と比べると、個別性、多様性を重視する姿勢が表れていると考えることができる。

続く第2条には、国民学校における教育については自治体が責任を負うこと、国民学校における教育は無償で提供されることが規定されている。そして第2条第3項には、保護者との協力が再度強調され、次のように記されている。

第2条第3項　生徒と保護者は、国民学校の目的を達成するため、学校と協働する(samarbejder)[13]。

ここに出てくる国民学校の目的とは、先の「ひとりひとりの多様な成長を促す」を指す。そしてこの目的を達成するために、生徒本人も、またその保護者も学校と「協働する」と記されている。

国民学校はさらに、国民学校法の関連法である25歳未満の若者に向けた自治体の施策に関する法、また国の定める生徒と学生の教育環境に関する法によって基礎づけられ、義務教育期間の教育理念と教育環境が保証される仕組みとなっている。

三つの国家目標

法律とは別に、時の政府による意向を学校教育へ直接に反映させることは、一般に教育政策と呼ばれる。

2000年代以降、デンマークでは何度も政権交代が繰り返され、そのたびに「教育改革」が断行されてきたが、社会民主党を中心とする革新政権であっても、自由党を中心とする保守政権であっても、いずれも生徒の学力向上を重視する点では共通している。2014年に結ばれた国民学校に関する政治的合意では、国民学校に関する次のような三つの国家目標 (de nationale mål) が掲げられた。

1 どんな生徒もその個人の範囲でより習熟する（dygtige）よう、学校はその意欲を引き出す（udfordre）ものとする。

2 国民学校は、学業成績における社会的背景の影響を縮減するべきである。

3 専門的な知識と実践を尊重することなどを通して、国民学校に対する信頼と国民学校におけるウェルビーイング（trivsel）を高めるべきである。[14]

ただし、この目標が定められてから8年経過した2022年現在でもまだ、目標は達成されていない。この国家目標を掲げるのと時を前後して、子ども教育省は全国学力テスト（2010

年導入）とウェルビーイング調査を導入し（２０１５年から試験的、２０１８年に本格導入）、毎年、実施している。この三つの目標は、具体的には次のような内容を意味している。目標１は単に何でも「できる」ようになることが示されているのではなく、とくにデンマーク語と数学の能力を重視する目標であり、両教科において、特に優秀な生徒の割合が年を追って増えていくことを目標としている。また、生徒全体の少なくとも8割が、全国学力テストにおける読解と計算で「良い」成績を収めるよう、学力を向上させる必要があることが強調された項目である。同時に目標2は、成績がふるわない生徒の数を減らすための目標であり、とりわけひとりひとりの生徒が置かれた社会経済的な背景を学校側が考慮し、その相違が成績に反映されないようカリキュラムや指導方法を工夫する必要があることを意味している。さらに目標３は、専門職としての教師や指導員の知識や実践を尊重するなどの積極的な姿勢を通して、国民学校への信頼を回復し、学校で子どもひとりひとりが自信をもち、ウェルビーイングが高められることを期待する内容であるが、実際には近年問題となってきたいじめ問題に国家が毅然と取り組む姿勢を表したものである。現在、毎年行われているウェルビーイング調査には、全国の国民学校が必ず参加することになっており、0年生から9年生までのすべての生徒が「子ども教育省のウェルビーイング・ツール」という調査に回答することになっている[15]。

デンマークでは２０１４年、「国民学校における良き秩序を促進するための告示」が出された。これは、毎年1学期のはじめに、学校長が生徒とその親に向けて、学校の秩序を守るためのルールや価値に基づいた規則（værdiregelsæt）を周知することを指示したものである。このような告示が出された背景には、デンマークにおいても学校におけるいじめ問題が看過できない状況になっているからである。デンマークの皇太子妃メアリーは、２００４年の結婚の際に国民から贈られた祝賀金１１０万クローネを基に２００７年に「メアリー財団」を設立し、いじめ問題とウェルビーイング、家庭内暴力（ＤＶ）、そして孤独の三つの領域での啓発活動に継続的に取り組んできた。いじめ問題とウェルビーイングについても設立時からＮＧＯセーブ・ザ・チルドレンと協働し、いじめ予防のキャンペーンを展開し、就学前教育の段階にある子どもたちへの働きかけなど「いじめ撲滅（ri for mobberi）」の活動を展開してきた。国家目標３は、このような社会運動を背景に設定されたものである。

子ども教育省のホームページでは、いじめ問題が当人たちだけのものではなく、学校や保護者といった大人が関わるべき責任があることを強調している。万が一、いじめの問題が発覚した時には、生徒や親はいつでも学校長あるいは教員に相談し、学校はそれを受けて、関わりのある生徒とその親を呼び出し、話し合いを通じていじめの原因を見つけ出し、いじめを許さない学校の規則を守ることとの重要性を説く。生徒がいじめをして規則を破った場合には、学校長が生徒の年齢と対処の仕方等を考慮したうえで、居残り、授業に参加させないといった具体的な対応策を取ると定められている。[16] 教育環境の改善に関しては、デンマーク教育環境センター（Dansk Center for Undervisningsmiljø）が事例や問題解決に導く資料を提供しているほか、子ども教育省は、毎年３月の第１金曜日を「学校ウェルビーイングの日（Skolernes Trivselsdag）」と定め、学校でいじめ問題への啓発を図っている。

3分野からなる科目群

近年、デンマークでは子どもたちの学力向上に大きな期待が寄せられている。子どもたちに求められているのは、一体どのような学習なのだろうか。

子ども教育省は、0年生から9年生までの10年間にデンマークの国民学校で子どもたちが学ぶ科目を、次のように3分野に分けて説明している。

第一に、人文学分野の科目である。ここにはデンマーク語（全学年）、英語（1〜9年生）、キリスト教学（全学年、ただし堅信礼を受ける年を除く）、歴史（3〜9年生）、社会科学（8〜9年生）が含まれる。第二に実技系科目である。ここには体育（全学年）、音楽（1〜6年生）、視覚芸術（1〜5年生）、デザイン、木工、彫金、家政学等（4〜7年生）が含まれる。第三に、科学分野の科目である。ここには、数学（全学年）、自然科学・自然工学（1〜6年生）、地理（7〜9年生）、生物（7〜9年生）、物理・化学（7〜9年生）が含まれる。さらに6年生までの教育課程の中には各教科とは別に、「UU（Understøttende Undervisning）」（支える教育）と呼ばれる学習がある。UUで取り上げられるテーマには、交通安全、健康・性・家族学、教育や職業、労働市場の紹介が含まれるなど、教育課程を通して学んでほしい総合的学習の時間のような授業が新設されている。5〜9年生の選択科目ではドイツ語があり、場合によってはフランス語を選択することもできる。さらに7〜9年生の生徒を対象に、より幅広い選択科目を各学校が工夫して置くことが推奨されている。

２０１４年に国民学校の大きな改革が行われた。大きな変更点は授業時間数が増えたこと、そして学校での滞在時間が延長されたことである。学年ごとに年間の最短授業時間数が明記され、教科ごとの授業の時間配分が明記された。例えばデンマーク語と数学は必要時間数がいずれも増加している。増加された授業時間数の中には、先述のＵＵのほか、必要な科目を重点的に学ぶ宿題支援（Lektiehjælp）や、自分の興味関心を追求する時間である「ＦＦ（Faglig Fordybelse）」（専門深化）と呼ばれるものが含まれている。

言語に関する科目については、他のヨーロッパ諸国と同様に学校教育を通した複数言語の習得が前提となっているため、日本の初等教育とはやや異なっている。例えば、英語の授業は1年生から始まる。読む、書く、聞く、話すの4技能が重視されるのはデンマークも同様である。英語は映画やアニメーション、音楽を通してもっとも身近に接する言語の一つであることや、その語彙がそのままデンマーク語に取り入れられることも多いため、デンマークの子どもたちの英語運用能力の水準は高い。ドイツとの国境に近いユトランド半島南部では、ドイツ語の学習が重視される。

また、海外ルーツの子どもたちが増加傾向にある近年では、第二外国語としてのデンマーク語にも重点が置かれている。第二外国語としてのデンマーク語の授業は、バイリンガルの生徒が必要とすれば、どの学年であっても設置する決まりとなっている。バイリンガルの子どもたちに対する、第二言語としてのデンマーク語教育に関する取り決めは、子ども教育省が負っている。また欧州経済領域（ＥＥＡ）の加盟国、フェロー諸島およびグリーンランドからの子どもたちのそれぞれの母語教育に関する取り決めを確立する責任もまた、子ども教育省が負っている。[17]

学習指導要領と教員のための学習ポータルサイト

ここまで見てきた法律や教育政策によって国民学校の枠組みが作られていることがわかったが、では、デンマークの学校の教員たちはどのように教育に取り組んでいるのだろうか。

まず、デンマークには日本のような学習指導要領に基づく手引きは長い間、策定されてこなかった。1975年の国民学校法改正により、各教科の手引きが導入され、ブックレットが発行されたものの、授業内容の決定については担当教員のもつ裁量が大きいため、手引きは一種のガイドラインとしてのみ活用されてきた。この種のガイドラインが一定の法的拘束力をもつようになるのは、1993年になってからである。

1993年に教科ごとに基準となる領域、教科の履修目標が定められ、授業をする計画を立て実施する基盤となる法的拘束力のあるカリキュラムが制定された。2001年の改定において、新しい学習指導要領は「明確な目標（Klare Mål）」と称され、共通する履修目標が定められた。明確な目標に合った部分的なガイドラインとしての目標が、2003年から2006年に発展した共通目標においては、特定の学年で拘束力のある全国的な段階目標となった。2006年から見直しが始まった共通目標は2009年に再び改定され、教科の目標の改定、段階達成目標の最適化、デンマーク語、数学、自然科学、英語の4教科の強化等が盛り込まれた「共通目標2009（Fælles Mål 2009）」が公表されている。2009年の改定時に教科ごとの系統性を重視したカリキュラムが完成し、指導のための単元と進度、履修目標、自習ガイド、指導ガイドといった領域別のブックレットが刊行された。２０１３年から２０１５年にかけて「共通目標」は簡略化され、２０１５年度から実用化されている。これが現在、日本の学習指導要領と同様に、教員がそれぞれ担当する科目について学習計画を作成する際の根拠となっている。

　現行の２０１９年版「共通目標」の最大の特徴は、科目横断型テーマの設置である。現在、国民学校では、デンマーク語だろうと、歴史だろうと、すべての科目においてＩＴとメディア、言語能力の向上、イノベーションと起業家精神という三つの主題を取り込むことが求められている。教科学習に関しては、履修目標、身に付けるべき能力、基礎となる知識、身に付けるべきスキルの4区分から構成されており、国家目標のもとに力点が置かれているデンマーク語そして数学においては、より詳細な目標が示されている。従来、担当教員の裁量権が大きいとされてきたデンマーク語および歴史に関しても、全国の教員が使用するポータルサイト（emu danmarks læringsportal, https://emu.dk/）に生徒に必読させるべき作家や推奨する作家が列挙されるなど、より一層の標準化が進んでいるという。

　デンマークの国民学校の教員たちを支えているのが、この「デンマーク・学習ポータル（emu danmarks læringsportal）」である。このポータルサイトは、子ども教育省が運営するもので、子どもだけではなく成人学習も含む、就学前教育から中等教育段階までの教育で、教育に関わる職員や教員を対象として開設された。子ども教育省による通達やガイドラインの改定に合わせて常時アップデートされ、誰もがアクセスできる設定となっている。日本の学習指導要領に当たる「共通目標」、法令、教科ごとの履修目標だけではなく、すべての教科に関して、明日の授業にすぐにでも活用できる教材、授業の展開例、副教材、ケーススタディ等が掲載されている。科目横断型テーマに関するカリキュラム、学習ガイド、指導ガイドもあり、授業を進める上で不可欠の材料がオンラインで入手できる。このほかにも、教員を対象とする研修およびカンファレンスの情報が集約されており、スケジュール、費用、場所の情報を確認したあとは実際にリンクされたサイトに移り、参加申し込みができるようになっている。デンマークをはじめとする北欧の教育領域におけるＩＣＴの活用は、日本の教育界からも注目される話題の一つであるが、このような教員を対象とするポータルサイトからも、その様子を見て取ることができる。

ただし、デンマークにも課題がないわけではない。大きな課題が学力水準である。法的拘束力をもつ「共通目標」が１９９３年になって導入され、２００１年により詳細な規定を伴う改定が行われた背景には、ＥＵやＯＥＣＤ等の国際学力調査の影響がある。デンマークは長い間、ＯＥＣＤ生徒の学習到達度調査（ＰＩＳＡ）においてほぼ平均値かそれを上回る成績と順位を保持してきた。アジア諸国に並んで上位のフィンランドには及ばないにしても、これまで投入されてきた教育費の国家負担に比して、スコアも順位も低調なままという点が、長い間問題だとされてきた。とりわけ、２０００年に実施され２００３年に発表された義務教育修了後段階の学力を測るＰＩＳＡ２０００は予想を下回る成績となり、読解力そして数的リテラシーに関するスコアの向上が大きな課題とされた。

現在、活用されている共通目標の基本は前述のように「共通目標２００９」から大きく変更されていない。２０１７年には共通目標の到達プロセスに関するルールが緩和される法改正が行われたものの、生徒の学習内容についてはそのまま踏襲され、教科ごとに詳細な履修目標と学年ごとの到達目標が定められた。２００４年に出されたＯＥＣＤの報告書では、デンマークの国民学校における評価の文化が不十分であることが指摘された。さらに同時期に、国内のデンマーク評価機構（ＥＶＡ）からも、二つの報告書で、国民学校における生徒の授業の成果についての証明が不足しているという結論が出された。これらの評価に欠ける文化土壌を変革すべく、２００６年に国会では全国学力テストを実施することを決定した。しかし、三つの国家目標に掲げられた学力の向上は現在も達成されていない。ＰＩＳＡ２０００から現在まで20年以上、デンマーク語と数学の学力向上を目指した努力が続けられている。

［第2節］デンマークの高校と大学

1 デンマークの高校

ピーターさんの選択

ピーターさんは、シェラン島にある人口約3万人の地方都市に住む17歳の青年である。幼い頃からスポーツが得意で、どの種目もあっという間に上達する腕の持ち主である。地元の国民学校に通いながら、小学生の頃はサッカー、中学生になるとテニスと、地域のスポーツクラブに参加し、積極的に活動する生活を続けてきた。小学校は地元の公立小学校に、また中学校は地元の三つの小学校を卒業した生徒たちが通う、全校680名ほどの中規模の公立学校に通った。ここがビジネスや起業に力を入れている新設校だったため、職業体験のための活動があり、自分で実習先を決めて1週間のインターンシップを2年続けて経験したという。8年生のときには、父親の勤務する自動車販売店の手伝いを、9年生のときには、親族の経営する建物管理会社でショッピングモールにスケートリンクを造設する仕事を手伝った。9年生では修学旅行としてスペインを訪れる予定だったが、コロナ禍のために残念ながら中止になってしまった。

そして9年生の終わりが近づいたころ、ピーターさんは、ふと立ち止まる。何の迷いもなく学校区の学校に通い、高校進学のための成績も問題なくおさめてきたものの、その後の進路があまりにもたくさんあり、何をどのように決めればいいのかわからなくなったのだという。

デンマークの学校制度では、国民学校に通う前期中等教育は普通教育の枠組みの中に置かれるものの、国民学校の10年生、および国民学校修了後の後期中等教育の段階になると、一気に選択肢が増え複雑になる。大きくは、アカデミックな教育を主とする普通高等学校に進学するのか、職業教育を主とする高等専修学校に進学するのかが問われる。そして大学進学が前提の場合、一般的な科目をまんべんなく学ぶ普通高等学校（STX : Studentereksamen）、商業や貿易などの職業に関連の強い科目を学ぶ商業高等学校（HHX : Højere handelseksamen）、理系の科目を重点的に学ぶ理工科高等学校（HTX : Højere tekniskeksamen）という選択肢がある。自分が高等学校で選択した科目からでは希望する大学の進路に足りないものが出てきた場合には、高等教育準備試験プログラム（HF : Hf-eksamen）で、不足する科目を単科で一つずつ受講することも可能であり、単科で受講した単位を集めて大学へ進学することもできる。職業教育に重きを置くことを希望する場合には、高等専修学校があり、その場合も、後期中等教育段階で職業訓練を終えるコース（EUD : Erhvervsuddannelse）か、高等学校修了試験を受け、大学等の高等教育進学につながるコース（EUX : Erhvervsuddannelse og gymnasial eksamen）かを選択する必要がある。

ピーターさんの友人たちは、家族に助言されるまま、市内の普通高等学校（ＳＴＸ）に進学すると話している。しかし自分の進路をじっくりと考えたかったピーターさんは、そのまま普通高等学校や高等専修学校に進学するのではなく、在籍していた中学校に設置されていた特色ある10

年生クラスに進学する道を選んだ。

10年生クラスから高校へ

在籍していた中学校は2012年に設立された後期中等教育機関と商業アカデミー、普通高等学校（STX）と成人教育センター（VUC：Voksenuddannelsescenter）を運営する複合型学校（Overbygningsskoler）で、中学校1年生から10年生までの在籍者数が約680名の中規模校である。この学校の特色として、もともと、起業やビジネスに力を入れていること、また特別な支援を必要とする生徒のためのクラスを運営していることなどが挙げられ、10年生クラスのカリキュラムも中学校3年生を繰り返す内容ではなく、スポーツ専攻、文化専攻、栄養学専攻というコースが設置され、本人の興味関心を深めるための少人数教育が展開されていた。また10年生クラスはとくに若者教育ガイダンスセンター（UU）と連携を密にとる仕組みとなっていて、卒業後の進路を生徒とカウンセラーがともに考える少人数教育を実施している。

ピーターさんも中学3年生のとき、年3回ほど若者教育ガイダンスセンターのカウンセラーが来校し、様々な進路を説明するのを聞き、はじめて後期中等教育の仕組みの詳細を学んだという。そして、同じ学校に10年生があること、二十数年前に10年生に進学した経験をもつ父親が、その経験がとてもよかったと話してくれたこと、得意科目を専攻できるといったことがわかり、ピーターさんは10年生へ進級してスポーツを専攻することを決める。さらに、併設されたビジネス専門学校から派遣される教員による授業を履修すると、高校1年次最初の半年に履修する基礎コースの部分を、1年かけて修了したと認定されるということもわかった。このようにしてピーターさんは10年生となった。そして、地元の学校で10年間を過ごし、テニスの腕にますます磨きをかけ、クラブチームでコーチを務めるほどになった。

中学卒業後の進路は明確だった。ピーターさんは、職業教育を主とする専修学校のうち、10年生のときに履修した基礎コースの単位を認めてもらえる学校で、高等教育への進学も可能となる隣町の高等専修学校のＥＵＸを選択した。基礎コースを修了しているため、２年次クラスへの編入が決まった。決め手となったのは、以前からトライしてみたいと考えていた卓球の本格的なクラブチームの存在である。その専修学校では、特別な提携関係にあるクラブチームに限って、平日であっても練習があるときは公欠が取れる制度があった。飛び級をして2年次に編入したピーターさんのクラスでは、社会人も多く学んでおり、最年長は55歳の女性だった。高等専修学校のカリキュラムは、基礎コースの後、１年かけて学ぶ課程ごとに修了試験が課せられる。修了試験に落第するともう1年かけて再履修し、合格するまで次のユニットには進めない。ピーターさんの友人の中には、基礎コースの修了試験に落第し、再履修する人もいたと話す。

高等専修学校では、デンマーク語や英語のほか、経営学、ＩＴ、法律、会計学など専門科目を学んでいる。ピーターさんの得意科目は経営学と心理学。２０２０年の夏に編入したのちは、コロナ禍の中で二度のロックダウンを経験し、授業の大半をマイクロソフト社の会議システムTeamsによるオンライン授業で学んできたという。講義や課題だけではなく、グループワークやチームによるプレゼンテーションもあるなど工夫された内容で、進度も速く、日中はＰＣの前に張りつく日々、とのこと。課程修了まで残りの期間もあと1年足らずだが、大学へ進学するかどうかはまだ決めていない。もうすぐ18歳になるピーターさんは、卒業後はいったん働きながらその後の進路についてよく考えたいと話していた。

複線型の学校制度

このように、複線型の学校制度をもつデンマークでは、中学校の卒業後にぐっと進路の選択肢が増える。

まず、後期中等教育は大きく二つの分野に分かれている。一つは、高等学校コースで、のちの大学進学を前提とするアカデミックな学習内容の高校教育（Gymnasiale uddannelser）である。もう一つは、高等専修学校コースで、キャリアと技能に関連する専門科目の学習や職業訓練を前提とする職業教育（Erhvervsuddannelser）である。それぞれのコースがさらに領域ごとに細分化されている。

デンマークに暮らす多くの15歳の生徒は、このように多岐にわたる選択肢を前に、将来の進路を思い描き、大いに思い悩むことになる。以下では、子ども教育省の説明に沿ってそれぞれの特徴を見ていこう。

高等学校コース

高等学校コースは、後期中等教育修了時に受験する試験の種類によって次の四つの領域に分かれている。

第一に、高等教育への進学を前提とし、アカデミックな学習内容を全般的に学ぶ普通高等学校（ＳＴＸ）である。日本における高等学校の普通科と同様、３年間、人文科学、自然科学、社会科学に関する幅広い科目を履修することが求められ、学年が上がるにつれ進路に合わせた選択科目を履修することも求められる。伝統的にはこのタイプの高校がギムナジウム（Gymnasium）と呼ばれてきた。現在も、普通教育系コースのいずれもが総合大学（Universitet）を主とする高等教育機関への進学を前提としている。

第二に、高等教育機関への進学を前提とし、ビジネスに関連する科目を学ぶ商業高等学校（ＨＨＸ）である。日本における商業等の専門科と類似した位置づけではあるが、３年間、外国語と経済学を履修することが求められるなどビジネスに特化した教育機関である。ほかにもＩＴ、数学といった科目の履修が求められる。

第三に、高等教育機関への進学を前提とし、より理数系科目に特化した理工科高等学校（ＨＴＸ）がある。日本における工業等の専門家を育成する高等専門学校と類似した位置づけではあるが、３年間、自然科学や工学などの基礎科学だけではなく応用科学の科目を履修することが求められる。

これら三種の高校課程のほかに、高等教育準備試験プログラム（ＨＦ）がある。これは専門職大学などの高等教育機関への進学を前提とする課程で、看護師、教員、保育士、介護福祉士等、その後の進路に合わせて最低限必要となる科目を履修するための後期中等教育機関である。

これら四つの領域から成る高等学校コースには、前期中等教育課程を終えた約70％の生徒が進学する。

高等専修学校コース

高等専修学校コースは、入学者の対象年齢と希望する進路によって三つの領域に分かれている。デンマークの職業教育は、ドイツと同様、デュアルシステムと呼ばれる内容で、学校での学習と職場での職業訓練の組み合わせが基本となっている。

第一に、中学校を終えたばかりか卒業後2年以内の若者を対象とする職業専門教育（ＥＵＤ）がある。職業高校（ＥＵＤ）は伝統的にはレンガ職人、大工、配管工、電気工などの技術職を養成する学校だった（谷ほか 2017:167）。現在では、介護、保健、保育関連、貿易、ビジネス、サービス関連、食と農業といった領域をカバーしている。いずれの職種であっても、座学を中心とする基礎コースを1年間受けたのち、メインコースに進み、学校での学習と職場での実習（インターンシップ）を数カ月ごとに繰り返す。メインコースは、専攻科によって1年間から5年間に及ぶ。資格を伴う職種については在学期間中に必要な資格を取得することが強く奨励される。

第二に、同じく若者を対象とする高等専修学校（ＥＵＸ）がある。高等学校課程の2年分に相当する単位を同時に取得しながら、職業訓練に専門特化したコースで、修了時には専修課程の修了証とともに、職業科目の高等学校卒業資格が与えられる。技術系の工業高等専門学校と商業系の商業高等専門学校がある。高等学校課程を学習するための座学を中心とする基礎コースを1年間受けたのち、学校での専門的な科目と職場での実習を繰り返すメインコースが続くが、このメインコースは内容も期間も上記のＥＵＤのものと同じである。

第三に、25歳以上の人を対象とする成人職業高等専修学校（EUV：Erhvervsuddannelse for voksne）がある。学習内容や職業訓練の時間は、その人の学習経験と職務経験によって異なり、入学前の学習評価によって決まってくる。一般的には、入学前にこれから学習する内容と関係のある職務に2年以上就いていた場合に、その認定と就学期間の短縮の対象となる。ここでの評価によって、1年間の基礎コースと実習が完全に免除されるほか、メインコースも若者を対象とした課程よりも10％短縮される。さらに個々人の能力や経験に基づき、短縮が認められる場合もある。また、これまでの学習経験と職務経験が特別になくとも25歳以上であるだけで、基礎コースの最初の半年は免除されるなど、成人はできるだけ短期間で修了できるようになっている。

このほかに、２００２年にはヨーロッパ域内での職業訓練や職業教育の質を保障し、自由な移動をしやすくして、職業教育や再教育における交流を活発にする「コペンハーゲン・プロセス」が出された。これを受け、現在はヨーロッパ31カ国で職業教育レベルでの交流が進んでいる。高等専修学校コースに進学するのは、中学校を修了した生徒の20％ほどである。

7ポイント制の成績評価

以上のような複雑な仕組みをもつデンマークの高等学校に、生徒はどのように進学するのだろうか。デンマークには、高校進学時でも、志望校ごとの個別の入学試験はない。学校への入学は、本人の希望と、国民学校の9年生（あるいは10年生）のときに受ける修了試験、および通知表をもとに示される絶対評価に基づく成績（ポイント）によって決まる仕組みとなっている。そのため修了試験の成績が進路にとって重要になる。学校の成績は科目の担当者が絶対評価に基づいてつけるものであるのに対し、オンラインで受験する修了試験は全国で同一の基準で採点されるため、ある程度の客観的な評価となり、この二つが入学判定の際に重視される。

学校の成績評価に用いられる点数は、デンマークでは1960年代から長いあいだ13ポイント制という特殊なスケールが用いられてきた。しかし2007年に次のような7ポイント制（7-trins-skalaen）に変更される。ヨーロッパ内外の国々で人の移動が頻繁となり、国際的な評価枠組みに変換しやすい成績評価にすることが求められたからである。現在、デンマークではこの7ポイント制が、国民学校から大学まで、あらゆる教育機関で用いられている（図表1－2）。

一般に、高等学校への進学については、全科目の平均「5」ポイント以上の成績が求められる。高等専修学校については実習を重視するため科目の成績については別の基準となっているが、多くの学校でデンマーク語と数学で少なくとも「02」をとっていることが求められる（谷ほか2017:189-192）。近年、高等専修学校に進学した生徒の中途退学が問題になっており、その要因を分析すると、以前の国民学校における学業不振や、修了試験の成績が十分でないため希望のコースに進学できず、やる気を失ってしまう生徒が一定数いることがわかってきた。2014年から2015年にかけて、デンマークでは中等教育に関わる教育改革が行われ、その中で高等専修学校への進学を希望しながらも成績が不十分である生徒に対し、第1節でも触れた、10年生の

図表1-2　デンマークの7ポイント制

デンマークの成績	説明	ECTS（ヨーロッパ単位互換制度）
12	非常に良い	A
10	とても良い	B
7	良い	C
4	ふつう	D
02	基準を満たしている	E
00	基準を満たしていない	Fx
-3	乏しい	F

制度を用いて国民学校修了試験を再受験し、成績を向上させるための特別な10年生クラス「Eud10」が２０１５年に開設されている（谷ほか 2017:197）。

2　デンマークの大学

高等教育の仕組み

大学をはじめとする高等教育は、国ごとに異なる制度で発展してきた。大学の起源には、たとえば理想的な統治者となるべく年少の青年を年長者が問答法によって導く古代ギリシアのアカデメイア、神学の研究拠点として神父や修道士の育成から始まった、フランスのパリ大学やイギリスのオックスフォード大学とケンブリッジ大学、商人や実務家による外国の歴史や民族について語り合う私塾として始まったイタリアのボローニャ大学などがある（プラール 2015）。ヨーロッパの国々だけを見ても、多様な高等教育の制度が維持されてきた。けれども統合が進んだ現代のヨーロッパでは、人の移動が頻繁になり、国境を越えて教育を受けたり働いたりする人が増加している。各国がそれぞれの枠組みに従って授与してきた資格や学位を、他国でも通用するよう、比較可能な状態にする必要が生じた。

高等教育に関する資格枠組みを決めるためのEUのプラットフォームは、「ボローニャ・プロセス」と呼ばれる（木戸 2014）。ボローニャ・プロセスに参加している国々は、国家資格フレームワーク（NQF：National Qualification Framework）を、ヨーロッパで通用する欧州資格フレームワーク（EQF：European Qualification Framework）に読み替えることができるよう、国内の資格枠組みを調整してきた。デンマークはボローニャ・プロセスに、ヨーロッパ単位互換制度（ＥＣＴＳ）を定めたボローニャ宣言（１９９９年）の頃から参加しており、この20年間、ヨーロッパ各国との連携を深めてきた。デンマークにおいても、高等教育はこの欧州資格フレームワークでいうとレベル５からレベル８に当たる学位を授与する教育機関を指している。

この定義からするとデンマークの高等教育は、いわゆる「大学」だけではなく、その他の教育機関も含まれ、次の四つのカテゴリーに分けることができる。四つのカテゴリーとは、総合大学（Universiteter）、芸術アカデミー（Kunstneriske uddannelsesinstitutioner）、職業アカデミー（Erhvervsakademi）、専門職大学（Professionshøjskoler）と海洋教育機関（Maritime Uddannelsesinstitutioner）であり、すべてが公的資金で運営される公立大学である。以下ではデンマークの高等教育科学省の説明に沿って、それぞれの特徴を見ていこう。

八つの国立大学

２００７年から２００８年にかけてデンマークでは高等教育機関の統廃合が行われ、それまで12校あった大学は８校となった。２０２２年７月現在、デンマークには八つの国立大学がある。コペンハーゲン大学（Københavns Universitet）、オーフス大学（Aarhus Universitet）、南デンマーク大学（Syddansk Universitet）、ロスキレ大学（Roskilde Universitet）、オルボー大学（Aalborg Universitet）、デンマーク工科大学（Danmarks Tekniske Universitet）、コペンハーゲンビジネススクール（Handelshøjskolen）、そしてＩＴ大学コペンハーゲン校（IT-Universitetet i København）である。

これらの大学は、研究を基盤とする高等教育を提供し、学士課程、修士課程、博士課程プログラムを提供する教育機関であると同時に、デンマークの大学は、公的調査に関する責任を負う研究機関でもある。欧州資格フレームワークでレベル６からレベル８に当たる。学位学部構成や専攻科は大学ごとに大きく異なっており、多くの総合大学が複数のキャンパスをもつ。公開講座や資格取得、研修のためのコースを提供するなど、成人教育の拠点となっているところも多い。

三つの芸術アカデミー

上の八つの大学とは別に、デンマークの高等教育・科学研究省が管轄する芸術アカデミーには、次の三つの機関がある（2022年現在）。デンマーク王立芸術アカデミー建築・デザイン・保存コース（Det Kongelige Danske Kunstakademis Skoler for Arkitektur, Design og Konservering）、オーフス建築スクール（Arkitektskolen Aarhus）、コルンデザインスクール（Designskolen Kolding）である。

これらの芸術アカデミーもまた、学士課程、修士課程、博士課程プログラム、芸術専門学士課程を提供する教育機関である。欧州資格フレームワークでレベル6からレベル8に当たる。

八つの職業アカデミー

大学とは異なる仕組みをもつものに、職業アカデミーがある。これは、職業資格を取得するための高等教育機関で、必要とされる取得単位数が大学よりも少なく、通常は職場での実習（インターンシップ）を含む1年半から2年半のカリキュラムで構成されている。バイオ・実験技術領域、経済と商業領域、保健専門領域、IT専門領域、デザイン専門領域、工業技術領域、社会科学領域といった職業に直結する七つの領域で28のコースが設置されているほか、単科で専攻できるものも二つある。欧州資格フレームワークでレベル5からレベル8に当たる学位を授与しているほか、成人教育や資格取得のためのコースを開講している。多くのアカデミーで、レベル5に当たる教育課程を修了したのち、レベル6の専門職学士課程の教育へ進学することができるようになっている。

以前は職業ごとの職業訓練校が全国各地に設置されていたが、2009年、若者世代の高等教育修了率を60%に引き上げるという政府目標を達成するための一連の高等教育改革により、現在のような八つの職業アカデミーに統合された。グローバル化するビジネス環境を反映し、ヨーロッパを中心に交換留学や海外インターンシップのプログラムが充実しているところが多い。

6＋2の専門職大学

さらに、デンマークの高等教育には、2008年に設置された専門職大学に分類される大学がある。これは特定の職業を目指す人が資格取得のために学ぶ高等教育機関で、通常は6カ月の職場での実習（インターンシップ）を含む3年半のカリキュラムで構成されている。保健、教育、デザイン、メディア・コミュニケーションといった職業に直結する領域の約85のコースが設置されている。多くの学校で、欧州資格フレームワークでレベル5に当たる教育課程を修了したのち、レベル6の学士課程の教育へ進学することができるようになっており、一部は職業アカデミーと共通している。後期中等教育の職業教育系コースを修了した生徒が入学することができ、ジャーナリズムコース等では個別の入学試験が求められることもある。

全国に六つの専門職大学があり、教員、保育士・学童指導員（ペダゴー）、介護福祉士、看護師等の国家資格を必要とする専門職を育成している。さらに、デンマーク・メディアジャーナリスト専門職大学では、ジャーナリズム、コミュニケーション、グラフィックデザイン、メディア・プロダクション、メディア・マネジメントといった関連する領域の専門職を育成している。そして海洋国家デンマークらしく、船員となるための海洋技術を学ぶ海洋工業技術経営専門職大学があり、合計八つの専門職大学が、デンマーク専門職大学協会を構成している。

3 入学試験のない大学

大学進学の仕組み

日本とデンマークの高等教育制度における大きな違いの一つに、入学試験がない、ということがあげられる。大学等の学士課程への入学は高等教育科学省が担っており、後期中等教育修了試験の結果と高等学校の成績により決まる。そしてほとんどの手続きが本人によるウェブ申請で完結する仕組みとなっている。

デンマークの大学進学出願には、毎年7月の第一期（Kvote1）と3月の第二期（Kvote2）という二回の機会がある。どの程度第二期で定員を募集するかは各専攻科によって10％から100％と大きく異なるが、基本的にほとんどの定員が第一期に充足され、第二期は補完的である。いずれかの高等学校コースを修了し試験を受けた者はすべて、第一期の出願ができる。第一期が通常の出願期限となっているが、事情でその時期までに出願できなかった人や、十分な要件を満たせず別の形で不足分を挽回する必要がある人が、再出願できるのが第二期である。

入試がないということ、そして入試に代わる大学進学の申請手続きがオンラインで完結する、とは一体どういうことなのか。毎年変化する偏差値による合格ラインや倍率、英語外部試験に前期日程に後期日程といった複雑な入試制度を解読し、大学ごとにウェブサイトやガイドブックを調べ、銀行や郵便局を往来して受験をするのが当たり前だと思っている国で暮らしている人にとっては、なかなか想像がつかないかもしれない。

そんな人はぜひ、「合格ドットDK（Optagelse.dk）」と名付けられた、出願専用サイトの動画を見てほしい。これは、デンマークで高等教育機関への進学を目指す人が必ずアクセスする、大学進学の出願のための専用サイトである。

2020年度版の動画は、印象的な手書き文字と短いナレーションだけのシンプルな構成となっている。STX、HHX、HTX、HF、EUXの卒業生が対象となること、第一期（Kvote1）、第二期（Kvote2）という独特の制度があること、専攻科によって必要となる科目が異なること、高等学校の履修レベルが足りない場合には、高等学校課程のさらなる補講（Gymnasial Supplering）で補えること、最大で第八志望までの志望順位（Prioritering）が付けられること、補欠合格（Standby）で順番が回ってこなかった場合には、来年に引き継がれること、などの内容が解説されている（図表1－3）。

この動画を見ると、デンマーク語がわからなくても、関連するキーワードを理解し、制度全体を見渡せるようになっている。では実際の仕組みはどうなっているのだろうか。

第一期（Kvote1）に出願する

まず、高等教育への進学は、後期中等教育修了試験を受け各科目の合格レベルの成績を取ることが前提条件となる。後期中等教育修了試験とは、学年の最後に科目ごとに実施される修了試験で、これらの試験の成績をもとに先述の7ポイント制で成績が付けられる。もし成績が不十分な場合は、必要な科目のみ補習を受けられるほか、専攻に必要なのにもかかわらず、該当レベルで履修していない科目がある場合でも、実際の入学までに補講を受けるという条件付き合格ができる場合があることが、動画でも説明されている。

次に申請者は、希望する進路を第一志望から第八志望まで考える。分野がまったく異なる専攻科を志望することもできるし、同じ専攻科で全国の異なるいくつもの大学を志望することもできる。合格の場合には、志望を出した中で最も希望順位の高いところの1カ所だけに合格となるので、志望する専攻科は1カ所しか書かなくても8カ所書いても違いはない。一つの欄につき一つの専攻科を書くことになっているので、いくら大学の数が限られているといっても、志望校を考えること自体、一定のリサーチを必要とするだろうことが想像される。

それが決まると、いよいよ締め切りまでに志望校の出願をする。NemIDと呼ばれる電子署名を使って、出願専用サイトから志望する大学の専攻科に出願する。第一期の出願の場合は単純に、志望者のうち、成績の良い者から順番に合格となる。後期中等教育機関でAレベルに相当する必修科目以外で、さらにAレベルの科目を追加で履修すると、「ボーナスA」と呼ばれるボーナスが加算される。1科目ではなく2科目を履修すると「1・03」、3科目を履修すると「1・06」を自分の取った平均点にかけることができる。また2009年から、高等学校を修了後2年以内に高等教育課程に進学する場合、「スタートボーナス」として、自分の平均点に1・08をかけることができるようになった。これらの制度を活かして高等教育への進学を目指す全国の生徒たちが志望校に出願し、成績の良い順に入学許可が下りるという仕組みが第一期である（図表1－4）。

図表1-3　デンマークの高等教育出願制度の動画

出典：合格ドットDK, https://www.optagelse.dk/

図表1-4　「第一期（Kvote1）の締切は7月5日正午、成績順に入学が内定」（2020年版）

出典：合格ドットDK, https://www.optagelse.dk/

合格までの道

とはいえ、出願する生徒にとっては、自分の成績が志望先の合格ラインに達しているのかどうかがもっとも気になるところである。日本だとそのような判定を、慣習的に、民間企業である予備校や大手進学塾が一手に担ってきた。毎年、数社が競って全国統一の模擬試験を国内の受験生に受けてもらい、各受験生の点数を基にその母集団における各受験者の位置を割り出す。そして各大学の学部学科に関しては、どのような成績をもつ受験生が多く志望しているのかという情報から「偏差値」という序列が整然とリスト化されるので、受験生は大学の学部学科ごとの合格見込みラインをほぼピンポイントで狙うことができ、受験の「混乱」を未然に防いできた。しかし、近年、それも徐々に変化している。少子化傾向が続き、国公立大学であっても私立大学であっても、ＡＯ入試を含む幅広い推薦入試制度、大学入学共通テストや英語外部試験の導入、後期日程入試といった入試の多様化が進み、偏差値だけが大学受験の指針になる時代は去りつつある。それでも、偏差値を基準に大学受験をする、という図式が日本社会では長い間、当然のこととみなされてきた。

塾も予備校も模試も偏差値もないデンマークでは、生徒たちは一体どのようにして志望校を決めるのだろう。

このときに有力な情報を提供してくれるのは、ＵＧとＫＯＴという公的機関である。ＵＧ(Uddannelses Guiden)は子ども教育省が運営する「進学ガイダンス」のウェブサイトである。教育に関する進路を総合的に扱ったサイトで、10年生を含む、後期中等教育の進路から、高等教育、成人対象の職業教育・訓練に関する情報、職業とキャリアに関わる情報等がまとめられている。KOT（Den Koordinerede Tilmelding）はデンマークの高等教育科学省が運営する「入学調整機関」である。1978年に設立されて以来、高等教育機関の入学に関する情報を収集し、公開する政府機関の一つである。

自分の持っている平均点で本当に志望先に入れるかどうかを確かめるために、多くの人はKOTがとりまとめる例年の合格ラインを参考にする。ここには教育機関別に過去の合格ラインが蓄積されている。KOTが提供する情報には、各教育機関の専攻科ごとに第一期（Kvote1）に出願した中から定員、昨年度の補欠合格者数（standby）、総志望者数、第一志望者数、合格ライン（昨年度実績）、補欠合格ライン（昨年度実績）が含まれる。昨年、補欠合格をして今年の入学希望者となった人の数まで、専攻科ごとに公表されている。進学希望先の数字をよく見ると、定員に満たない専攻科なのか、第二期の募集があるのかどうかといった情報が一目でわかるようになっている。

例えば、2020年に最も難関だったコペンハーゲンビジネススクールの国際経営コースは、7ポイント制の平均点で「11・3」という成績が合格ライン（Adgangskvotient）と示されていた。220名の定員に対して1212名の申請があり、そのうち第一志望が680名という数字があがっていて、第二期の募集は空欄となっている。ここから、第一期の申請者の中から成績順に合格者が決まり、第二期の募集はない、ということがわかる。ちなみに7ポイント制で「11・3」

というのはかなり高得点であるが、高倍率の専攻科を志望する申請者のほとんどが、なんらかのボーナス点を獲得して申請するという。それでもどの科目もまんべんなく高い評価を必要とする、人気の専攻科のようだ。

心配のいらない進学

数年前の春、イースター休暇を利用して、デンマークに住む友人の娘アネッテさんが東京の自宅に泊まりに来た。友人と連れ立って1カ月、高校修了試験を受験する直前だったけれども、桜の季節に合わせて日本旅行にやってきたのだ。政治的信条からベジタリアンだというアネッテさんたちと、野菜の天ぷらをメインにした食卓を囲んだ。二人とも普通高校コース（STX）に通う高校3年生で、ちょうどこれから大学入学の出願をするところだけれども、一人はコペンハーゲン大学の地学専攻科を、もう一人は心理学専攻科に進む予定だと話してくれた。二人とも、まるでもう入学が決まったかのように話す様子がとても不思議だったので詳しく聞いてみると、どうも二人の成績はもともと希望の進学先が示している例年の合格ラインを優に上回っているという。旅行のあとに待っている高校修了試験も少しは準備するけれども、普段どおりに勉強をしていれば問題がないそうだ。でもいくら合格ラインが決まっているからといっても、倍率はその年によって異なるのではないかと質問すると、日本とは最も異なる仕掛けがあることを教えてくれた。申請すれば一年後に入学が保証される、というのだ。つまり、万が一、突然、アネッテさんたちが志望する地学専攻科や心理学専攻科が人気となって定員オーバーになったとしても、おそらく翌年の補欠合格者（standby）にはなれるはずで、希望すれば第二期に、それもかなわなければ一年待てば入れるので、その間にボランティア活動をしたり海外でインターンシップをしたりするよい機会になる、と話す。ということで、大学進学に関しては特に何も心配していないので、以前からの計画どおり、日本旅行にやってきたのだという。二人はその後、都内のポケモンセンターや三鷹の森ジブリ美術館を回ったあと、金沢や広島にも足を延ばし、ご当地ラーメンを満喫して帰っていった。

たしかに、２０２０年版コペンハーゲン大学地学専攻科の入試データを見ると定員49名、１２６名の申請者のうち第一志望は52名とあり、昨年度の合格ラインのところには「ＡＯ（Alle Optaget）」（すでに定員満）とある。昨年度、専攻科が示す基準を上回った出願者を成績順に合格、そして補欠合格に確定していった結果、昨年に合格を保証した定員をすでに超えていたため、入学者の成績の平均点を合格ラインとして示す必要はなかった、という意味である。また、心理学専攻科は定員２５０名、補欠合格は22名もいることが示されているが、２７４８名の申請者のうち第一希望は１４５８名とあり、合格ラインは「10・9」、補欠合格の合格ラインは「10・7」となっている。[18] これは、心理学専攻科の定員２５０名から昨年度の補欠合格者22名を除く２２８名分の合格者を、２７４８名の申請者から成績順に確定していくという意味で、参考までに昨年は合格者の平均点を見ると10・9だった（同様に補欠合格者の平均点は10・7だった）、という意味である。

このような数字を見れば、それよりも上位の成績をとっている人であれば十分に合格水準に達していることがわかるので、その年か翌年には入学できるとわかる。毎年７月28日に合格判定とともに、定員割れしている専攻科が発表される。希望していた専攻科で不合格であっても、同年にすぐに進学したい場合には、まだ定員に空きがある専攻科へ出願することができる。この追加募集には締め切りが設けてある場合も、先着順に受け付ける場合もある。

これが彼女たちの大学進学に至る経緯である。高校修了試験の前に海外旅行なんて、と驚いてしまったが、進学の仕組みを知ると、桜見物に日本にやってきたのんきな高校3年生の気持ちもわかる気がする。デンマークの大学進学には、「合格までの道」といったたいそうな仕掛けがあるわけではない。予備校も、模試も、偏差値もない。高校時代に自分がおさめた成績の平均点を基に、自分の興味関心にもとづき、出願できそうな合格ラインの専攻科で志望欄を埋めていけば、出願した年か、運が悪くても翌年には、大抵どこかの進学先が見つかる。高校卒業後2年以内であれば自分の平均点にボーナスが付けられて「お得」だが、あえて数年間は大学に進学しない、という選択も現実的な考え方となる。大学に行きたくなったら、第一期あるいは第二期の募集に間に合わせて、ウェブで出願をすればいいのだ。

第二期（Kvote2）で挽回する

デンマークの高等教育出願制度のもう一つのユニークな点は、第一期の合格判定でかなわなかった場合や、第一期で合格するほどの成績はないが、別のやり方で自分の資質を証明したい場合、第二期（Kvote2）の出願をすることができる点である（図表1－5）。

第一期の出願で志望校の合格基準ラインに至らない場合でも、別の方法で再出願することができる。志望先の学科や専攻科が示す課題は多様であるものの、例えば職業経験を積むこと、十分な説得力のある動機付けの書かれた志望理由書を作成すること、実技による適性試験を受けること、補講を受けて必要な科目の成績を向上させることといった方法で、同様に合格を得ることができる（図表1－6）。

大学の専攻科のほうも、第一期の定員の余剰分を第二期に回す場合がある。例えば、定員200名に対して400名の出願者があり成績順に合格者を確定していったところ、150名は専攻科が定める基準点を上回っていたものの、残りはそうではなかった場合、大学の専攻科はこの50名分を第二期の募集にとっておくことができる。病気療養のため休学していた人、留学や仕事を理由として第一期に出願しなかった人なども含まれるため、新たな出願者に枠を開放することで、入学者の水準を保持しようとする動機も働くのだという。

「進学ガイダンス」の動画には、とにかくよくわからない場合は、UGやKOTのサイトを見ること、進学ガイダンスセンター（Studievalg）もしくはeガイダンス（e-vejledning）に連絡をするように、というナレーションがたびたび入る。実際に、全国に7カ所ある進学ガイダンスセンターには、約80人のカウンセラーが常駐しており、進学の相談に乗ってくれる。子ども教育省が運営している、もっと手軽なeガイダンスもあり、SNSで連絡を取ると、生徒からの質問にカウンセラーがスカイプやチャットで回答してくれる。いずれも、ひとりひとりが希望を持ち、職業につながる進路を見つけるところまで、時には転職のための学び直しを紹介するなど、生涯学習を前提に、必要な人が必要な時に教育や訓練を受けられるよう、見届ける筋道ができあがっ

図表1-5　進学ガイダンス(UG)のトップページは第二期(Kvote2)の締め切りを呼びかけるバナー

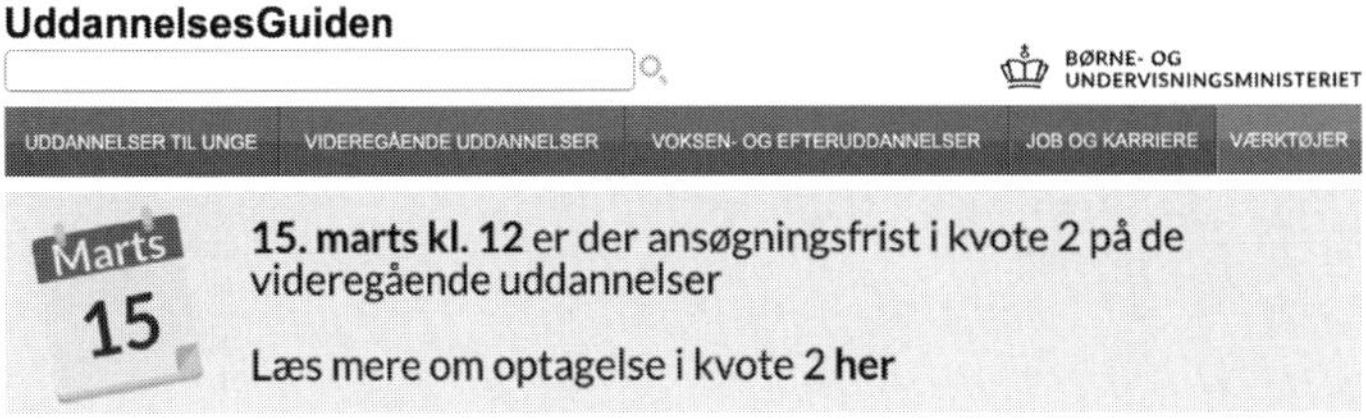

出典：子ども教育省, https://www.uvm.dk/

図表1-6　「第二期の締め切りは3月15日正午、職務経験、志望理由書、特定の科目の成績、入学試験など、志望専攻科によって選考の基準はそれぞれです」(2020年版)

出典：合格ドットDK, https://www.optagelse.dk/

ている。日本のように予備校や塾などの受験産業が発達していないデンマークでは、このように、国や自治体の公的セクターが情報を提供し、ひとりひとりの進路に関わり、進学を支援している。

学費と学生手当（SU）

日本とデンマークの高等教育制度における違いとしてもう一つ顕著なものに、学費と学生手当（SU：Statens Uddannelsesstøtte）がある。デンマークは、OECDの中でも教育費の公的負担が大きい国として知られている。２０１７年のデータによると、歳出に占める教育関連の公的支出割合はOECD加盟国平均で10・８％だったのに対し、デンマークは12・７％だった（OECD 2020:312）。生徒一人あたりの年間教育支出額（２０１７年）も、OECD平均が約１万１０００ドルのところ、デンマークは約１万４０００ドルだった（OECD 2020:270）。初等教育から高等教育まで、教育にかかる費用は基本的には無料で、大学でも教科書や書籍以外の授業料や施設費の自己負担はない。

さらに、世界も驚く学生手当（SU）という制度がある。フルタイムで教育に従事していること、他の公的給付を受けていないこと、アルバイトの収入が一定額を超えないことといったいくつかの条件のもとに、後期中等教育、高等教育課程に通う18歳以上の学生すべてに支給される手当である。高等教育課程では70カ月を基本として学生手当が毎月支給される（２０２０年現在）。[19] 複数の教育課程や教育機関を経たために、学生でいる期間が長期に及ぶ場合など、様々な状況に応じてさらに数カ月分が加算される。親元に住んでいるのか否か、扶養する子どもがいるか否かなどの条件によって支給額は変わってくるが、学生寮やシェアハウスの家賃がカバーされる程度の金額が支給される。さらに、事情でアルバイトができない場合や、ひとり親となり学生手当では子どもが養えない場合などには、学生手当に加えて低金利での貸し付けが加算される（ＳＵローン）。学生手当は、教育課程を途中退学しても返還の義務はない[20]。さらに留学等で外国の教育機関に所属する場合も、条件に合致する教育機関であれば、学生手当は支給される。このような学生手当の予算は国の歳出比約１％に当たる。

デンマークでは、なぜこのように寛大な学生手当という制度が維持されてきたのだろうか。ＳＵの歴史と教育行政に詳しいトマス・クラウセンによると、学生手当制度の原型が初めて導入された１９５２年当時は、高等教育を受けるために、さらに生活費の手当が必要な人にのみ給付するための、ミーンズテスト（資力調査）を伴うものだった（Clausen 2020:4）。当時は高等教育へのアクセス自体がエリート層に限られ、大学は2校しかなく、それ以外は工科大学や歯科大学のほか、地方に教員養成や医療従事者の学校が散らばっているだけだった。１９６０年代から１９７０年代にかけて三つの総合大学が設立されたほか、社会のニーズに合わせた高等教育機関が増加する中、２０００年までには17万人の学生を数えるほど高等教育が普及した。１９６０年代から２０００年までの間に、多様な背景を持つ集団に対して、より一般的な財政支援の必要が生じてきた。

学生手当に関しても、１９７９年の法改正では、選別を目的とするミーンズテストの方式から、教育を受ける若い世代の権利を基盤とする普遍的レジームに移行した。１９９５年の法改正では、現在の制度につながるような、社会的流動性を高めるための、より普遍的な方法に移行したという（Clausen 2020:1-14）。２０１５年7月からは親元で暮らす高等教育の学生に対しては、親の資力が学生手当の支給額に影響するようになったが、基本的な姿勢としては、（家族という単位より）学生個々人を対象に、その自立をかなえるための就学支援という意味を維持している。

このように、デンマークの公教育が公的負担によって支えられている理由は、教育が次世代への投資であると同時に公共善であり、公共の責務であるとの考えがあるからである。たしかに、寛大な学生手当が出るため、学生ものんびりとしていて幾度も進路変更をするなど、なかなか就職せず納税しないといった批判がある。また、バイオテクノロジーやＩＴといった、企業が今すぐに必要とする分野よりも個人の関心を優先させる人が多く、労働市場が求める人材を育成できていないのではとの批判もある。けれども教育の公的負担は、社会的流動性を高め、若い世代が勉学や研究に打ち込むことができる環境を維持するという合意があり、結果として学生手当は国の将来に対する大きな投資になっている。

4　日本とデンマーク

早期分岐・晩期分岐

どのような学校系統を選択するのかは、学校教育にその社会が何を望むかによって変わってくる。

デンマークの場合は、中学校が終わる段階で、普通教育か職業教育かの選択を迫る「早期分岐」を基本とした、複線型学校制度を維持してきた。早期分岐は、歴史的には階級社会に対応した教育制度で、全員が大学卒業を目指すような普通教育コースを歩まずとも、経済的に自立して納税する「成人」を育成することが社会の要請だとの共通理解のもとに、維持されてきた。かつては、この早期分岐の仕組みが、とくに社会的階層において不利な出自にある若者の雇用可能性(employability)を高め、社会全体の安定をもたらすとされてきた。しかし近年は、産業構造の転換や労働市場のグローバル化を反映し、職業教育のあり方そのものが大きな危機にさらされてきている。個人の向き不向きを問わず、職業教育よりも、普通高校教育を受けさせることが将来的な高所得や名誉に結びつく「成功」だとして、ガイダンスセンターのカウンセラーに勧められるままに高校に進学し、ドロップアウトするケースも少なくない。あるいは高等教育まで進んでも、必ずしも就職に結び付くわけではない。メディアに映し出される職業教育のプレステージが高くないため、将来的には高等教育を受けた労働力が大きく余剰となり、日常を動かすべき技術者が大きく不足するという見込みも出されている[21]。そしてそのような制約の中で、漸次、教育改革が進められ、結果として、決して多くない若年人口をなんとか社会に包摂するための複雑な仕組みが、今まで見てきたような制度として運用されている。

他方で、日本の場合は第二次世界大戦後、アメリカ型の単線型学校制度を導入した。これは、「晩期分岐」型といわれるもので、高校や大学であっても学校の中に多様な選択科目を用意し、普通教育および教養教育を重視する。もともとは、男女の機会格差の是正と個人の自由を拡大し、それまでの固定的だった社会階級や階層間移動を促し、平等な社会を実現しようとする意図があった。けれども戦後70年以上を経過した現在、子どもを取り巻く社会も労働のあり方も大きく変化した。平等なスタートラインに立ち、長期にわたる普通教育を受けたのち、徐々に進路が分岐する晩期分岐型の学校教育がもともとの意図に反して、実際には、塾や家庭教師代といった教育費の私的負担の多寡だけではなく、普通教育に適した正統的文化を継承しているかどうかといったハビトゥスの影響も受け、不利な社会的階層出身の子どもたちにとって、マイナスに機能することも指摘されている。

日本の学校教育制度では、9年間の普通教育期間の後やってくる高校受験、大学受験といった進路の分岐が、まるで同年齢集団全員が参加する椅子取りゲームのような競争となってきたことが、大きなプレッシャーを生み出してきた。このプレッシャーを緩和するために進められた多様な評価軸の導入や、高校や大学における入試制度の多様化といった改革は、部分的には役立っているのかもしれない。しかし、少子化傾向の続く社会では、またグローバル化に伴い多様な背景をもつ子どもたちが共に暮らす社会では、椅子取りゲームとしての選抜制度を洗練させることよりも、すべての人に席を用意し、ひとりひとりの適性を引き出し、誰ひとり取り残さない教育が必要になる。近年は日本でも、より柔軟な学校制度が必要との声に押され、公立中高一貫校（1999年）や小中一貫校（2016年）が整備された。また、早期のキャリア教育の必要性が指摘され、2008年「教育振興基本計画」により、小学校からの職場体験活動や職業高校の改革、専門職大学の導入など、職業教育を実装しようとする小さな改変も続いている。

本章で見てきたデンマークの学校制度も、現実の社会のその先を規定する教育をなんとか実現しようと、試行錯誤を重ねているその途中にある。学力試験に苛まれることのない小学生時代、10代の多感な時期に人生を見つめ寄り道や回り道ができる10年生という制度、ウェブサイトで希望する進学先をクリックするだけの大学受験など、日本から見ると理想的に映るかもしれないデンマークの複雑な教育の仕組みもまた、そのときどきの社会的課題に応えようとする漸次的な試みなのである。[22]

コラム１　グルントヴィとデンマーク社会

今日のデンマーク社会の在り方に多大な影響を及ぼしたとされる、ニコライ・フレデリック・セヴェリン・グルントヴィ（１７８３〜１８７２）は、19世紀に牧師、詩人、教育者、政治家として活躍した。19世紀はデンマークが封建社会から近代民主主義国家に移行する過程にあり、グルントヴィはデンマークの近代化やナショナリズム形成に貢献した、歴史的な人物である。しかしグルントヴィが生きた時代から約１５０年たった現在のデンマークにおいても、彼の人生や思想、影響力について活発に議論され、さまざまな解釈がなされている。

グルントヴィの大きな功績として「民衆教育」を構想し、その思想が成人教育機関であるフォルケホイスコーレや、フリースコーレ（第１章第１節参照）の設立に繋がったことが挙げられる。

19世紀のデンマークは二度の対独戦と自由憲法の制定という、時代の大きな転換点に直面していた。グルントヴィはイギリスのリベラリズムから影響を受けながらも議会制民主主義の制度には疑問を抱き、民主主義が機能するには統治機構や憲法以上に庶民の精神の育成が重要だと考え、教育がこれまで以上に重要な役割を担うと認識していた。彼は、身分社会において農民が「他の身分のために飼い慣らされた家畜のように存在する」と表現し、来る民主主義社会においては農民や女性といった社会から排除された幅広い人々を、ブルジョワジーと対等に議論できる政治的主体に育成する教育が急務と考えた。

グルントヴィが構想したのは「民衆」を育成する学校である。それは学者を育てる従来の学校とは異なる、良き社会を支える人々を育てる学校であり、そこで育つ人々は、国家と結びついた「国民」ではなく、国家に対して相対的な関係をもつ「民衆」である。「民衆」には、デンマーク・ナショナリズム形成と、政治的主体形成の二つの側面が含まれる。

グルントヴィが生きた封建社会から近代社会への移行期にあったデンマークでは、ドイツ人が支配階層を占め、知識人や学者はフランスの啓蒙思想やドイツ文化を重視し、デンマーク語や人口の大多数を占める農民の文化を軽蔑していた。グルントヴィはこうした価値観に抵抗し、農民の継承してきた文化を美しく尊いものとしてとらえ直し、数多くの詩で表現した。それらの詩は賛美歌となり、「フォルケホイスコーレ歌集」に収められて、現在に至るまで広く国民に親しまれている。

グルントヴィの農民文化のとらえ直しは、ドイツの哲学者ヘルダーから影響を受けていた。ヘルダーはカントの理性主義を批判し、民衆を蔑む従来の民衆観を大きく転換して、民衆の言語や詩歌に価値を見出し、その創造性やアイデンティティ形成における民族の歴史や風土を重視した。グルントヴィはこうしたヘルダーの民衆観と、彼の「人間形成(bildung)」の概念を受容し、「民衆」の概念の中心は「人間であること」であり、人間的なものは母語により語られる対話で形成されると考えた。

政治的な主体形成には、支配者・被支配者といった立場の違いを超え、他者との生きた言葉によるコミュニケーションが不可欠と考えたグルントヴィは、従来のラテン語による学校教育を痛烈に批判し「死のための学校」と呼んだ。書物や一方的な講義による教育ではなく、教養市民層とそのほかの人々の亀裂を埋めるための教育が必要であり、人々が個々の立場の違いを超えて、対話し議論する学びを構想した。グルントヴィは、ドイツの哲学者フィヒテの「相互作用」の概念を受容し、他者との生きた言葉によるコミュニケーションを「相互作用」と呼んだ。そして対話による相互作用は、とりわけ対立や溝があるところでこそ行われる必要があると考えた。こうしたグルントヴィの思想を具現化したのが、フォルケホイスコーレである。

フォルケホイスコーレは、農閑期の若者が学ぶ学校として国の助成を受けながら自由な活動を展開し、広く普及した。卒業生達は自主的に勉強会を継続し、のちの農業組合の結成や女性組織、その他政治的、経済的、文化的団体を結成し、民衆運動へと発展した。このような、国家と独立した「民衆」の形成は、デンマークの分権型社会や活発な市民参加の基礎となっているのである。

(原田亜紀子)

第2章　すべての若者の移行支援と多層的な学びの場

佐藤　裕紀

本章では、義務教育を修了した後の、若者の進路選択や移行を取り上げる。まず、国際的な文脈における若者の移行や早期離学をめぐる動向を概観し、デンマークにおける前期中等教育段階修了以降の若者の移行の概要を示す。次に、若者が進路を選択するための学校での支援、指導について、特にキャリアガイダンスに焦点を当てて見ていく。また、ノンフォーマルな教育に起源がある若者学校（Ungdomsskolen）、エフタスコーレ（Efterskoler）、生産学校（Produktionsskoler）などを紹介し、そうした多層的な学びの場が果たす機能を考察する。最後にデンマークの若者の移行を支える仕組みの特徴と課題、日本への示唆を述べる。

［第1節］ユニバーサルな移行支援

1　若者の移行支援と早期離学に関する動向

ＥＵとＯＥＣＤの動向

今日、子どもや若者の教育段階、また教育から仕事への移行が長期化、複雑化、困難化している。国際的な動向においても、早期離学、つまり前期中等教育段階を修了あるいは未修了の18～24歳で就労、就学状況にない若者に関する対応が課題となっている。

例えばＥＵでは、早期離学者は、「18～24歳のうち前期中等教育またはそれ以下で教育・訓練を離れ、その後の教育・訓練を受けていない若者」を指し（European Commission 2013:8）、早い段階で優先課題として取り上げられてきた。

具体的には、１９９０年代半ばから白書等で、早期離学と若者の問題や、学歴や資格を取得せずに離学する人々が安定的な職に就けないことで、社会への積極的な参加から排除されていることを背景に、学校と職業訓練機会をつなぐ移行期としての生涯学習の重要性が指摘されてきた。

１９９０年代後半には、早期離学は、既に雇用政策、社会政策、教育、職業訓練、若者といった複数の政策領域における課題として捉えられており、２００３年5月に掲げられた教育訓練に関する達成目標の中に、早期離学に関するベンチマークが明記されている。その後も常に重要課題であり続け、２０１１年には、早期離学抑制のための行動計画の指針となる包括的な政策措置が提案された（小山 2021:39-46）。

その中で政策枠組みとして提案された三つの施策が、「予防措置」「介入措置」「補償措置」である。予防措置は、特に不利な状況に置かれた子どもに有効であると想定される就学前教育の保障、義務教育年齢以後における教育訓練機会の提供といった制度的な措置を指す。介入措置は、学校や訓練組織レベルで行われるものと、離学のリスクを抱えた個別の生徒を支援するものとに分けられている。補償措置とは、既に離学している若者に対して、セカンド・チャンス・プログラムの提案、教育訓練のメインストリームへの復学、個人に焦点をあてた金銭的・教育的・精神的な側面に配慮した包括的なサポートの提供などを指している（小山 2021:46-47）。

ＥＵは２０２０年までの新経済成長戦略「欧州２０２０」に定めた教育分野のヘッドライン指標の一つに、中等教育段階の早期離学率を10％未満にすることを掲げている。推移を見てみると、２００２年には16・９％であった早期離学率は、２００９年には14・０％となり、２０２０年段階では、10・１％（イギリスを除いて27カ国）であり、目標まであとわずかとなっている。

なお、デンマークの早期離学率（図表２－１）は、２００２年に９・０％であったものが２００９年には11・５％まで一時増加していたが、２０２０年段階では、ＥＵの定める目標を達成しており、９・３％となっている（Eurostat 2020）。なお男性11・７％、女性６・８％と男性が多い動向は、ＥＵと同じ傾向である（図表２－２）。

ＯＥＣＤも、２０００年前後から早期離学に着目してきた。早期離学者を「25～34歳で後期中等教育を修了していない者」として定義づけ、教育制度になじめずドロップアウトし、後期中等教育修了資格を得ていない若者たちが、労働市場に参入し、就業を継続する際に厳しい状況に置かれることを問題視し、加盟国共通の重要課題としている（斎藤 2021:25-31）。

また、ＯＥＣＤは、早期離学などの解決に向けて、若者全体を対象とした全体的施策（ユニバーサル型）と、対象を絞った個別施策（ターゲット型）の両面から政策提言を行っている。

全体的施策の例としては、①登校状況の把握、②ハイリスクグループの生徒及び家族に対する総合的支援、③学習環境や指導方法・クラスサイズの多様化、④課外活動、学校外活動の充実などが挙げられる。

対象を絞った個別施策については、質の高い職業訓練（ＶＥＴ）が挙げられ、その充実に期待を寄せている（斎藤 2021:35）。関連して、生徒が質の高いキャリアガイダンスを受けられることや、就学前教育の充実や指導の多様化などによりドロップアウトを防ぐことを提言している（斎藤 2021:35-38）。

本章では、これらの国際的な動向を踏まえ、デンマークの取り組み状況を見ていきたい。

デンマークにおける若者の移行～前期中等教育後

デンマークにおける義務教育段階である、前期中等教育を修了した後の進路選択と移行について見ていこう。教育省のウェブサイトによると、２０２０年に行った「基礎学校9年生または10

図表 2-1　EUと北欧諸国の早期離学率の変遷

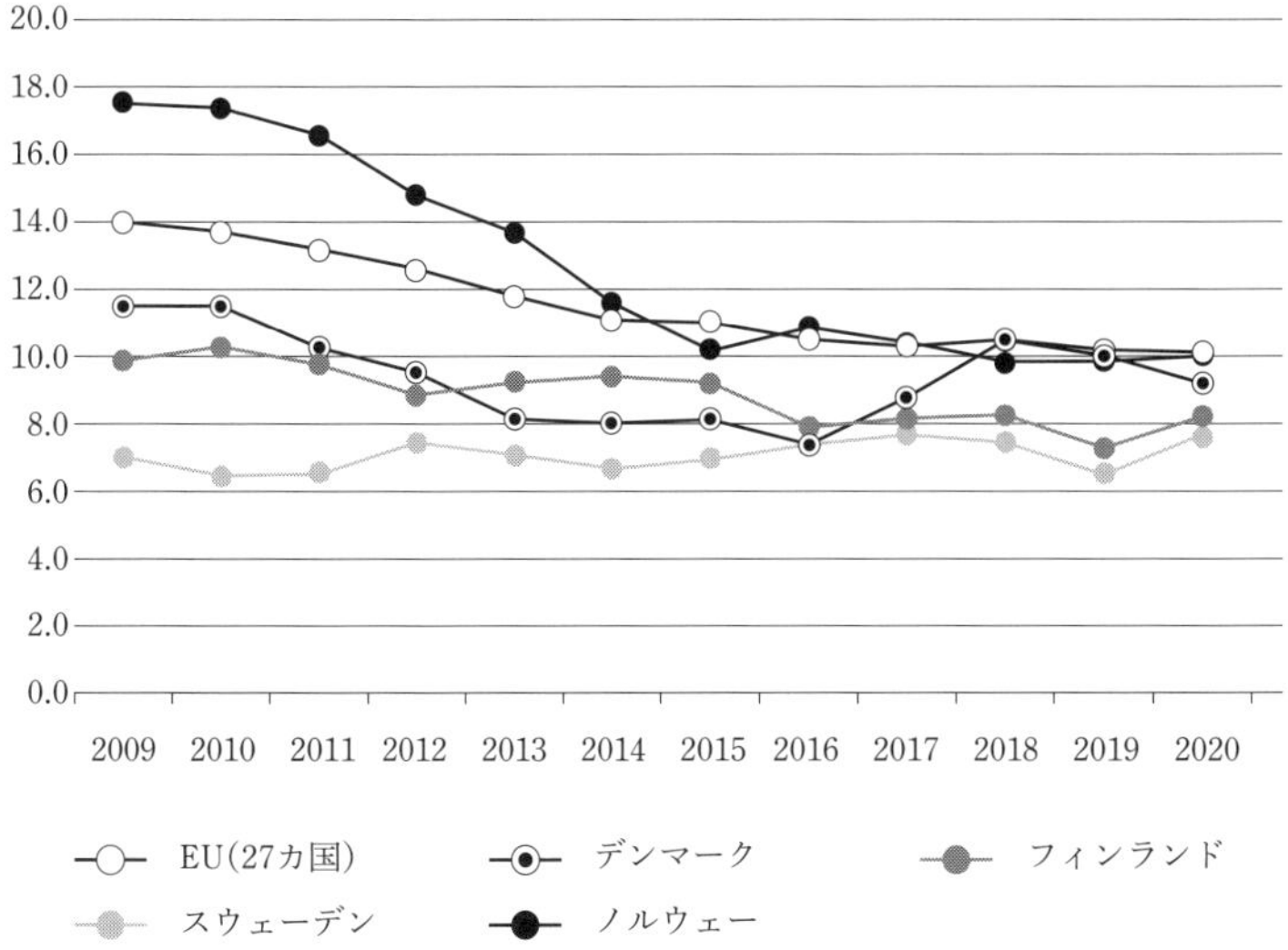

出典：Statistics | Eurostat (europa.eu).

図表 2-2　EUと北欧諸国の早期離学率の推移

国名／年度	2009	2010	2011	2012	2013	2014	2015	2016	2017	2018	2019	2020
EU(27カ国)	14.0	13.8	13.2	12.6	11.8	11.1	11.0	10.6	10.5	10.5	10.2	10.1
デンマーク	11.5	11.5	10.3	9.6	8.2	8.1	8.1	7.5	8.8	10.4	9.9	9.3
フィンランド	9.9	10.3	9.8	8.9	9.3	9.5	9.2	7.9	8.2	8.3	7.3	8.2
スウェーデン	7.0	6.5	6.6	7.5	7.1	6.7	7.0	7.4	7.7	7.5	6.5	7.7
ノルウェー	17.6	17.4	16.6	14.8	13.7	11.7	10.2	10.9	10.4	9.9	9.9	9.9

出典：Statistics | Eurostat (europa.eu).

年生修了後の第一志望の進路」についての調査結果では、高等学校コースの学校を希望する生徒が72・1％（普通高等学校〔ＳＴＸ〕58％、単位制〔ＨＦ〕11％、商業高等学校〔ＨＨＸ〕21％、工業高等学校〔ＨＴＸ〕10％）。高等専修学校コースの学校を希望する生徒は19・9％である。[1]

なお9年生のうち、51％が基礎学校を修了せず、10年生となることを選択している。10年生を希望する生徒のうち65％がエフタスコーレを、15％が自分の在籍してきた基礎学校を、7％が私立学校（フリースコーレを含む）を、そして5％が自治体に設置されている若者学校を選択している。後述するが、近年このエフタスコーレの人気が非常に高まっている。

また、義務教育修了後の進路には、高等学校コースと高等専修学校コース以外に、「その他」に位置付けられる青年期教育として予備基礎教育（FGU：Forberedende-grunduddannelse）、特別ニーズを有する若者のための青年教育（STU：Ungdomsuddannelse for unge med særlige behov）、生産学校がある。それぞれの概要を図表2−3にまとめた。

ＦＧＵは２０１９年にできたプログラムで、それまで複数あった、後期中等教育に参加していない25歳未満の若者対象のプログラムを統合したものである。図表2−4のように、三つの異なる種類の教育と、基礎コース（Basis）で構成されている。普通基礎教育（AGU：Almen Grunduddannelse）は高等学校コースへの移行支援、基礎職業教育（EGU：Erhvervsgrunduddannelse）は高等専修学校コースへの移行支援、そして生産基礎教育（PGU：Produktionsgrunduddannelse）は、規則正しい生活などの社会生活、仕事の実行、そして高等専修学校コースへの参加を可能とさせる資質・技能の習得を目的としている。ＦＧＵは、他の後期

図表2-3 その他に位置付けられる青年期教育の概要

名称	対象と概要
FGU	25歳未満で青年教育を未修了、未就労の若者が対象。青年教育を修了するための知識、技能などを身に付ける。2019年に従来の支援プログラム(AGU,PGU,EGU)が統合された。
STU	25歳未満で障害のある若者、青年教育を修了できず特別なニーズを有する若者が対象。成人として自立して社会参加していくための資質・能力を育む。
生産学校	25歳未満で青年教育未修了、進学用件を満たしていない若者が対象。本人の興味関心に応じた実践的な活動を通じた学習により、青年教育への進学や就労への準備をする。

図表2-4 FGUの概要

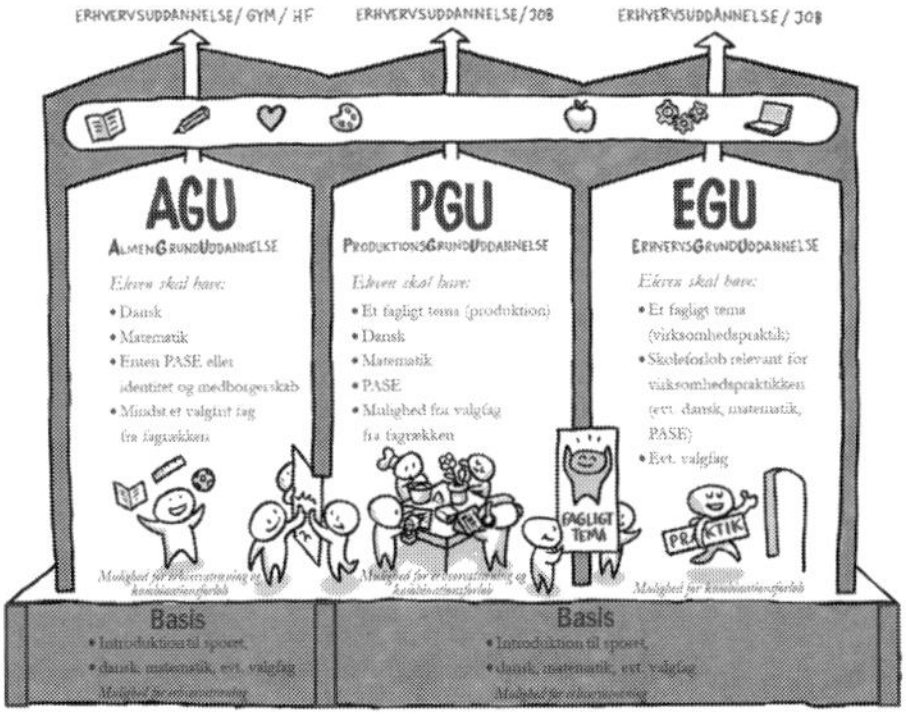

出典：https://www.uvm.dk/forberedende-grunduddannelse/om-forberedende-grunduddannelse/uddannelsens-opbygning-og-indhold

中等教育段階の青年教育と同等の教育段階としては扱われないが、修了後に修了証が発行されることで、移行の足掛かりになる。

ＳＴＵについては、プログラムの構成や２００７年のＳＴＵ法成立に至る背景など池田（2018）が詳しい。参照しながら端的に記載すると、発達障害などの特別なニーズのある若者が、成人として自立して積極的に社会参加できるようにすることを目的とし、16～25歳未満の該当する若者が3年間のプログラムを受けることができる。最大12週間までのオリエンテーション時に、本人の将来や教育、就業に関する希望を確認し、個別教育計画を作成する。

プログラムは複数の教育機関や職業体験を組み合わせることが可能であり、フォルケホイスコーレやエフタスコーレをはじめとしたノンフォーマルな教育機関と連携している。授業時間は年間最低８４０時間で、そのうちインターンシップを含む実習活動は年間最大２８０時間が基本方針である。修了すると自治体から証明書が発行される（池田 2018:33-34）。

生産学校は後に詳述するが、25歳未満で青年教育未修了、進学用件を満たしていない若者を対象として、本人の興味関心に応じた実践的な活動を通じた学習により、青年教育への進学や就労への準備をする再チャレンジ、包摂を目的とする。近年、日本における若者支援の分野でもしばしば紹介される学校である。

なお、その他の青年期教育を志望する生徒のうち、ＦＧＵへの進学を選択する生徒は２％、ＳＴＵが１％、その他（生産学校含む）が５％であった。

次に、デンマークにおける早期離学の状況や移行について説明する。デンマークでは、ある年に義務教育9年生を修了した若者を対象集団として、5～25年後に若者たちがどのような教育経路で移行していくのかを、その年の各教育機関等の学生動向を基に分析、予測して、モデル化した「プロファイルモデル」を作成し公開している。そして修了率の算出に用いている（豊泉2018:53-54)。

図表2－5は、2018年に9年生を修了してから、仮に8年後の予測を示したプロファイルモデルである。

このデータによると、9年生まで在籍する生徒が50・2％、10年生まで継続する生徒は49・8％おり、実に約半分の生徒は10年生を選択する。その後、72・5％は高等学校コースに、21・4％が高等専修学校コースに、3・7％がSTUに進学するものの、2・3％はそれらのいずれにも進学していない。青年教育修了は84・0％、高等教育修了は24・8％、各青年教育から中退した若者も含めた青年教育未修了の若者は16・0％と予測されている。

参考までに、同じ年度の25年後の教育経路、移行を確認したところ、青年教育修了は89・4％、青年教育未修了は10・6％であった。

デンマークの若者は、義務教育修了後の青年教育以降、様々な試行錯誤を経た教育経路を歩む。これは、自分の興味関心が変わった場合に、比較的気軽に進路を変更するデンマーク社会の文化、価値観や、多様な教育機会がフォーマル、ノンフォーマルに保障されていることなども関係していると思われる。30歳を超えて大学へ入学することなども特殊ではなく、ゆっくりと自分の興味関心を見つけて移行していく社会の文化が見られる。

また、その移行を経済的に支える国の教育支援である「学生手当（SU：Statens Uddannelsesstøtte）」がある。デンマークでは、デンマーク国民とEU／EEA（欧州経済領域）の学生は国立大学及びほとんどの私立の教育機関の授業料が無料である。さらに、学生の生活費を支援するために、SUがデンマーク高等教育庁の管轄で実施されている。

SUには主要な支援プログラムが二つある。一つは①18歳以上で後期中等教育以降の若者を対象としたプログラム、もう一つは②高等教育に在学している学生対象のプログラムである。①の場合、給付に関して時間的な制限はなく、給付額は20歳までは両親の収入に応じて配分額が変わる。②は高等教育に在学しているすべての学生に受給資格があり、在籍しているコースの正規の修了期間＋12カ月の期間給付される。なお、給付型のSUだけで不足する場合、公的な貸付金（ローン）を受けることも可能であり、約半分の割合の学生が、公的な貸付金を併用している。ちなみに、両親と同居している学生は、そうでない学生よりも給付額が少ないことがわかる（図表2－6）。

一方、デンマーク政府は、社会的なコストをかけずに、若者に早く良い（知識を持った）働き手となって税金などを納め、経済成長など社会の発展に寄与してもらうことを目指している。そのため、教育段階から労働への移行をいかに効率よく、早期化できるかを重要視し、青年教育未修了者の割合を下げることが重点課題となっている。次項では、その取り組みとしてガイダンスをとりあげる。

図表2-5　2018年に9年生である集団の8年後の移行予測

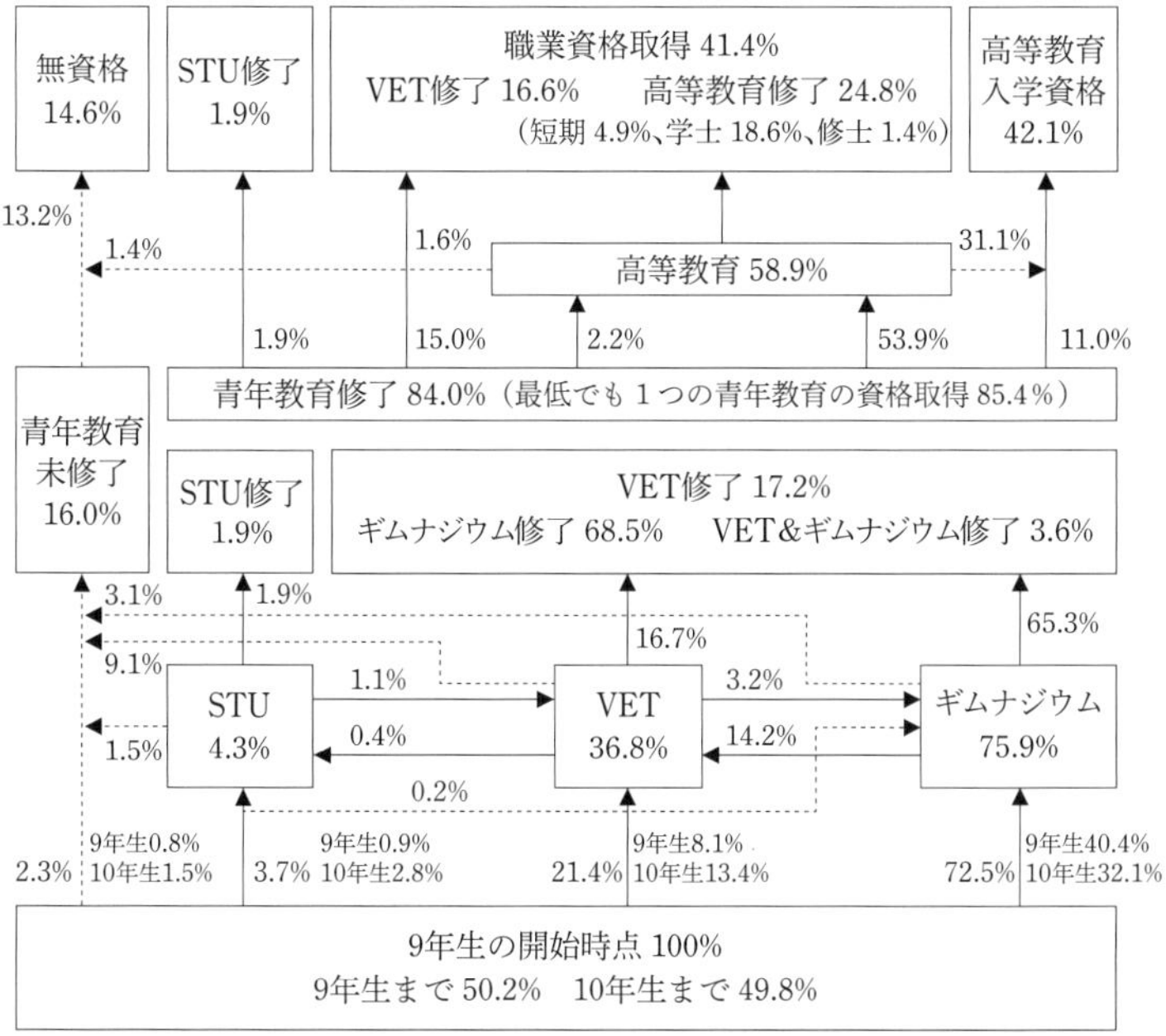

＊2021年1月13日付で取得したデータに基づく。

出典：https://www.uvm.dk/statistik/tvaergaaende-statistik/andel-af-en-ungdomsaargang-der-forventes-at-faa-en-uddannelse/profilmodel-definition-og-metode

図表2-6　SUにおける給付額（2016年）

教育段階・同居の有無	給付額（月額）	
高等教育・一人暮らし	5941DKK	
高等教育・保護者同居	2954DKK	
後期中等教育・一人暮らし	3811DKK（18〜19歳）	5941DKK（20歳以上）
後期中等教育・保護者同居	922DKK（18〜19歳）	2954DKK（20歳以上）

＊2014年7月1日以降に入学した場合。

2 デンマークのガイダンス政策

90～00年代からの整備と強化

デンマークでは、1970年代半ばから、進路指導を担うガイダンスカウンセラー自体は導入されていたものの、教科指導を行う教員が研修を受けて兼任していた。1990年代前半になると、若者の中退問題対応のため進路指導の積極化や、ガイダンス重視の政策がとられるようになった（Cort P. et al. 2015:294）。

またOECDによるデンマークのガイダンス政策の改善点を指摘するレポートが2002年に刊行されると、翌2003年、デンマーク政府は「教育、訓練とキャリアの選択に関連したガイダンス法（Lov om Vejledning om valg af uddannelse og erhverv,lov nr.298 af 30.april 2002）」を改正し、それまで25種類に分かれていた職業及び進路指導を「ガイダンス（Uddannelsesvejledning）」として統一した。

そして2004年に教育省は、中学校以上の教育機関に在籍する16歳以上の生徒や25歳までの若者の、義務教育修了段階から後期中等教育、職業訓練や労働市場への移行を支援する61カ所の「若者教育ガイダンスセンター（UU：Ungdommens Uddannelsesvejledning）」と、主として高等教育への進学相談を全年齢層から受け付ける「学習選択センター（Studievalg）」を7カ所開設した（図表2－7）。

図表2-7　教育段階に応じたガイダンス

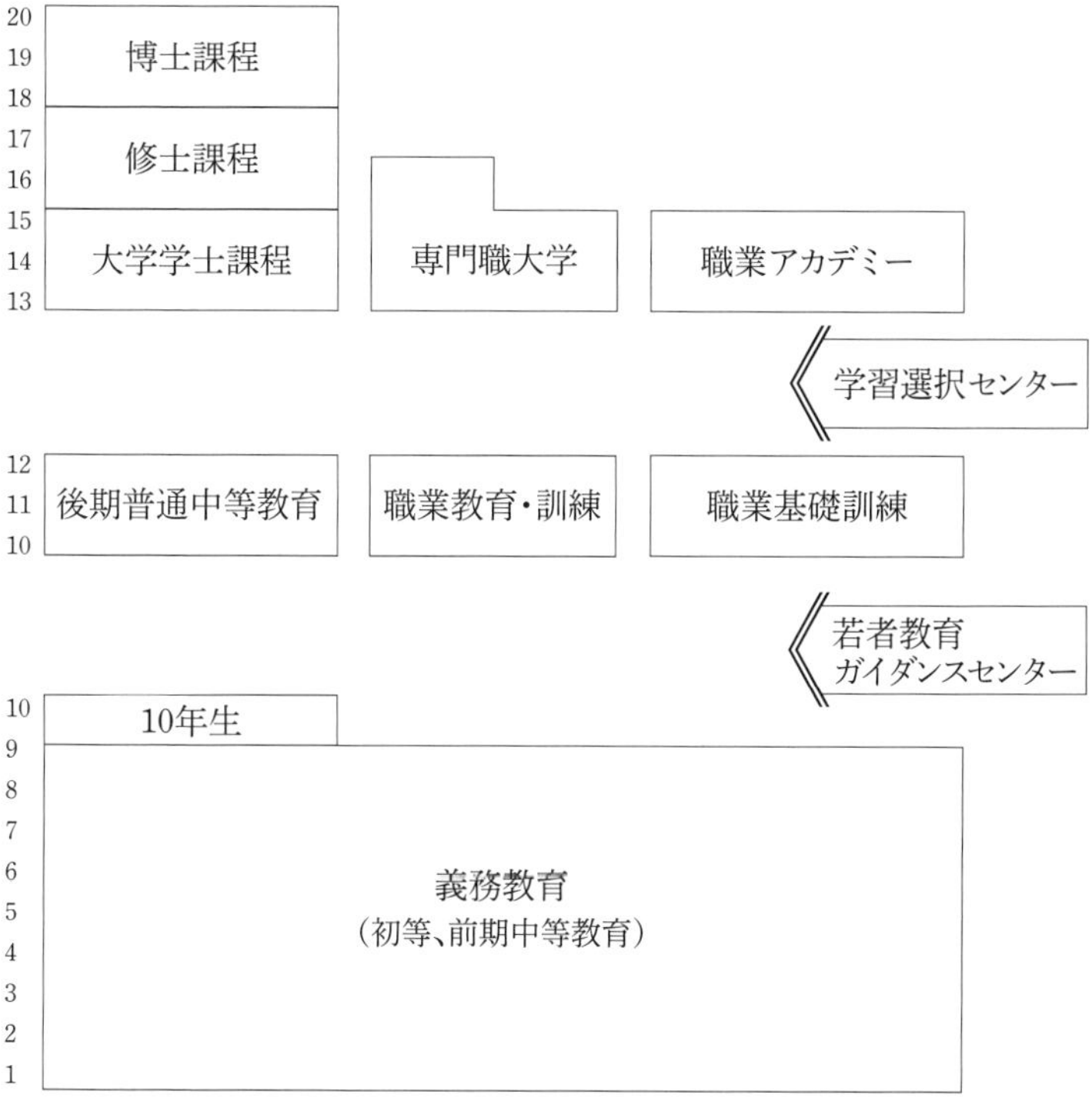

出典：Euroguidance Denmark(2020)Guidance in Education-the educational guidance system in Denmark.

同時に、教育省のホームページに職業及び進路相談に関するポータルサイト「教育ガイド（Uddannelses Guiden）」を開設した。[2] 大きな変更点として、従来は各学校に配置されていたカウンセラーを、専門職として各センターに集約配置し、ガイダンス活動に専念する体制へ移行したことが挙げられる。その後２００６年、２００７年の改正を経て現在の体制となっている。また２０１０年には、全国のガイダンスセンターのネットワーク組織として「若者教育ガイダンスデンマーク（Ungdommens Uddannelsesvejledning Danmark）」が設立された。

近年の政府は、２０１５年までに95％の若者が後期中等教育を修了していること（２０１４年次93％）、そして２０２０年までに60％の若者が高等教育を修了していること（２０１５年次61％）を目標に掲げ、ガイダンスシステムは若者の教育段階間の移行を円滑に行う、重要な施策に位置付けられてきた。２０２２年現在、政府は２０３０年までに、90％の若者が後期中等教育を修了することを達成目標としており、早期の修了という点も目標に加えている。

目標からもわかる通り、デンマーク政府としては、若者が早期に自分にあった教育を修了し、政府がコストをかけて支援する対象から、労働者となって社会に貢献し納税をする側になってほしいと考えている。ガイダンスは、最適で効率的な進路選択を実現するための重要な施策なのである。

なお、若者教育ガイダンスセンターの主たる対象は、①義務教育段階の７～９年生（と選択制の10年生）の若者、②25歳以下の教育、職業訓練、就労のいずれにも参加していない若者、③25歳以下で自分から若者教育ガイダンスセンターに連絡をとってきた若者、④ガイダンスに特別なニーズを有している若者（教育の継続や修了に関連した様々な課題を抱えている若者）である。

特に、②の若者に対しては、アウトリーチを行うことが重視されている。義務教育段階時にすべての生徒に関して作成される「教育計画（Uddannelsesplanen）」と「教育記録（Uddannelsesbogen）」のうち、若者の情報や現在の進学、就労状況を記載してある「教育記録」が若者教育ガイダンスセンターで保管、随時更新されている。この仕組みを用いることで、アウトリーチが可能となっているのである。なお、２０１９年から、25歳以下で教育にも就労にも参加していない若者は全員、教育計画を作成することが義務となった。例えば、ある若者が一定期間、学校にも所属せず、就労もしていない状況（いわゆるニート）がわかると、対象者に通知・連絡が届き、若者教育ガイダンスセンターで面談が行われ、今後の進路形成に向けた支援が行われることとなる。

生涯にわたるガイダンスの整備

現代社会では、雇用の流動性が増し、様々な生き方の選択肢が増えている。その中にあって、転職したり、子育てを終えてからの再就職、大学や大学院での学び直しなど、様々な進路選択や移行の機会が増えている。

国際的な潮流として、子どもや若者だけではなく、成人に対しても進路選択や移行を支援する「生涯にわたるガイダンス（Lifelong Guidance）」の仕組みが整備されてきている。１９９０年代後半から２０００年代に欧州各国では、増加する若者の失業対策として、キャリアガイダンスに高い関心を示してきた（下村 2013:154）。ＯＥＣＤは２００４年に発行した『キャリアガイダンス

と公共政策　ギャップを埋める』で、若者向けと比べて手薄だった成人対象のキャリアガイダンスを充実させる施策の提言を行っている（OECD 2004:2-7）。

ＥＵも、１９９０年代から「生涯キャリアガイダンス（Lifelong Guidance）」に関する政策を展開してきた。１９９２年に欧州ガイダンスネットワーク（Euroguidance Network）を創設、２００７年にはヨーロッパ生涯キャリアガイダンス政策ネットワーク（ELGPN）を設立し、翌２００８年には『生涯教育戦略への生涯キャリアガイダンスの適切な包摂に関する欧州評議会の決議』を発表した（夏目 2015:119）。デンマークもそのような動向の中にあり、２０００年代には「成人教育へのアクセス改善と労働者の被雇用能力向上による国際競争力の強化」と「社会的結束及び労働市場で周辺化されがちな人々の包摂」を目的として、成人対象のキャリアガイダンスを整備してきている。

具体的には、まず①学習選択センターが、高等教育への進学を希望する成人を対象としたガイダンスを提供している。次に、②国立ガイダンスセンターが「Ｅガイダンス（eVejledning）」というオンライン・ガイダンスサービスを２０１１年より提供している。②は希望する全市民が対象で、メール、チャット、フェイスブック、電話で毎日、朝から夕方まで利用可能である。

さらに③教育省によるガイダンスポータル「教育ガイド（Uddannelses Guiden）」も公開されており、将来の職業や今後の進路・学習プログラムの情報を探している全市民が利用できる。また、④成人教育・継続訓練センター（VEU-Centres）が、２０１０年より中小企業や低技能の労働者を対象としたガイダンスを提供している。⑤全国に91カ所ある自治体ジョブセンターでも、主に成人失業者を対象に職業的キャリアガイダンスを提供しており、多様な機会が存在している。キャリアガイダンスのサービスにおける三つの要素である「情報（偏りのない情報を分かりやすく提供すること）」「相談（一対一の対面的な状況での個別相談）」「ガイダンス（各種セミナーや講習会）」（下村 2013:160）から見てみると、「教育ガイド」という全市民対象の幅広い「情報」による支援をまず土台として行い、その上で対象を区別して、焦点化した「ガイダンス」や「相談」のサービスが提供されていることがわかる。

さらにインターネット等のツールを積極的に活用している点も特徴的である。進路にかかわる公平で適切な情報に、どのような立場や社会環境の人もアクセスできることは、個々人が望ましい進路選択・移行をする前提として重要であろう。

経済支援と従前学習認証

続いて、成人の学び直しを経済的に支援する仕組みとして、「公的成人教育支援（SVU：Statens Voksenuddannelsesstøtte）」と「成人教育・継続教育補償（VEU-godtgørelse：Voksen-og-efteruddannelses godtgørelse）」の2点の概要を示したい。

まずSVUは、被雇用者と自営業の個人が利用できる仕組みである。[3] 対象となる教育プログラムは教育段階別に二つあり、①初等・前期中等教育・後期中等教育段階のプログラム（区分は普通教育）と、②高等教育段階のプログラム（区分は高等教育）に分かれている。①への参加者には、失業手当最大支給額の80％が補償（給付）される。②の参加者には60％が補償（給付）される。[4]

給付の基本的な条件は、デンマーク国民、またはデンマークに居住している者、それと同等なステータス（EU市民等）で、早期退学者（初等・中等教育段階未修了）である必要がある。対象年齢は25歳以上から64歳（退職）までの成人とされる。[5] なお、外国での教育背景は個々の状況に応じて判断される。[6]

これら以外にも、直近の職場で最低でも26週以上就労していること、SVUに承認された教育プログラムに参加すること、インターン先から賃金を得てはならないこと、職場の同意を得ていること、生活資金を補填するために他の公的助成を受けることの禁止、積極的に授業に参加すること等の条件を満たす必要がある。

初等・前期中等教育・後期中等教育段階のSVU対象プログラム①は、図表2－8のようなものが挙げられる。フルタイムコースでもパートタイムコースでも認められるが、週に3時間以上、全体で37時間以上のコースである必要がある。

高等教育段階でのSVU②については、成人教育コースも兼ねている高等教育コースのみ利用することができ、通常の高等教育はSU（学生手当）で対応する。給付の条件として、申請者は高等教育を未修了であることが求められる。[7] 対象となるコース、プログラムは図表2－9が挙げられる。

なお、SVUはフルタイムで最短でも1週間以上の高等教育コースのみに利用可能であり、SVUの期間は、①②どちらも1週から最長で40週である。

成人の学び直しを支えるもう一つの経済支援は、成人教育・継続教育補償（VEU-godtgørelse）[8]

図表2-8　SVUの対象となる普通教育プログラム

予備成人教育（FVU）	高等予備試験単科課程（HF）
失語症の成人対象の特別な教育	国際バカロレア （ギムナジウム Studentereksamen:STX）
普通成人教育（AVU）	商業系後期中等教育（HHX）、 工科系後期中等教育（HTX）
初等・前期中等教育段階の単科教育	エンジニアコースへ向けた入学試験
成人のための特別支援教育	
外国籍の成人のためのデンマーク語	

出典：https://www.svu.dk/om-svu/ の内容を基に筆者作成。

図表2-9　高等教育段階でSVUの対象となるコース及びプログラム

・オープン教育法または教育に関する行政令で規定された高等教育のコース
・オープン教育法第2条2節に規定されている、入学要件を満たすための補足的教育活動
・大学法第5条1節（1）または教育に関する行政令で規定された修士課程コース
・大学法第5条1節（1）または教育に関する行政令で規定された、その他の補足的・継続教育
・大学法第5条1節（3）または教育に関する行政令で規定された修士課程コースの入学要件を満たすための補足的教育活動
・大学が大学法第5条2節でフルタイムでの提供を承認されたコースから、個々の科目のパートタイムを基本とした履修

である。失業手当最大支給額の80％を職業教育の段階に応じて支給する仕組みで、ＳＶＵが職業訓練以外の教育領域を対象とするのに対し、成人教育・継続教育補償は職業訓練の領域を対象としている。適用されるのは成人職業訓練プログラム（ＡＭＵ）やオープン教育法に規定されている職業訓練コース、基礎成人教育（ＧＶＵ）、学習成果の認証（ＩＫＶ）等のプログラム参加者で[9]、受給要件としては、高等教育を受けていない被雇用者か自営業者である必要がある[10]。

受給期間は年間で10週間、３７０時間までだが、同一の職業訓練（レベルが異なる場合は別）では、年間３度までしか受給できない。なお、その他の助成金（給付金）を同時期に受給することはできないが、失業者の場合は失業手当を受給できる。雇用者が同意すれば、職業訓練を受けている間の賃金が雇用者から支払われる。

本項の最後に、従前学習認証についても触れたい。従前学習認証は成人の学び直しや移行を効率化する仕組みで、デンマークではＲＫＶ（Realkompetencevurdering）またはＩＫＶ（Individuel kompetencevurdering）と呼ばれ、この20年間ほど、生涯学習を促進する主要な施策の一つである。

もう少し詳しく言うと、学位や資格等のフォーマルな証明を持たないものでも、どこで、どのように習得したかにかかわらず、ある人が既に学習し持っている知識や技能、そして資質・能力に認証を与えるという仕組みである（The Danish Ministry of Education 2007）。従前学習認証を活用することで、例えば成人が職業訓練や高等教育段階のコースに参加する際に、これまでの仕事やボランティア経験などで培った知識や技能が認証されて一部のコースが減免され、時間や費用を削減することができる。

２００７年に「成人教育と継続訓練における従前学習認証の開発法（Udbygning af anerkendelse af realkompetence på voksen og efter uddannelses området mv)」が制定されたことにより、従前学習認証は普通成人教育（ＡＶＵ）、高等予備試験単科課程（ＨＦ）、成人職業訓練プログラム（ＡＭＵ）、基礎成人教育（ＧＶＵ）、そして高等教育段階の短期高等教育段階アカデミー専門学位（ＶＶＵ）といった中期高等教育段階（ディプロマ学位プログラム）へと拡充されている。そしてこの従前学習認証の活用においても、ガイダンスカウンセラーの役割が重要視されている。

以上のように、成人の学び直しや生涯にわたる移行の支援という面でも、ガイダンスや経済的な支援をはじめとする様々な施策が実行、整備されている。なお２００１年から２０１１年までの中道右派政権においては、成人キャリアガイダンス委員会を設ける等、成人キャリアガイダンスを重視していたが、２０１１年から２０１５年までの中道左派政権では、成人ではなく若者の後期中等教育への移行の円滑化に焦点が当てられた。再就職支援として、知識や技能を教育・訓練で向上させることよりも、失業者の動機づけを行い労働市場に早期に再統合することが雇用政策の面から重視されている動向や（Cort P. et al. 2015）、若者向けのガイダンスは包括的で首尾一貫してきているのに比べ、成人対象のガイダンスは部門や提供者が分散しており、包括性や体系性の面で未だ課題があるとも指摘されており（Plant P. & Thomsen R. 2012:8）、今後改善の余地があるようである。

カウンセラーに求められる専門性

このように若者や成人の移行を支えるガイダンスの重要性が増してきている中で、その実務者であるカウンセラーには、高い質が求められている。前述したように、2003年の改革で、それまで学校を基盤としていたキャリアガイダンス教員の制度が廃止され、若者教育ガイダンスセンターと進学ガイダンスセンターに専門職であるカウンセラーが配置された。その養成、研修に関しても2004年までは多くの場合、ガイダンス実践者同士によるピア・ラーニングを中心に、約二十種の訓練が行われていた。しかし内容の重複や協働の不足等が指摘され、2004年以降は、ガイダンスカウンセラーのためのディプロマ学位レベルのプログラムへと置き換えられてきた(Cedefop 2009)。

現在、若者教育ガイダンスセンターと学習選択センターのカウンセラーは、教育・職業系ガイダンスに関するディプロマ学位プログラムや修士課程プログラムの修了が義務付けられている。2022年現在、六つの高等教育機関が、パートタイムを基本としたディプロマ学位プログラムを提供している。フルタイムであれば12カ月の内容と同等(60ECTS、ECTSはヨーロッパ単位互換制度)であり、2年以上のパートタイムで行われることが一般的である。学位プログラムの基本的な構成は、提供される大学により多少の差異があるものの、三つの必修(①)と二つの選択モジュール(②)、そして卒業プロジェクト(③)から構成されている(図表2−10)。

これらは成人教育プログラムとして位置付けられ、入学要件として最低でも短期高等教育の修

図表2-10　ガイダンス実践者のための学位プログラム

<table>
<tr><th>①必修(各9ECTS)</th><th>②選択(下記より2つ選択。各9ECTS)</th></tr>
<tr><td>キャリアガイダンスと
ガイダンス実践者
(ガイダンス理論、方法、倫理、
ガイダンスにおけるICT等)</td><td rowspan="3">・キャリアの意思決定に関する理論・実践
・研究と開発、質の保証、ガイダンスの管理
・革新と起業家精神
・成人のガイダンス
・特別なニーズを有する若者のガイダンス</td></tr>
<tr><td>キャリアガイダンスと
社会
(労働市場の動向と政策、
教育制度と政策、社会と
経済の発展等)</td></tr>
<tr><td>キャリアガイダンスと
個人
(異なる対象、人間開発、
学習理論等)</td></tr>
<tr><td colspan="2">③卒業プロジェクト・論文(15ECTS)</td></tr>
</table>

出典：http://eng.uvm.dk/Education/Educational-and-vocational-guidance/Training-of-Guidance-Practitioners/Diploma-Programme-for-Guidance-Practitioners の内容より筆者作成。

了と2年間の関連業務での実務経験が求められる。参加者数は年間約200名である。

前記の訓練プログラムは、既に他の高等教育を修了している成人を対象としている。そのためキャリアガイダンスの専門性を身に付けたい若者のために、2008年より三つの中期高等教育機関が、3年半のフルタイムの行政学の学士課程（210ECTS）で、90ECTS分（実習20ECTS含む）、教育・職業的ガイダンスに特化した内容を含んだコースを開講している。入学の要件は、後期中等教育または関連した職業教育を修了していることである（Euroguidance Denmark et al. 2020:27-28）。

また、デンマーク教育大学（Danmarks institut for Pædagogik og Uddannelse）は、ガイダンスに関する修士課程コースを設けている（Euroguidance Denmark 2014）。前述の通り、フルタイムであれば12カ月と同等の内容であり（60ECTS）、通常、パートタイムで2年以上かけて学習する。プログラムは「ガイダンスカウンセリングの理論」「ガイダンスカウンセリングと社会」「ガイダンスカウンセリングの実践」「修士論文」の四つのモジュールで構成されている。入学要件として、最低でも中期高等教育の修了と2年間の関連業務経験が必要とされており、年間30～50名の参加がある。

3　国民学校における進路指導

進路の学習「教育と仕事」

本節では、国民学校でどのような進路指導がなされているのか、そしてガイダンスをめぐる課題についても見ていきたい。

第1章で述べたが、公立の学校である国民学校では、人文学分野の科目、実技系科目、科学分野の科目といった3分野の科目と、教科横断的で各教科に含まれる領域として「ITとメディア」「イノベーションと起業家精神」「言語能力の向上」がある。各教科とは別に、必修テーマとして「交通安全」「健康・性・家族学」「教育と仕事」の3点があり、これらを支える活動として、UU(Understøttende Undervisning, 支える教育)がある。UUとは、国民学校で学ぶ教科及び必修テーマと直接的な結びつきを持つ教育活動、または生徒の学習促進、社会的能力の育成、全人的発達、動機付けと発育等を促すことを目的とした活動で、「実践、プロジェクト学習」「社会的資質とウェルビーイングに関する活動」「学級時間」「他言語としてのデンマーク語」「補習指導」などの例が示されている。

第1章で紹介されているように、義務教育段階を終えると、生徒は高等学校コースと高等専修学校コースの二つに分かれ、さらに細分化された進路を選んでいく。生徒は自分の関心や将来に就きたい職業を考え進路を決めるわけだが、この進路選択に大きく関わる教育活動として、必修テーマである「教育と仕事」が挙げられる。

「教育と仕事」は0〜9年生の児童生徒が、自分の関心や希望に基づいた進路選択をできるようになること、また社会や労働市場、生涯学習の重要性の理解を深めること、そして様々な後期中等教育の機会に関する知識を身に付けることを目的とする。

内容は①「自己選択（a 私のゴール、b 私の機会、c 私の選択）」、②「教育から仕事へ（a 教育から仕事へ、b 情報、c 教育と仕事の知識）」、③「職業生活（a 労働条件、b 労働市場、c 職業生活）」の3領域から構成されており、0〜3年生、4〜6年生、7〜9年生の3段階で、目標や学習内容が分けられている。

例えば、0〜3年生は、家族との日常生活、余暇、学校といった周囲の環境についての理解を深め、大人の日常生活や学習と仕事の関係性について知る。4〜6年生は、もう少し広い社会環境について学び、身近な職業に関する知識やキャリアのあり方も知る。様々な学校の種類と職業の関係、また家族、余暇、職業生活と地域との関係性についても学習する。

進路指導から修了試験、10年生の選択

7〜9年生では、進学に向けた進路指導が本格化する。後期中等教育への進学に焦点が当てられ、教員とカウンセラーが緊密に連携しながら、集団でのガイダンスや企業訪問、インターンシップ、後期中等教育の体験活動なども行われ、生徒が自分に合った進路選択をできるように、日々の教育活動を通じた支援が行われる。

8年生になると、カウンセラーは半年ごとに、生徒が9年生（または10年生）修了後に進学する準備ができているかどうかを、学力、人格、社会性の面から評価する。この時、各教科の成績で、7段階の評価のうち、平均で4（ふつう）以上の評定の生徒は、必要な学力があると見なされる（デンマークのポイント制については第1章第2節の図表1－2を参照）。なお評価は9年生、10年生と継続して行われ、必要な評定も変わっていく。

評価の結果、進学の準備が不十分と判断された生徒には、9年生修了または10年生で進学のための準備が十分できるように、教育とガイダンスプログラム（例えば9年生での1週間の橋渡しコースなど）が提供される。

筆者が2012年に見学した、コペンハーゲン市内のホールで行われた進路ガイダンスフェアでは、多くの学校の教員と引率された生徒たちが参加していた。後期中等教育の様々な学校や職業に関するブースを自由に見て回り、各学校の教職員やスタッフから話を聞いたり、ワークショップに参加していた。

なお、専門職のカウンセラーは、通常は拠点となるセンターにおり、管轄している複数の学校を回って生徒たちへの助言を行う。専門的な知見・技量がより高いとされるカウンセラーの助言と、普段から生徒たちとの触れ合いがある教員がカウンセラーを兼任して助言するケースのどちらが良いかという議論があり、意見が分かれているようである。

国民学校の最終学年である9年生（または10年生）は、全員修了試験を受ける。これは合否を付けるのではなく、各科目での到達度（習熟度）を見る試験である。

科目は、デンマーク語、英語、キリスト教、歴史、社会科学、数学、地理、生物、物理／化学、そしてドイツ語、フランス語から1科目を選択する。デンマーク語(ライティング／口頭)、数学(ライティング)、英語（口頭)、物理／化学（口頭）は必修であり、それ以外に人文系科目のテスト(英語、フランス語、ドイツ語、歴史、社会科学、キリスト教を含む）と、科学系科目のテスト（地理、生物を含む）を受ける。また9年生では科目横断的な教育活動「プロジェクト」があり、レポートや作業のプロセス、最終プレゼンテーションを評価され、この結果も修了試験の結果に反映させることができる。

なお、9年生の修了試験の成績や、進学の準備（学力面や心理面など）が不十分だったり、志望校への進学や進路選択にもう少し猶予が欲しいという場合は、教員やカウンセラーとも協議の上で、10年生としてもう1年間在籍することもできる。その場合、10年生では10年生用の修了試験を受け、進学することになる。。

この10年生では、後期中等教育に向けた準備を行う。1週間の後期中等教育への体験プログラムや、後期中等教育で学習する多くの科目の学習、生徒の進路選択に向けたガイダンスなども含まれる。また自治体と職業教育提供機関の合意で、10年生対象の職業教育の導入プログラムを受けることもできる。

10年生は、9年生までと同じ学校で学ぶ場合もあるが、複数の学校に在籍している10年生が1カ所で学ぶ場合や、後述する若者学校やエフタスコーレで過ごすなど、多様な選択肢がある。

進路選択のプレッシャー

近年、後期中等教育の進学先として、高等学校コースへの進学希望者が7割以上にまで増加している動向がある。進路を決めるまでの猶予・モラトリアムとして、高等学校コースを選択する生徒も多いようだ。

しかし、国民学校までとは異なって学習内容も高度となり、進度も早くなるため授業についていくことができずに中退してしまう生徒や、高等専修学校コースの後期中等教育で、授業のレベルに不満を感じた生徒が退学するケースも増えて問題となっている。

２０１７年のＤＲ（デンマーク国営放送）の記事によれば[11]、デンマーク評価機構（EVA：Danmarks Evalueringsinstitut）による５３００名以上の生徒が参加した調査の結果、８年生の生徒の多くが進路選択にプレッシャーを抱え、また進路選択に必要な支援が足りていないと感じているそうだ。

８年生の約半分は進路選択にプレッシャーを感じており、４人に１人は「適切な支援や助言を受けていない」と感じているという。また、８年生で「進学の準備ができているか否か」の評価で「準備が不十分」とされたうちの45％は、自分は準備ができていると誤解しているか、自己評価を認識していなかったことも明らかになった。不十分とされた生徒には、学校とカウンセラーが支援する必要があるが、対象となる生徒の半分以上は、半年経過後も特段支援を受けていないと回答した。

この状況に対して、教育大臣（肩書きは２０１７年当時。以下同）メレテ・リセーエ・アナスンは、「教育ガイダンスは、学校教育の一環であり、生徒の状況をより良くするため支援することは、教員の役割である」と述べ、教育省のガイダンス担当者も「学校とカウンセラーができるだけ早く、支援が必要な生徒に焦点をあてることが重要だ」と述べている。

またデンマーク評価機関のチーフ・コンサルタントであるアネ・ソフィー・マドスンは、「進学希望先への準備が不十分な8年生を把握するタイミングが遅すぎる状況の学校がある」こと、「ガイダンスの評価の際に、曖昧な表現が使用されることで、生徒に明確なメッセージとして届いていない」点を指摘し、「生徒が自分自身で問題解決しないといけない状況が起きており、これは暴力的な体験である」と述べている。

一方で、校長会の代表であるクラウス・ヨーデルは、「カウンセラーと協力して、生徒とのコミュニケーションを十分にすることは教員の責務である。しかし、基本的に生徒が自身にとって適した進路選択をすることとは、保護者の責務である」と述べる。若者教育ガイダンスセンターのマーク・イエンセンも、進路選択における生徒と保護者の参加の重要性を訴え、「進路選択は皆の責任であり、誰も責任を取らないという状況を最も避けるべきである。なぜ、どのように評価がなされたのか、そしてどのような行動計画があるのかを保護者や生徒に口頭でしっかりと説明することが状況を改善する」と述べる。

また近年、高等学校コースへの進学準備の目安である平均評点が5・0に上がり、以前は進学できていた生徒のうち9％の生徒が準備不十分と評価されるようになったという。若者教育ガイダンスセンターデンマークの代表であるアンダース・レーエゴーは、このガイダンスによる評価が、生徒を「準備ができている者」と「準備が不十分な者」のグループに分断する傾向があることと、その時点の生徒だけではなく、生徒の持つ潜在的な能力や可能性を見ていくことの重要性を指摘している。

このように生徒の進路選択を支えるガイダンスについては、不十分と評価された生徒への支援策、進路選択の主体や責任の在り方、ガイダンスによる評価が招く分断の影響などについて課題があるようだ。

［第2節］若者の移行を支える多層的な学びの場

1　若者学校

多様な選択肢

これまで見てきたように、デンマークではガイダンスに注力して進路選択を支援しているが、ガイダンスには課題もあり、それを補うように、若者の移行を支援する多様な学びの場が用意されている。図表2－11は、基礎学校9年生からの移行について、フォーマル教育とノンフォーマルな学びの場も含めた関係性や機能を示したものである。

まず、義務教育の9年間は、公立の国民学校、それ以外の私立学校（フリースコーレなど）で学習し、ガイダンスを経て、後期中等教育へストレートに進学する生徒たちがいる（これをメインストリームとする）。そのうち約半分の生徒は10年生を選択し、進路選択に向けて視野を広げたり、後期中等教育への進学に向けた学力面の向上、試行錯誤を行う。10年生の期間はそれまでの学校内で過ごす以外にも、エフタスコーレ、フリースコーレ、私立学校、若者学校、自由職業学校など多様な選択肢がある。10年生を修了後、多くの若者は後期中等教育へ進学していく。

また、9年生や10年生の後にガイダンスを経て、通学制ホイスコーレや若者版フォルケホイス

図表2-11　フォーマル教育とノンフォーマルな学びの場で支える移行

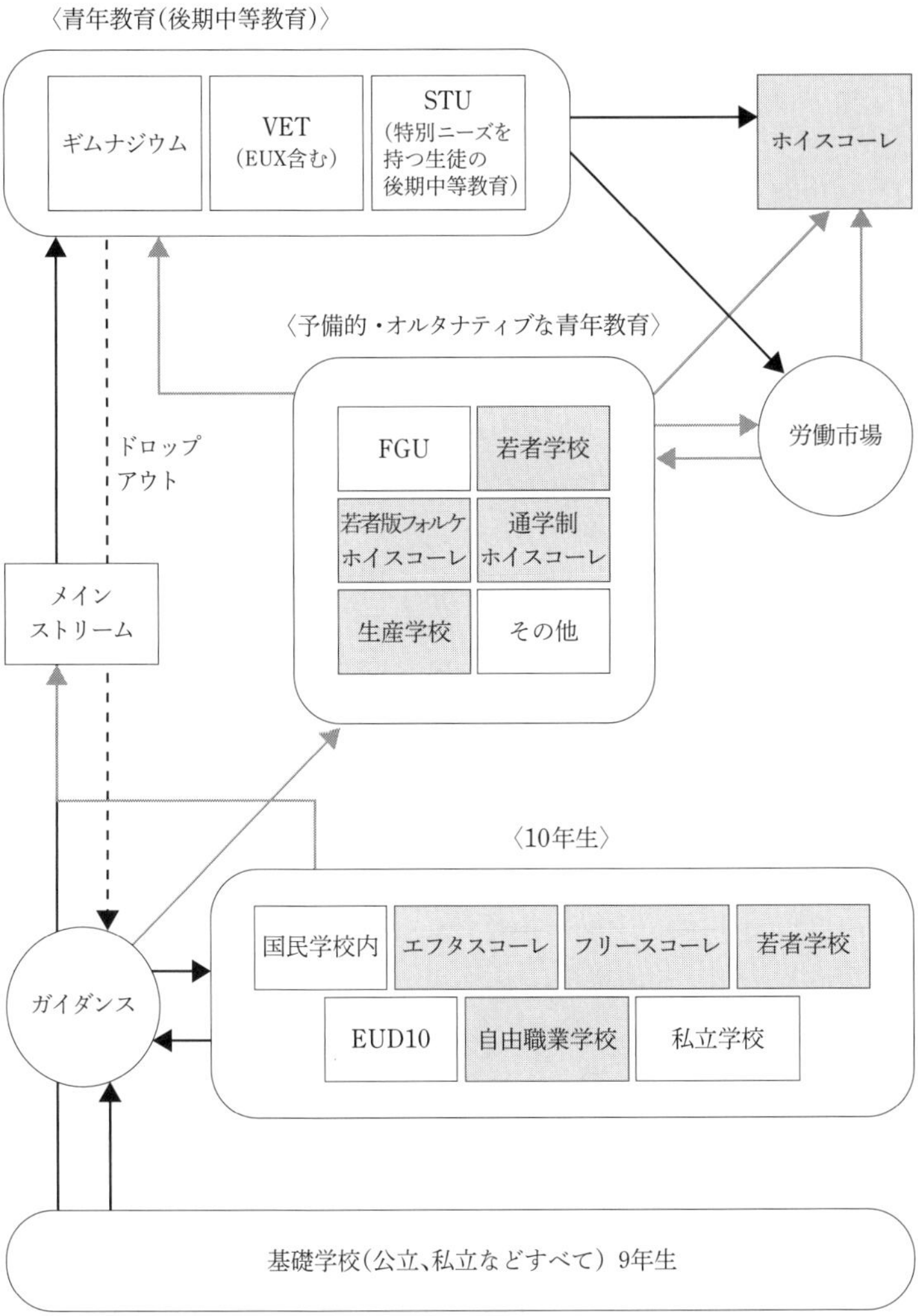

＊ [網掛け] の学校群はノンフォーマルな民衆教育運動の影響を受けている。

出典：筆者作成。

コーレ、生産学校など、予備的・オルタナティブな青年教育と呼ばれる教育機関に行く若者たちもいる。なおこれらの学校群に参加、修了しても、フォーマルな資格や認定証などは得ることができない。それでも若者たちは、それらの教育機関で多様な経験をして視野を広げたり、試行錯誤をしたり、自分自身の生活習慣を改善したりしてその後の移行のための足がかりをつくる。後期中等教育を中退した若者たちが、これらの学校群に参加することで自信や展望を描けるようになり、再度自分の進みたい方向に移行していくこともある。

なお、図表2－11中、網掛けの学校群は、19世紀以降、北欧での民衆教育運動に大きな影響を与えた全寮制の成人教育機関フォルケホイスコーレ（Folkehøjskole）からの、ノンフォーマルな民衆教育運動の影響がある学校群である。その背景には詩人、哲学者、神学者でもあったグルントヴィの思想「フォルケオプリュスニング（Folkeoplysning：民衆の啓蒙、生の啓蒙）」がある（コラム1参照）。なおフォルケホイスコーレについては第4章第2節も参照されたい。

19世紀当時、国民の大多数を占めた農民の若者達は、高等教育を受けることができず、社会的、経済的な地位も低かった。彼らは冬の間に全寮制のフォルケホイスコーレで、デンマークの生活に根ざした文化、民族、歴史を学習した。そして民主的な討議の在り方や自治意識を高め、協同組合運動をはじめとした社会運動の担い手となっていった。

フォルケホイスコーレは現在もデンマーク全土に約70校ある（２０２２年）。時代に応じて、その目的や社会的な役割を変容させ、多様な教育機関を生み出し、公教育にも大きな影響を与えてきた。デンマークにおける若者の移行を見ると、このフォルケホイスコーレに端を発したノンフォーマルな教育運動に起源を持つ多様な学びの場が、今現在も大きな機能を果たしていることがわかる。以下では、若者の移行を支えるノンフォーマルな教育から、若者学校、エフタスコーレ、生産学校という三つの代表的な教育機関を取り上げ、その役割や意義について考える。

若者学校～若者の居場所

若者学校は、主として14歳から18歳の若者を対象とした自治体運営の通学制の学校（一部に寄宿制もある)である。すべての自治体にあり、全国に約100校存在する(2020年)。デンマーク国営放送のウェブサイトから次の記事を紹介したい。

ボンホルム島にある若者学校は若者が実家を離れて一人暮らしをする際に躓かないためのコースを提供している。温かい食事、洗濯物の山、収入と支出、nemID（筆者注・日本のマイナンバー制度のように、国民番号を持つ国民が使用するインターネットを介した行政・民間サービス）の仕組みなど、実家から離れて一人暮らしをする際の、家事や食生活のやりくりに課題を抱えている若者が大勢いるためである。両親がしていたことを、自分がいざやらなくてはならなくなった時にできないのである。

そこで若者学校は、彼らのために「一人暮らしのための準備コース」を始めた。例えば、お金のやりくりや、料理、洗濯する際の正しい温度設定、洗濯機や乾燥機の使用方法などを学ぶ。親からすると当たり前のことのように思えるだろうが、16歳の女の子は「あと1年半で実家を出るにもかかわらず、私は何もできない。このコースで、私は健康と節約を両立した食事の在り方や、収入と支出のやりくりなどについて学ぶことができた」と述べている[12]。

これは、若者学校が提供しているプログラムの一部である。記事からもわかるように、この若者学校では社会生活を送る上で必要な知識を理解し、深めるための準備の機会が提供されている。既述の通り、若者学校はフォルケホイスコーレを代表とするノンフォーマル教育にその起源があり、若者の学力だけでなく、社会的、人間的な資質を育み、責任ある市民に育てるという価値観を共有している。特に、社会的に排除されがちな若者たちを支援することを重視している。

若者学校が提供するプログラムは非常に多岐にわたり、学校ごとに異なる。図表2－12は若者学校が取り組んでいる三つの領域を示したものである。プログラムには小中学校修了試験を準備するための科目や10年生のための教科学習コース、各国語、数学、コンピュータ、料理、保育、工芸、技術、エンジニアリング、美術、音楽、演劇、機械工学、写真、メディア、美容、ヨガ、コスプレ、原付バイクの運転免許取得のための科目などが挙げられる。

また、若い移民に対する第二言語としてのデンマーク語、移民を対象としたデンマーク社会に適応するための特別プログラム、交通安全教育、18～25歳の難民や亡命希望者向けのプログラム、国民学校と他教育機関や警察と連携した犯罪予防の取り組み、職業体験的プログラム、複数の国民学校の生徒を集めた学習合宿（運動、健康、ダイエット、ソーシャルスキルの向上なども含む）、特別ニーズのある若者向けのメンタリング、若者を支える「おじいちゃん」によるメンタリング

図表２-12　若者学校の取り組む３つの領域

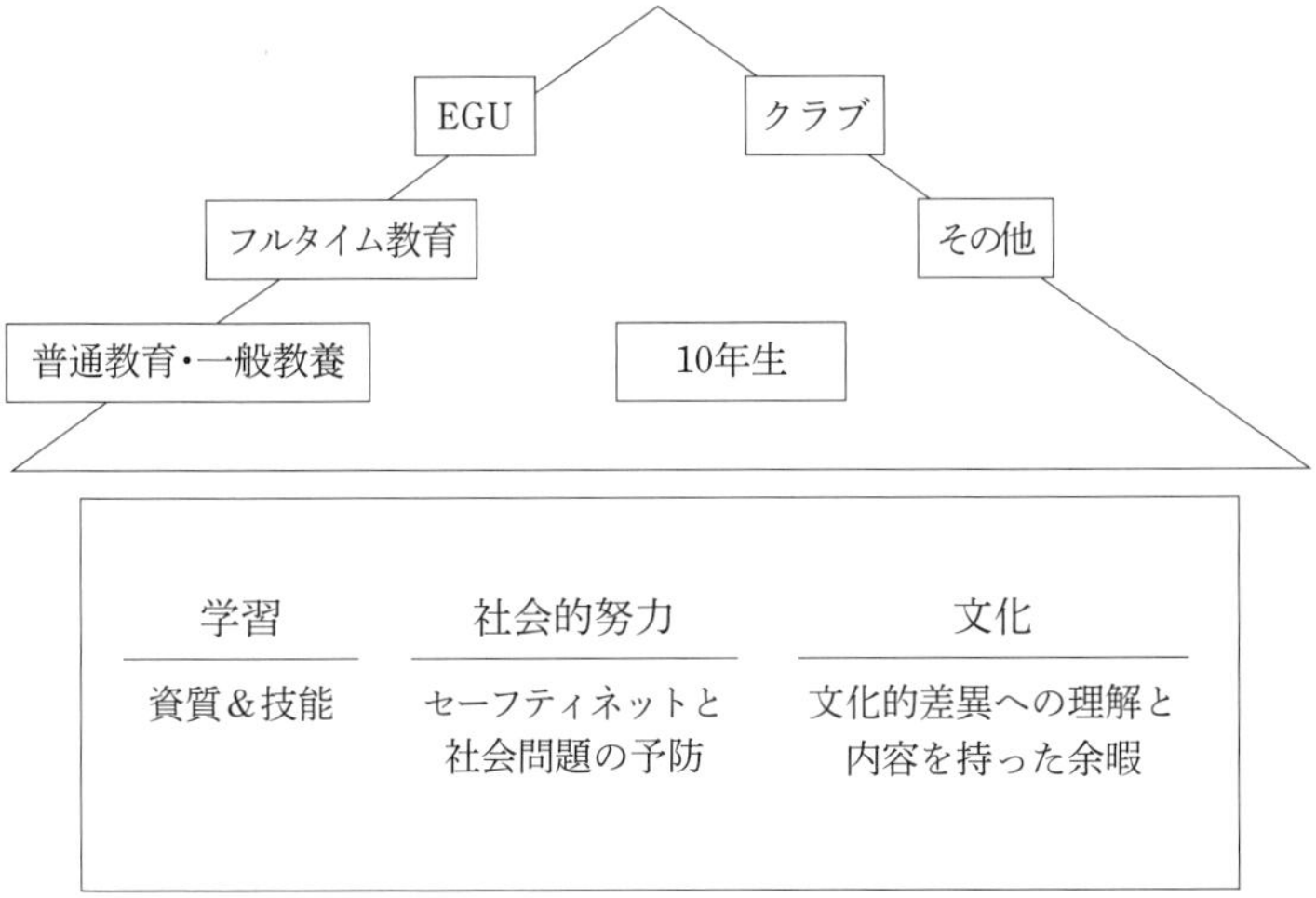

出典：US-Centret (2005) An Information Magazine About THE YOUTH SCHOOL IN DENMARK.

プログラム、物静かで繊細な女子を対象にした取り組みなどもある。

余暇活動から社会的課題解決に向けた取り組みまで、若者学校ごとに柔軟な取り組みを展開している。

若者学校は第二次世界大戦中の１９４２年、若者学校法の成立と共に設立された。当時の若者学校の主たる対象は、若年低技能者であった。その背景には、ドイツのファシズムやナチズムといった過激思想に若者が染まってしまうことへの危惧や、特に学校を中退した若者の職業生活を保障し、若者を育み民主的な社会に適応させる目的があった。

設立初期は読み書き計算の能力を向上させるための科目が提供されていたが、１９６０年代になると、余暇活動や芸術・表現的な科目などへと拡充していった。とは言え、若者に良識ある余暇時間を提供するという目的は変わらず、対象は若年低技能者から、主に14~18歳（学校によっても異なる）のすべての若者へと広げられた。1975年には、公立学校でつらい経験をしてきた若者たちへのオルタナティブな学びの場として、修了や進学を目指すための教科学習などを行う正規課程教育プログラムを提供するようになった。また1979年には、原付バイクの運転免許が若者学校で取得できるようになった。

現在は特に、後期中等教育への進学で準備が不十分な若者たちへの支援に注力している。

コペンハーゲンの若者学校

例えば、コペンハーゲンの若者学校（1942年設立）は主に13~18歳を対象とし、特に進路選択に困難を抱えていたり、社会に居場所がない若者たちへの支援に力を入れている。正規課程教育プログラムに参加している生徒の多くは14~21歳で、中退を経験しており、自己肯定感が低く、社会的、学力的に課題を抱えている。彼らは、若者教育ガイダンスセンターから正規課程教育プログラムを紹介され、後期中等教育への進学や就職に再チャレンジするため参加している。

コペンハーゲンの若者学校には、義務教育未修了や、後期中等教育を中退した若者たちを対象に、国民学校の修了試験に向けた教科学習と、社会的、人間的資質を伸ばすための活動を提供している学校が5校あり、9年生を修了したものの学力向上の必要性を感じている若者対象の10年生用プログラムを提供している学校が1校ある。それぞれに特色があり、例えばヒンゲーデ若者学校（Ungdomsskolen i Hindegade）は移民の若者支援として、デンマーク語の向上に力点を置いている。シティ・ホイスコーレ（Byhøjskolen）は教科学習と共に表現芸術系科目にも力を入れている。

なおこれらの正規課程教育プログラムでは、生徒の生活や進路選択の支援のため、個人や集団での進路指導も行われ、学校内にガイダンスカウンセラーが配置されている。

プログラムは市内の様々な場所で行われるが、国民学校の教室を借りて行われることが多い。プログラムの種類と割合は、教科学習（語学や科学など）が全体の約半分、表現芸術系科目（演劇、ダンスやアートなど）が4分の1、余暇プログラム（スポーツ、原付の免許取得、文化系の科目など）が4分の1である。なお余暇プログラムは、午後や夕方に行われ、若者は希望するプログラムに自由に参加するようだ。余暇プログラムは正規課程教育プログラムとは別に、若者の人格的、文化的、民主的な習熟とコミュニティへの参加促進を目的とし、市内の若者学校すべてが注力している。

２０１４年の国民学校改革で「開かれた学校」が推進されており、国民学校と若者学校、スポーツクラブや文化施設、地元企業や後期中等教育機関などとの連携が重視されている。その中で若者学校は、協働の中心として多様な若者支援の取り組みを行っている。

また若者学校では、若者が自分の学習に責任を持ち、教育現場やコミュニティ、社会へ影響を与える方法を学ぶことも重視されている。例えば、若者学校の理事会には若者も参画し、若者自らも学校の取り組みや場づくりに参加する。若者との関係性が豊かで、政治や民主主義プロセスへの若者参加を促進してきたことで評価され、地方自治体の若者政策に構想段階から関与している若者学校もある。

2　エフタスコーレ

エフタスコーレ〜生の啓蒙と普通教育の両立

エフタスコーレは、14〜18歳の若い世代を対象とする寄宿制の学校である。9年生と10年生（一部8年生）が通常1〜2年間在籍できる。全国に241校あり（2020年）、3万669名の生徒が在籍している（2020年度）。8〜9年生8437名に対して、10年生が2万2232名在籍しており、10年生が選択する傾向にあるようだ。なお、エフタスコーレの数も、在籍する生徒の数も年々増加しており[13]、1975〜2000年の25年間で倍増している。

9年生が10年生への進級を希望する場合、エフタスコーレへ進学する生徒は約4〜6割である。また、デンマークの若者の約2割がエフタスコーレで学んでいるという（The Danish free school tradition 2018:11）。

各学校の生徒数は35名から600名と様々であるが、1校あたりの平均は100〜120名で、たいていは地方の農村部、または市街地から離れ落ち着いた地域に設置されている。

エフタスコーレでは、国民学校と同じく必修科目と修了試験を提供しており、義務教育を修了することができる。これらに加えて学校ごとに特徴的な特別カリキュラムを持っており、音楽や演劇、スポーツ、あるいはキリスト教など、学校によって提供科目は大きく異なる。

1851年に設立された最初のエフタスコーレは、職業訓練よりも、生の啓蒙を学校に求めたグルントヴィの教育思想に大きな影響を受けていた。国民学校と比較すると、科目選択や指導法、教育アプローチなどにおいて、学校や教員に選択の自由がある。その方向性は各学校の政治的、宗教的、教育的な方向性により様々であるが、生徒に対して「生の啓蒙、民主的な教育(livsoplysning, folkelig oplysning og demokratisk dannelse)」を行うことを目的とし、生徒の教育や人間的な発達を促す。生の啓蒙と普通教育を包含している。

教員と生徒の関係性は特徴的である。教員と生徒は生徒が起床してから寝るまで一日中共に過ごし、教員には、指導と授業外の時間の監督責任がある。教員と生徒は国民学校よりも親密で、個人的でノンフォーマルな関係性を築く。多くの生徒は周囲の生徒や教員と、共生の価値を共有していく。なお教員の多くは教員免許を持ってはいるが、採用にあたって免許は必須ではない。校長が雇用する権限を持っており、自校の特徴に合わせて、例えば元スポーツ選手やプロ演奏家をスポーツや音楽の教員として、自由に採用できる。

民主的なシティズンシップ教育に基づき、すべての生徒は食事や洗濯の手伝い、掃除などを経験する。例えば、生活班のあるグループは、他の学生たちより1時間早く起きて朝食の準備をする。こうした実践により、責任感や公益に貢献することの重要性を学んでいく。多くの保護者も、子どもが身の回りのことを自らするようになり、家庭で手伝いをしたり、家族の一員としての責任感を持つようになったなど大きな変化を感じているという。

多くの生徒は、肯定的な学習環境と教員との良好な関係の中で学習への新たな意欲を得ることができ、エフタスコーレを経由した生徒は、後期中等教育後も成績が良く、ドロップアウトの割合が低いといった効果が認められている。エフタスコーレで生徒が成熟し、後期中等教育に向けて自分にとって適切な選択をするための深い洞察をする機会を持てたことが関係しているという。多くの政治家も、エフタスコーレが後期中等教育におけるドロップアウト低減に大きく貢献していること、またその役割の重要性を指摘している。さらに、エフタスコーレを経由した生徒の方が、そうでない生徒よりも早く高等教育を修了する傾向があるようだ（Højskolerne et al. 2018:13）。

多くの卒業生が、エフタスコーレでの1年は、普通の1学年以上のものであり、人生で最も素晴らしい時であったと述懐する。「自己発見の旅」であり、学業面でも人格的な面でも大人への移行の準備をする期間である。「エフタスコーレでの1年は、生涯の7年間に等しい」と一般的に言われている（The Danish free school tradition 2018:13）。

エフタスコーレの起源

エフタスコーレ協会のウェブサイトや、フォルケホイスコーレ協会が発行した『The Danish free school tradition』、そして先行研究を参考に、エフタスコーレの歴史について見ていく。エフタスコーレも、若者学校と同様に、歴史的、文化的にデンマークのノンフォーマルな教育運動と関係している。19世紀のデンマーク社会において、多くの分野でフォルケホイスコーレが重要な役割を担ってきたことは本章でも述べてきたが、エフタスコーレは「フォルケホイスコーレの低年齢版」と見なされる。

最初のエフタスコーレは１８５１年、クリステン・コルによってフュン島のリュスリンゲ（Ryslinge）に設立された、若い農民向けの通学制の学校であった。コルの生涯や教育思想については、清水訳（2007）『コルの「子どもの学校論」』が詳しいが、コルはグルントヴィの影響を受けていた。グルントヴィは既述の通り、職業訓練よりも生の啓蒙を提供することを重視し、それまで従属する集団であった若い農民たちを、社会参加する市民の集団へと変革させる発想を持っていた。グルントヴィが主に成人対象の学校を構想したのに対し、コルは思春期の若者たちの教育を目指した。「生徒たちは18歳になったら恋人をつくり、煙草を吸い始める」。そうなる前の若者たちを対象にしていたため、現在でもエフタスコーレの対象年齢は14～18歳である（Højskolerne et al. 2018:11）。

書物よりも生きた言葉の重視、想像力の涵養、子どもの心に物語を語りかける手法、試験の廃止などの教育理念と方法は、今でもデンマークのフリースクールや国民学校で実践されているが（清水 2019:274）、エフタスコーレでも重視されている。なおエフタスコーレは「継続学校（Continuation school）」とも呼ばれるが、これは、初等教育を修了した後も学び続けたい若者たちを対象につくられたことに由来する（Robert 2011:15）。

１８７４年にはデンマークとドイツの国境であるスレースヴィ（Slesvig）付近に、ドイツ占領地域に住むデンマーク人生徒の就学を促すため、多くのエフタスコーレが設立された。１８７９年に設立されたガルトロップ・エフタスコーレ（Galtrup Efterskole）は、現存する最古のエフタスコーレである。

1930年に、エフタスコーレに関する法律が制定された[14]。経済発展と共に農民の数が減り、生徒数も減少したことを受けて、1960〜1967年には無試験で自由なカリキュラムを掲げるフォルケホイスコーレの若者版であるエフタスコーレを、国の定めたカリキュラムと試験のある国民学校のようにするかどうかについて、議論がなされた。そして1967年から、9、10年生修了試験の準備コースを提供することが許可され、教育課程や試験に関して国から影響を受けるようになっていった。1975年には、すべての修了試験の提供が認められた。

この段階でエフタスコーレは、「試験（対策）を行わない」というフォルケホイスコーレの伝統（少なくともノンフォーマル教育という側面）から離れ、公教育の一部となった。一方で、フォルケホイスコーレの伝統である寄宿型教育を提供しており、「生の啓蒙」から外れておらず、異なる教育の理想と要求のバランスをとろうとしているともいえる。

1994年には自治体法改正に伴い、自治体からの助成（拠出）が義務となった。これにより生徒（と保護者）の経済的な負担が減り、より多くの人々がエフタスコーレを選択することが可能になった。また、エフタスコーレに関する教育計画や新校長の承認など多くの重要な事項の評価、決定、責任の権限が、教育省から各自治体の教育委員会へ移譲された。

1995年の改革では、デンマーク議会において、国家予算の拠出を受けるための条件が明確化、厳格化された。他の学校や社会運動との財政的な依存関係は禁止され、自由で独立した機関であることを証明することが求められた。2000年からは毎年度、基盤となる価値を定義し、自己評価することが義務化された。

谷ら（2010）によれば、１９７０年代までは圧倒的に、グルントヴィとコルの教育思想の影響を受けたエフタスコーレが多数であった。１９７０年代後半からは、労働運動や政治的イデオロギーの背景を持つエフタスコーレが創設された。その後、学校数が増加していくが、学習障害などの特別なニーズを持つ生徒を対象とする学校や、スポーツや音楽、演劇、自然、環境など特別な教科を中心とする学校が増えた。なお、現在あるエフタスコーレの半数以上は、１９８０年以降に設立されたものであるという（Robert 2011:16）。

エフタスコーレ協会のウェブサイトから各学校を検索可能となっており、失語症や、聴覚障害、ＡＤＨＤやアスペルガー症候群等の発達障害に対応したエフタスコーレも検索できる。

エフタスコーレは多様化し、設立当初からその意義が変容してきている点もあるが、エフタスコーレ協会ウェブサイトによれば、現在でもグルントヴィの教育思想と価値は、エフタスコーレにおいて重視されているという（図表２－13）。

生徒たちの特徴と実像

エフタスコーレは私立であるが、予算の66％を国が拠出し、33％を保護者が負担する。保護者の負担は世帯収入によって異なり、収入の多い家庭は低い家庭よりも多く負担する。学費は学校ごとに異なるが、年間３万５０００～８万クローネ（約66万５０００～１５２万円、２０２２年現在１クローネは約19円）となる。鈴木（2019）によれば、エフタスコーレは、ある程度余裕が

図表2-13　エフタスコーレで重視されるグルントヴィの教育思想

1　学校教育は、生の啓蒙(livsoplysning)でなければならない

2　学校教育は、全人的な教育を意図しなければならない

3　学校教育は、生きた言葉を重視しなければならない

4　学校教育は、歴史的・詩的でなければならない

5　学校は、生き生きとした相互作用の場でなければならない

6　学校は、啓蒙し活気づけなければならない

ある家庭の子が入学しているという批判もある。また既述の通り、エフタスコーレでの学習は、修了してもフォーマルな資格や認定証も発行されず、就職や進学に直接的には関係しないため、「自分が本当にやりたいことや生涯の友人を見つけたり、やりたいことを目いっぱい楽しむ１年間」を子どもに過ごさせてやりたいと考える保護者が入学させるという（鈴木 2019:237-238）。

また谷ら（2010）によれば、エフタスコーレを選択する理由としては、不登校や行動上の問題、学習困難などがある場合や、家族が問題を抱えている場合、国民学校から環境を変えたい場合などもあるが、自己の成長のために積極的に選択する生徒が多数であるという（谷ほか 2010:62）。

この点について、デンマーク評価機構（ＥＶＡ）による２０１１年の報告書『10年生の生徒の特徴』[15]によれば、エフタスコーレで10年生を過ごす生徒は、国民学校で10年生を過ごす生徒と比べて、親の学歴、文化

的背景、自分の選択した進路への自信、学業成績や社会的なスキルへの自己認識、学校文化への適応という点で優位にある傾向が見られるようだ（図表2—14）。

筆者は2011年8月中旬、デンマーク語研修のためアスコー・ホイスコーレ（Askov Højskole）に滞在した際、同じ敷地内にあるアスコー・エフタスコーレ（Askov Efterskole）の生徒たちと交流する機会があった。アスコー・エフタスコーレはユトランド半島の中部に位置し、2001年に設立された。設立当初は生徒数35名であったが、現在は120名である。教職員は12名であり、デザイン、音楽、演劇に注力している。なおアスコー・ホイスコーレ（1865年設立）はフォルケホイスコーレの伝統校である。

生徒たちは食事を一緒にとり、部屋を案内してくれた。筆者が特別授業として「日本の教育を見て、デンマークの教育を考える」の授業を行う代わりに、生徒たちへの質問紙調査と、生徒数名と教員1名にインタビューを行うことができた（図表2—15）。なお、調査を行った8月はデンマークの年度初めであり、生徒たちの入学段階での考えであることには留意が必要であろう。

詳細は図表2—15に記した通りであるが、国民学校とエフタスコーレとの違いについては、教員への言及が多く、エフタスコーレの教員がとても親切であることや、「国民学校の教員は自分たちをケアしてくれない」などの批判的な記述も見られた。全寮制で一緒に生活をすることの魅力や、エフタスコーレの教員と生徒、そして生徒同士が親密な関係を築けることに対しての魅力を感じているようであった。

エフタスコーレ協会が発行している資料には、生徒がエフタスコーレを選択した理由として「新

図表2-14　10年生を国民学校とエフタスコーレで過ごす生徒の特徴

国民学校	エフタスコーレ
都市部出身。	小さな町出身。
非西欧諸国出身という背景の生徒は国民学校を選ぶ傾向がある。	民族的にデンマークの背景を持つ家庭の出身が多い。非西欧諸国の背景を持つ生徒は少ない。
親の最終学歴は義務教育または職業訓練系学校が多数。	親の最終学歴は職業訓練系学校または高等教育修了が多数。
10年生の選択が遅く、正しい選択をしたかどうか迷いがある。	早い段階でエフタスコーレに来ることを決めており、自分の選択に自信を持っている。
デンマーク語と数学の成績は平均より低く、学力が十分でないと考えている。授業についていくことに難しさを感じ、授業に積極的に参加していない。	デンマーク語と数学の成績は平均より高く、学力はそれなりに十分と考えている。特に、自律的に問題を解決していくことが得意であると感じている。
社会的スキルは比較的優れていると考えている。クラスの仲間が悩みを抱えている場合に聞いてあげたり、本人の代わりにそれをやめるように言ったりするのが上手だと考えている。	社会的スキルが優れていると考えており、特にクラスの仲間の言うことに耳を傾けたり、本人の代わりにやめるように言ったりするのが上手だと考えている。
学校が好きな生徒は3分の1。授業が楽しい生徒は12%。	学校が好きな生徒は半分近く。授業が楽しい生徒は14%。
総合的に、教員やクラスメイトと良好な関係を築いていると感じている。	総合的に、教員やクラスメイトと良好な関係を築いていると感じている。

図表2-15　アスコー・エフタスコーレ生徒への質問紙調査結果概要

質問紙調査の対象	99名(1名は家庭の事情で帰省)男子24名、女子73名、無記入2名
学年	9年生52 名、10年生44名、無記入3名
質問した項目	① アスコー・エフタスコーレに来た理由や目的 ② 若者教育ガイダンスセンターのガイダンスに対しての評価 ③ 国民学校とエフタスコーレの差異は何か？ ④ アスコー・エフタスコーレの魅力は何か？ ⑤ この１年間に期待していること ⑥ エフタスコーレ後の展望・進路について
入学理由	・「環境を変えたい」「再スタートを切りたい」「自分を成長させたい」「より賢くなりたい」「何か新しいことをしたい」「新しい友達をつくりたい」が多数 ・「創造的な活動をしたい」「少し休憩したい」「自信をつけたい」「科目の弱点を補強したい」といった理由でエフタスコーレを選択(場合によっては10年生で) ・エフタスコーレに在籍していた親戚や友人から評判を聞いて ・「国民学校が最悪だったから」「国民学校ではとても退屈していた。ここで新しい何かを渇望している」「前の学校ではいつも家にいた。そして宿題もせずにいて、この状況を変えたいと思った」や「家族から離れて自分の人生を考えたい」などの記述も
国民学校と エフタスコーレ との違い	・「雰囲気が全く異なる」という回答が多く、エフタスコーレの雰囲気を高く評価する者が多い。 ・「開放的」で「互いが互いのありのままを認め合う空気」「多様性に寛容」 ・「家庭にいるようにリラックス」した雰囲気、「自由さ」がある ・「ゆっくりと大人になること」や自分自身を「受容してくれる」 ・「大きな家族」との表現も
長所・魅力	・家庭的で協力的な雰囲気や関係性 ・美味しい食事や環境
卒業後の進路	・高等学校コースへの進学が多数

＊設問は英語で作成し、それを教員に翻訳してもらい生徒に説明をしてもらった。回答は英語でもデンマーク語でも可とした。

アスコー・エフタスコーレで学ぶ生徒たち(筆者撮影)。

しい環境に変わりたい、新しいスタートを切りたい」「新しい友達と会いたい」「親との関係を改善したい」「個人的発達、自信の改善への熱望」「基礎的科目の技能や知識を改善したい」「エフタスコーレで提供している科目や教育活動への興味」「より成熟して将来の人生においてよりよい選択がしたい」といった内容が挙げられている。筆者がアスコーで見聞きした内容も、これに合致しているようであった。

3　生産学校

生産学校～困難を抱えた若者を支える

2007年に教育省が発行した『生涯学習戦略』では、後期中等教育を中退する若者や、若者の失業が課題とされている。政府は2007年に80％だった後期中等教育修了率を2015年には95％に上げ、2020年には60％の若者が高等教育を修了していることを目標としていた。その目標を実現するため、様々なガイダンスサービスを整備、推進してきたこと、さらに10年生や若者学校、エフタスコーレといった、若者の移行を支える学びの場がデンマークの若者には用意されていることは既に述べてきた通りである。

だがそれでも、中退していく若者や、就学・就労に移行できない若者は一定数いる。これらの若者を支援する学校として注目されているのが、生産学校である。全国に約80校あり、日本の若者支援の分野でも近年しばしば紹介される学校である。

生産学校は、教育・労働市場から早期にドロップアウトした16〜25歳の若者を対象とした、「社会的包摂」「再チャレンジ」のための教育機関である。そもそもは1978年に、若者の失業対策として開始された取り組みであったが、現在では後期中等教育への移行に焦点を当てた教育機関としての機能を果たしている。若者の失業対策としては、若者学校やフリースコーレ、エフタスコーレでもワークショップを実施するなど対策が講じられてきたが、生産学校の実践は、それらの学校群と大きく異なる。

生産学校は1985年に生産学校法で制度化され、教育制度や労働市場への参加機会を改善するため「個人の人格的な発達」の促進を目的としている。生産学校法第1条第1項には、次のような記載がある。

「生産学校は、実践活動と生産を基にしたコースを提供する。後期中等教育（普通職業系）を修了していない、またはそのような教育を受ける資格を有していない、あるいは後期中等教育を修了以前に中退した25歳以下の青年を対象とする」

右記の通り、生産学校の対象は後期中等教育未修了、未入学、中退した25歳までの若者で、若者教育ガイダンスセンターが進学を許可した者である。年間で約1万2000名が参加し、15～19歳が80％を占める。男子は60％、女子は40％程度であるという。社会的・経済的に困難な状態に置かれている若者が多い。さらに詳細な生徒像として、図表2－16のような特徴が挙げられる。

2年以内に生産学校に在籍していた若者1万2000名と、性別、居住地、世代を考慮して作為抽出した若者の同規模の集団とを比較した調査（2000年）によると、生産学校に在籍していた若者の両親は学歴、収入共に、作為抽出した集団よりも低い傾向があった。また父子（母子）家庭、あるいは親が失業中の割合は、生産学校の若者集団の方が高かった。なお生産学校の若者集団の5分の1が、5回以上の引っ越しと3回以上の転校を経験しているという結果も出た[16]。

これらの背景を持つ生徒たちに提供される学習方法は、通常の学校とは異なる。まず、生産学校には特定の入学時期はない。若者教育ガイダンスセンターでの面談と紹介を経て、生産学校で面談した後に、入学が決まる。在籍期間は3カ月から1年間である。

入学すると、面談後に本人の関心に合わせて、メディア・料理・木工・装飾・服飾・ITなどから一つのワークショップを選び、所属する。ワークショップは教員1名と先輩参加者を含む平均8～10名でチームを組み、顧客へのサービスや、製品の製作・販売を行う。例えば、近隣の幼稚園から棚を作ってほしいとの注文を受けたり、地域で開催されるフェスティバルでの演奏や上

図表2-16　生産学校に在籍する生徒の特徴

①学校教育に適応できなかった若者(しばしば学校教育で困難を抱え、打ちのめされた経験を持ち、自尊感情が低い)

②社会的に課題を抱えた若者(例えば基本的な生活習慣に困難性を抱えている、毎月のお金のやりくりが苦手である、警察とのトラブル経験がある、精神的な疾患を抱えている等)

③一部、学校には順応していたが就職先が見つからない、自分の希望する進路がわからない若者

演の依頼がある。また他の生産学校や地元企業のウェブサイトの制作、自転車の製作・修理、劇団の衣装や小道具製作の依頼もある。カフェの運営もしている。

後期中等教育への準備のために、デンマーク語や数学、IT等の学習機会も提供される。毎朝皆でラジオを聴いたり、時事問題について語り合う時間もあり、生徒たちは幅広い教養を身に付けることができる。後述するが、経験主義的な「為すことによって学ぶ(Learning by doing)」教育が実践されているのである。

「学校あらざる学校」～生産学校の特徴と成果

『状況に埋め込まれた学習―正統的周辺参加』[17]の著者ジーン・レイヴは、生産学校を訪問し、これを「学校あらざる学校」と呼んだ。そしてその実践内に正統的周辺参加や状況に埋め込まれた学習を見て取り、高く評価した(Kalundborgegnens Produktionsskole & Jean Lave 2002:10)。

生産学校には細かい時間割はない。顧客に対する製品やサービスの納期はあるが、時間割には曜日ごとの活動内容

生産学校とワークショップに参加する生徒(筆者撮影)。

生産学校の様々なワークショップ(筆者撮影)。

と昼休みが記載されているだけである。教科書や試験もない。むしろ、生活リズムが崩れている生徒も多く、規則正しい生活などへと導いていくことから始まる。生徒の製作物や学んだ内容はポートフォリオとして保管され、壁に掲示されたり紙媒体やデータで共有される。取り組みによって身に付いた資質や能力を可視化することで、生徒と教員が一緒に確認でき、生徒自身も自分の気づきや成長を実感できるように工夫されている。

プロジェクトでは、新入生はまず部分的な関わりから参加し、技能の習得と共に中心的な役割を担う、徒弟制のような段階を踏んでいく。なお、プロジェクトに従事することで生徒は賃金を得ることができる。

未解決の課題を抱え、進路を決めかねている若者たちは、達成感や実際の顧客からの感謝を得る中で、自尊感情や自己肯定感を高めていく。また、生徒は教員と個別の面談を数週間に一度行い、現在の関心や悩み、生産学校に来てからの変化・成長などを共有することができる。

生産学校での学習は図表2-17のようにモデル化される。また生産学校協会による新任教員向けの研修資料（Produktionsskolen:læringstradition og praksis）によれば、教育思想としてはグルントヴィのほかに、J・デューイの「経験主義」、G・ケルシェンシュタイナーの「労作教育」の影響を受けている。前述のように現実の地域社会の中で顧客を相手に「為すことによって学ぶ」点や、これも先に述べた徒弟制や実践コミュニティの中での学習といった中に、それらの思想の影響が見られる。またフォルケホイスコーレの影響も見られ、ただ職業訓練や業務を行うのではなく、例えば朝に皆でラジオを聴き社会での出来事について共有し語り合うこと、学校の運営や

図表2-17　生産学校の実践モデル

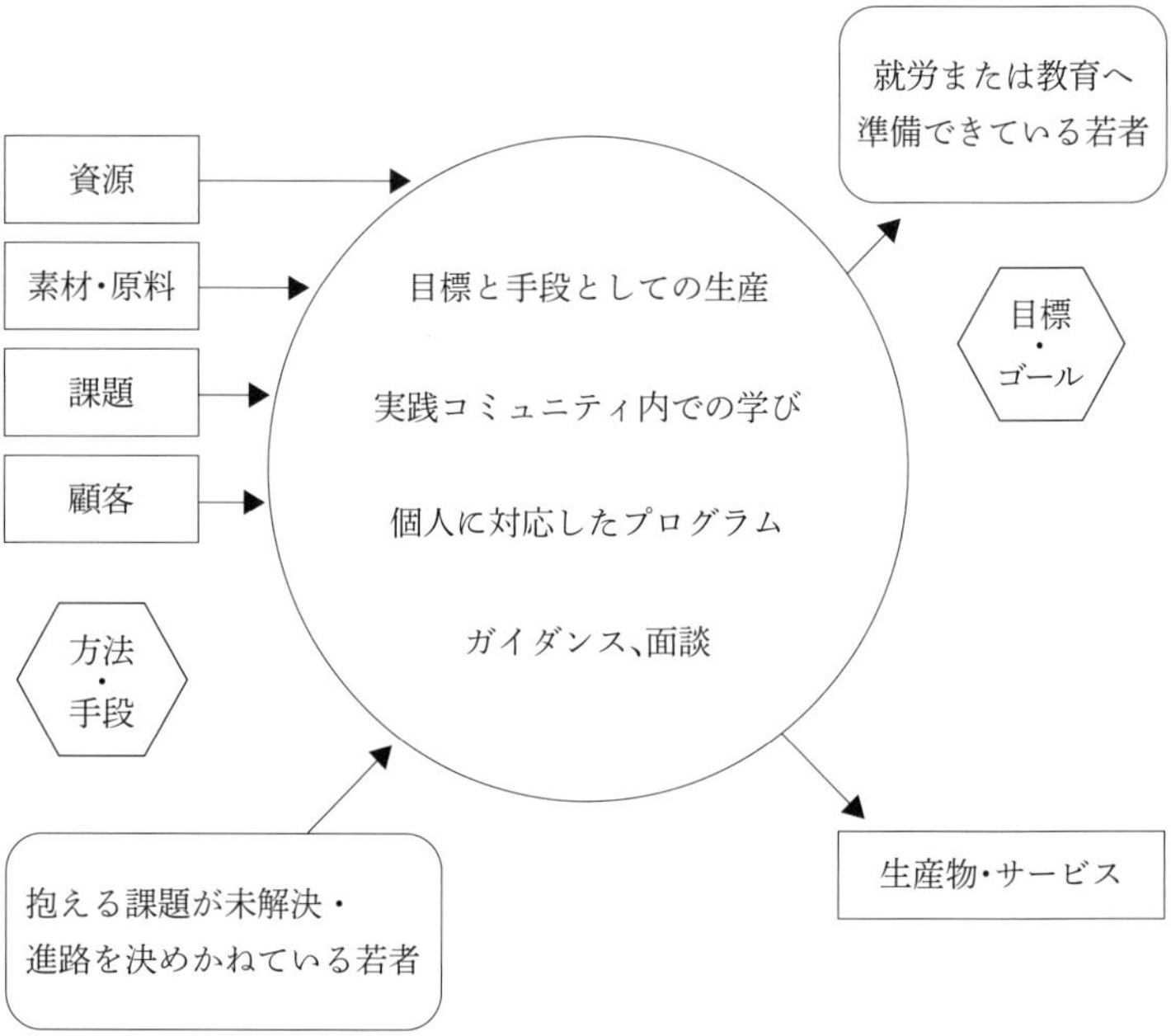

評価に学生が参加すること、社会問題に対するアクションを実行すること等が行われている。

2015年のデータによると、66・7％の修了生は、高等専修学校コースをはじめとした、様々な教育や就労へ移行している。様々な教育には、高等学校コース8・6％、初等・前期中等教育5・6％、特別ニーズを有する生徒のための学校（STU）や成人のための職業訓練など6・7％、フォルケホイスコーレや全寮制ではなく通学制ホイスコーレ（Daghøjskole）、兵役も含んだその他の教育的活動7・4％も含まれている。なお生産学校を中退する生徒も19・3％いる（Produktionsskoleforeningen 2016:3-4）。

さらに近年では、生産学校に難民の生徒たちに特化したクラスを設けたり、「もう一つの青年教育の道」として生産学校後のオルタナティブな進学経路も提案されるなど、ニーズが多様化している（Michael Bjergsø og Produktionsskoleforeningen 2015:4-7）。

生産学校は人生の前半における充実した社会保障として、制度内に移行するための「橋渡しの場」を設計し、通常の学校とは異なる学習法を意図的に取り入れている。ここまで見てきたように、多様な学びの在り方を認め、一人一人に合ったオルタナティブな学びの場を設定している前提に、問題は個人にではなく環境にあるというデンマーク社会の徹底した姿勢が見えてくる。

デンマークの若者の移行支援の特徴と課題

最後に、日本での若者支援の現状や課題について触れた上で、デンマークの若者支援策からの示唆について考察したい。

日本で本格的に若者支援が政策として展開するようになったのは「若者自立・挑戦プラン」をはじめとする２０００年代からである。日本の若者を取り巻く環境の変化として、①非正規雇用の増加と正規雇用の激務化といった「雇用の不安定化・流動化」、②職場、地域での「頼りにできる社会関係資本の収縮」、③親の仕事の不安定化が子どもの生育に不利に働き、低学歴に留まる中での「貧困家庭の増加、社会的な階層の再生産」が見られる。

学校から仕事へとつながるトラックから脱落した若者が教育・仕事・人間関係から排除され、複合的なリスクを抱えてしまう状況が生まれている。このような若者をエンパワーメントし、学校間や学校と仕事の移行を支援する政策、実践の在り方を検討していく必要がある。

宮本ら（2015）は若者の移行を支える政策として、①〈学び〉学校教育の改革とオルタナティブな学び場をつくる、②〈つなぐ〉若者の社会参加を支える仕組みづくり、③〈生活支援〉若者が生きていく生活基盤づくり、④〈出口〉働く場・多様な働き方を増やす、の４つの柱を提言している（宮本 2015:242）。そして、この４つの柱を含みながら人生の前半期を守る社会環境の整備の重点として、図表2-18の８点も示している。

本節では、４つの柱のうち①②③、８つの社会環境整備のうちＡとＨを中心としながら、デンマークの若者の移行支援の特徴について考察する。

本章でこれまで述べてきたデンマークの移行支援の仕組みと特徴を、図表2-19に示した。まず、若者であれば誰でも受けられる全体的施策（ユニバーサルな支援）として「ガイダンス」による情報・相談支援と、「学生手当（ＳＵ）」等の経済的補償・支援が大きな特徴と言える。ガイダン

図表2-18　人生の前半期を守る社会環境整備の重点

A:移行期の試行錯誤を認める	・多様な試行錯誤、再チャレンジの機会
B:職業教育・訓練の機会を保障する	・学校内外でいつでもどこでも教育 ・訓練の機会を保障 ・若者対象に教育 ・訓練における経済保障
C:非正規雇用労働者の処遇見直し	・法的規制で正規雇用と非正規雇用の格差を縮小 ・非正規雇用者のキャリア形成の可能性向上、社会保障の権利確立
D:失業と離転職が負の経験とならない社会体制	・離転職や失業がダメージとならない仕組みの確立
E:積極的労働市場政策と仕事の多様化	・若者のために積極的労働市場政策を発動 ・ハンディのある若者のニーズに沿った多様な仕事を豊富につくる
F:支援環境の豊富化	・リスクを抱えた若者が支援サービスを受けやすい環境の整備 ・若者の多様なニーズに応じるきめ細かいステップ
G:社会への参加を保障する能動的福祉政策	・複合的なリスクを抱えた若者を対象とする能動的福祉政策 ・積極的労働支援政策とセットで社会参加の保障
H:若者の社会保障制度の構築	・若者が安定した生活基盤を築けるような社会保障制度を構築 ・教育・訓練、求職者手当、住宅、情報提供 ・相談、家族形成支援と子どもの養育費負担の軽減

出典：宮本(2015)242-244の内容から筆者作成。

図表2-19　ユニバーサルな支援と多層的な学びの場による問題化の未然防止の構造

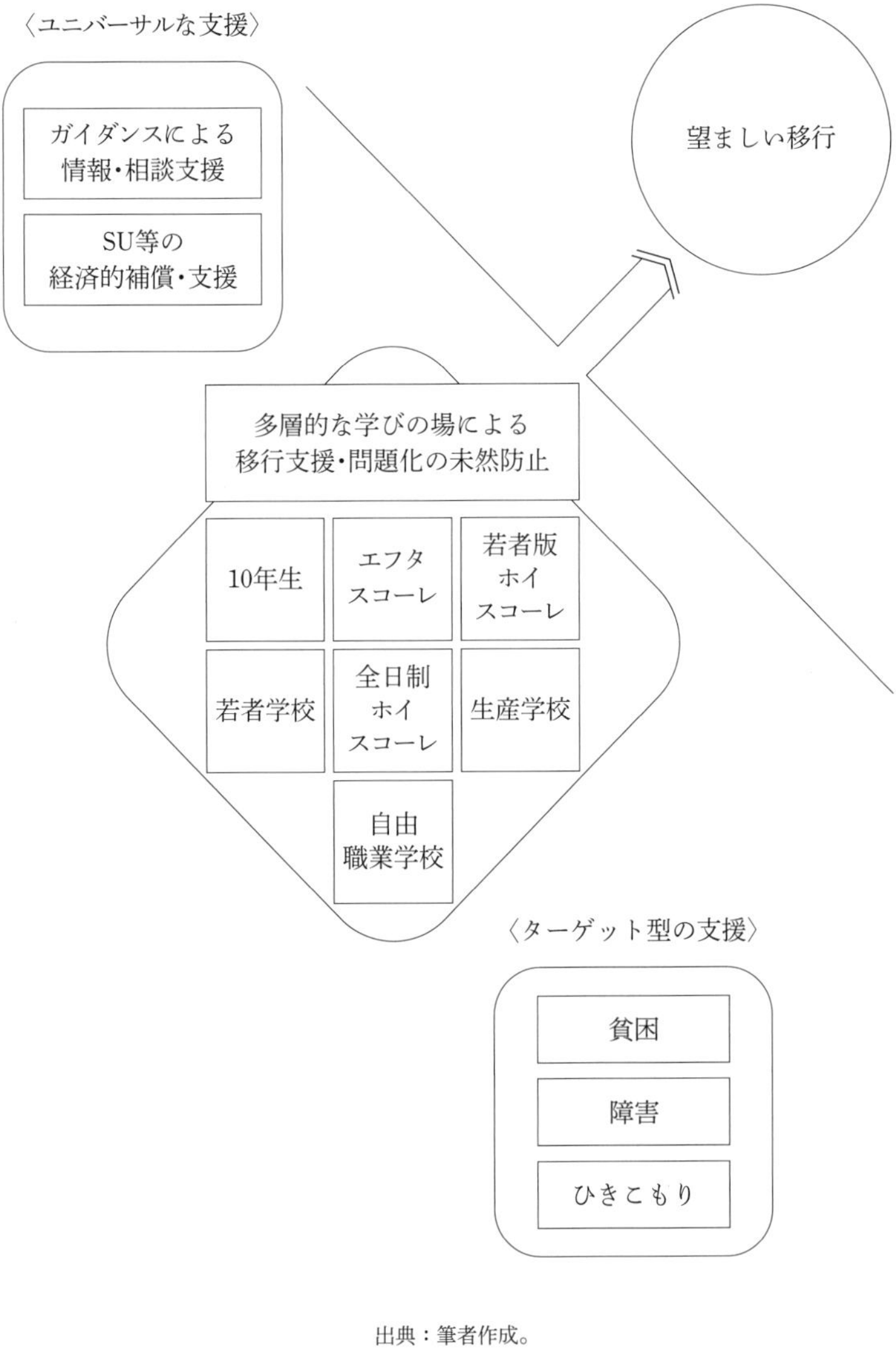

出典：筆者作成。

スと学生手当により、若者の進路選択と移行を本人の自助努力のみに負わせることなく、専門家による伴走的な支援、そして経済的な支援が制度化されていることは重要であろう。

また、ガイダンスの結果、困り感を抱えていることが明らかになった生徒、あるいは自分の可能性を広げるために環境を変えたいといった試行錯誤を希望する生徒に対して、多様な学びの場があることも、もう一つの特徴である。とりわけ、若者学校、エフタスコーレ、生産学校といったグルントヴィの教育思想に起源を持つノンフォーマルな教育機関が多層的に設置され、一人一人の状況や特性に応じた支援を行っている。これらの学校は、「一人一人に合った学び方がある」という考えに基づき、フォーマルな学校とは異なる学習法で設計されている点も特徴的である。先にも述べたが問題は個人にあるのではなく、教育制度や学校の仕組みといった社会制度にあるという視点から、移行の支援が行われている。

また若者一人一人の移行状況がデータとして集約・蓄積されているため、課題がありそうな若者には、アウトリーチも含めた支援の手が行き届くようになっていることも、見過ごせない特徴である。支援が必要な若者の取りこぼしを防ぐ体制がつくられており、問題が深刻化して、若者たちが社会福祉やソーシャルワーク（ターゲット型の支援）の対象となることを未然防止している。日本の若者支援が、若者というだけで誰もが受けられるユニバーサルな支援に乏しく、ターゲット型の支援への偏りが指摘される中で、強調したい点である。

若者支援としてのガイダンスには、政府目標達成のため、最短で効率的な進路選択を促す施策としての側面もある。若者がプレッシャーを感じたり、ガイダンスカウンセラーによる評価が本人の意向に影響を与えることもある。進路選択の主体・責任は誰にあるのかという議論もある。

デンマークには、グルントヴィの時代から現在にまで続く、人間性の成長を促し、それぞれのペースで試行錯誤しながら移行していくことを大切にする教育文化がある。しかし、そうした伝統的な教育文化は現在、教育が国際化、標準化する動向としばしば摩擦を生み、「古き良きもの」として過去の遺産と見られたり、その領域が軽視される傾向も見られる。

一見非効率的で、資格や公的な認定証を得ることはできなくても、若者が安心して試行錯誤し、自分の可能性を伸ばしていくことができる学びの場が、問題の未然防止としても、個々の成長としても重要な役割を果たしているということを忘れてはならないであろう。

コラム2

エスビャー市の若者教育ガイダンスセンター

2018年、デンマーク西部の人口7・2万人の町エスビャー（Esbjerg）で若者教育ガイダンスセンター（Ungdommens Uddannelsesvejledning）を訪問し、2名の専任カウンセラーからセンターの役割と若者支援の内容についてうかがう機会があった。一人は50代男性、もう一人は20代女性である。

2004年にこのセンターが開設される以前は、エスビャー市でも進路指導・職業指導に関わるカウンセラーは学校教員が担当するか非常勤職だったが、センターに配置され広域を担当することになったカウンセラーはフルタイムで従事している。ここでは所属する7名の専任カウンセラーが、市内の15～25歳の若者約1400名を担当しているという。

若者教育ガイダンスセンターが開設された背景には、教育と労働の結びつきを強め、労働市場に出る年齢を早めようとする政府の考えがあった。若者の失業率の増加も問題としてあった。けれどもそれ以上に近年、教育制度が複雑になり、教員や保護者が自分の経験を基に判断できない状況になってきたという背景もあった。また、教員がパートタイムでまかなえる範囲を超え、一人一人に向き合う必要も生じていた。センターのカウンセラーは規定の研修を修了した専門職で、デンマークの教育制度、若者の心理、社会的リソースについての知識のある人たちだという。

エスビャー市では、小中学校7年生のときに学校を通じて「若者ガイダンスユニット」が実施されるため、市内の対象者全員がセンターに来所するわけではない。小中学校の時点で約80%は、本人の希望と成績とが合致しており、希望通りの進路を選択することができる。しかし残りの約20%は、本人の希望と成績とが合致せず、合致させるための方法もわからないなど専門カウンセラーの支援が必要な生徒たちで、センターにはそのような若者が何度か面談に訪れることになる。相談項目として持ち込まれるのは、成績向上の方法といった内容であっても、実際に話を聞いてみるとその背後には別の問題が横たわっていることが多い。本人の問題以外にも、複雑な家庭環境、社会的孤立、貧困等の社会経済的な問題などがあり、単純に進路を指し示すことだけが仕事というわけではないという。

また、18歳以下の若者で、教育も職業訓練も受けておらず、週に一定の時間(週18時間)ボランティア活動にも参加していない人は、センターからコンタクトをとり、来所してもらうことになっている。他方で18歳~25歳の若者で支援を必要とする場合は、本人の申し出によりカウンセリングを受けることができる。実際にはジョブセンターなどから紹介されて来る人が多く、他部署や各種の教育機関、地域の団体との連携が非常に重要になるという。

若者教育ガイダンスセンターがあることでエスビャー市の若者にどのような変化が起こっているのか。そのように尋ねると、二人のカウンセラーは次のように話してくれた。センターには支援を必要とする若者が何度も訪れる仕組みになっている。そのため簡単に終わるケースはほとんどなく、一人一人の対応には時間がかかり、専任カウンセラー同士でその都度相談しながら対応することもあるという。

けれども、学校になじめず教育や職業訓練を受けるにしても手遅れだと思い込んでいる若者が、ここに来ると、成人教育制度のなかで小中学校の数学やデンマーク語の学習をやり直すことができると知って再挑戦し、次の教育段階に進むことができたり、センターと連携する団体での活動（例えば貸し出し自転車を修理するボランティア活動）に参加することで職業教育系コースに進もうと決意するケースがある。本人や家族に情報がなくても、センターに来ることで次の段階に進む制度があるとわかること、本人にあきらめなさいと言う必要がない状況であることが、デンマークの教育制度の良いところだと評価していた。

このように、若者教育ガイダンスセンターのカウンセラーは、若者一人一人の状況とニーズに寄り添っているのである。

（坂口緑）

コラム3　ＩＣＴは教える道具か、学びの道具か？

デンマークは世界電子政府ランキングで1位を獲得するなど、デジタル先進国としてしばしば紹介される。市民生活に溶け込みデジタル化が進む背景には、１９９０年代からデジタル技術の積極的な活用により、労働者不足に伴う公的機関の効率性の向上と福祉サービスの高度化を同時に促進してきた歴史がある（中島 2019:106）。

教育分野においても、デンマーク政府は、１９９０年代から教育におけるＩＣＴ活用に継続的に投資し、すべての生徒がさまざまなデバイスにアクセスできるように支援してきた。実際、欧州委員会の「第２回学校調査：教育におけるＩＣＴ」（２０１９）によれば、デンマークの学校のデジタル環境や生徒のコンピュータの利用頻度はＥＵ平均を大きく上回っている。近年でも、全学校へのワイヤレスネットワーク、生徒・保護者・教師のためのユーザーポータルプラットフォーム、自治体によるデジタル教材購入への政府からの支援、デジタル教材市場への投資、ＩＣＴを活用する校長・教員のネットワーク化、ＩＣＴを基盤とした学習の調査プロジェクトなどが進められている。

実際、学校の教員と保護者は日常的に、学習管理アプリ「アウラ（Aula）」を通じて連絡をとり、子ども教育省の傘下にあるUNI-C（デンマーク教育研究ＩＴセンター）が提供している「Uni-Login」というサービスでは、デジタル教科書やテストなど学習に必要なデジタル教材を教員や児童・生徒が無償で利用できる。どちらのサービスもデンマーク全土の公立学校で導入されている。

また子ども教育省が提供しているオープン教育リソース（OER：Open Educational Resources）である「emu danmarks læringsportal」や「資料プラットホーム（Materialeplatformen）」には、初等・中等教育段階から後期中等教育段階までの教育コンテンツが掲載されている。特定のテーマ、教科についてさまざまな教員が自身の教材や指導方法等の提案を行っており、多くの利用者と情報や実践の共有がなされている。

デジタル教科書について見ていくと、デンマークではそもそも、教科書は各出版社が発行し、政府による認定や教科書検定を経る必要はない。教員は、教科書に付属する教材や、ポータル上よりダウンロードできる豊富な教材の中から生徒に適したものを適時使用している。子ども教育省の示している「共通目標」の目標や内容に合ったものであれば、個々の生徒のニーズに応じて、どのような手法をとり、どの教科書や教材を使用するかは、各学校の教員が大きな裁量や自律性を有しているのである。

デンマークの授業風景では、知識の暗記というよりも児童生徒の思考を促すことを重んじており、一斉授業はあまり行われず、生徒各自が自分で考えたり選んだ課題に取り組んだり、小グループごとの協同的な学びの場が多く見られる。そのためには、さまざまな仕掛けや学びの道具が必要となり、ＩＣＴを全科目で活用している。

ところで、近年の日本におけるＩＣＴ教育の推進について見てみると、経済産業省内に設置された『『未来の教室』とEdTech研究会」が、２０１８年からさまざまな提言を行い主導している。そして新型コロナ下には「学びを止めない未来の教室」事業を行い、さまざまなＩＴ企業による教育支援サービスを提供してきた。また文部科学省を中心としたＧＩＧＡスクール構想が、当初の計画から大幅に前倒しされて進められている状況がある。

しかし、佐藤（2021）によれば、現在普及しているＩＴ企業や教育企業が開発し提供しているＩＣＴ教育のプログラムの多くは、コンピュータを「教える道具」として活用するプログラムであるという。つまり、学ぶ内容を細分化し、学習歴に関するビッグデータを蓄積する中で一人一人の学習過程を評価して、学習の個別最適化を行い、誰もが完全習得できることを追求しているわけである。石井（2020）も、最新テクノロジーの導入で表面的に新しく見えるが、その中身は、旧式の学習観に基づいていたり、自習ベースの自由進度型ドリルなど、学習方法が過度に合理化・効率化・矮小化され、パッケージ化されている場合も多いと指摘している。21世紀型の学びに求められるのは、そのようにコンピュータが学習を方向づける「ＡＩ先生」よりも、子どもたちがコンピュータで学び合ったり、子どもとコンピュータが学び合うような、「学びの道具」あるいは「探究と協同の道具」としてコンピュータを活用することである。そして教師は、コンピュータに代替されるものではなく、「学びのデザイン」「学びのコーディネーション」「学びのリフレクション」を促す役割を担っていくことが期待されている（佐藤 2021：50-54 及び石井 2020：64-65）。

（佐藤裕紀）

第3章 若者に影響力を

ユースカウンシルで学ぶ政治教育

原田 亜紀子

1 ユースカウンシルにおける「政治参加」

「自分で決める・みんなで決める」社会

筆者は神奈川の高校の社会科公民分野の教諭として、長年勤務してきた。「生徒をどのような市民に育てるか」という問いは、社会科教育の分野にとどまらず、学校教育、そして生涯教育が直面する大きな課題である。その課題を深く掘り下げて考える大きな契機となったのは、2002年の夏から1年半ほど休職してデンマークのコペンハーゲン大学に客員研究員として滞在した経験である。そこで目にしたのは、市民が社会を構成する当事者として自らを捉え、「自分たちの社会のことは自分たちで決める」という徹底した姿勢と、それを実現する仕組みだった。

とりわけ、小さな子ども、障がい者、高齢者に「自分で決めること」を徹底して促し、支援する社会のありように、とても驚いた。そうした人々は、日本の社会においては「自分で決める」ことはできないと判断されがちだからである。今日のデンマークではさらに、移民や難民の包摂が新たな課題となっている。

文科省の主権者教育推進会議（２０２０年1月14日）では、有効感、議論する力、意見を述べる力、共同での意思決定の力の育成、社会とつながる学習の必要性、身近なテーマと政治とのつながりといった課題が指摘されている。実はデンマークは、これらの課題に学校の内外で長いこと取り組んできた。デンマークでは、日常生活の中に民主主義を実践する仕組みがあちこちにある。人々は子どものころから「自分で考え、自分で決める」「みんなで考え、話し合い、みんなで決める」ことで、少しずつ身近な社会が変わる経験を蓄積する。こうした仕組みがもたらす意味について、冒頭の問いと併せて考えていきたい。

若者が民主主義を学ぶ場

今日の民主主義の国々は、投票率の低迷や、政党政治や労働組合への無関心といった問題に直面している。とりわけ若者の政治への不信感は高く、投票率は低い。日本においては、２０２１年10月31日の衆議院選挙では、18歳と19歳の投票率は、速報値で43・01％だった[1]。一方、デンマークは80％台で推移する。このような投票率の差にはどんな背景があるのだろうか。

日本では学校生活や地域社会において意見を述べ、個人・共同で意思決定を行い、小さな変化を起こすことで有効感を感じる機会は極めて少ない。生徒は、社会や集団のルールに従うことは学ぶが、既存のルールを変更したり、自らルールをつくる経験があまりない。学校での主権者教育は模擬投票や選挙制度の学習が多く、自ら変化を起こせるという有効感を得られないことが、無力感や低い投票率につながっているとも考えられる（鈴木 2018）。

政治学者のキャロル・ペイトマンは、「政治参加は民主主義を学ぶ教育」であると述べている（ペイトマン 1977）。「政治参加」の方法として最も代表的なものは選挙だろう。選挙への参加では、市民の役割の中心は投票で、政治を動かす担い手としては、政治的エリートや政党が重要視される。

一方で、政治参加には別の方法もある。本章で注目するのは、選挙以外の政治参加、つまり「公共政策の形成、決定、実施のプロセスへの参加」である。この政治参加は、政治的なテーマだけではなく、より幅広い社会的なテーマが密接に関連している（坪郷 2009）。本章では「公共政策の形成、決定、実施のプロセスの参加」として、若者が民主主義を学ぶ場である「ユースカウンシル（Ungdomsråd）」の活動を取り上げる。

「投票に行こう」と思うには、「自分が意見を言える」「人に意見を聞いてもらえる」「みんなが自由に意見を述べ、話し合える」「話し合いをしてみんなで決める」「みんなで決めたことが実現される」という経験を経て、「自分は社会を変えることができる」と思えることが必要であろう。では、その道筋をどのようにつくるのか。ユースカウンシルが、身近な地域課題や子ども・若者の政策課題にどのように取り組み、小さな有効感を経験する仕組みをいかに作り出しているのかを見ながら、考えていきたい。

各国のユースカウンシル

ユースカウンシルとは、地方自治体が設置する若者政策提言組織である。日本でも、「子ども議会」や「若者議会」といった類似の組織が、数多くの自治体によって設置されている。例えば神奈川県川崎市では、２００２年に市の「子どもの権利条例」に基づき「川崎市子ども会議」が設置された。近年では「若者議会」を設置する自治体も出てきている。２０１５年発足の愛知県新城市の若者議会では、若者による自治体の予算の使途の提言やその実現が報告され、活発に活動している。しかし、こうして地方自治への影響力を行使する例は限定的である。また全国各地にある子ども議会や若者議会がどのような活動をしているのか、どの程度影響力があるかは、調査されたものはなく、研究も限定的である。

ユースカウンシルは世界各国で設置されているが、標準的な組織の在り方を規定する国の規則がなく、地域の政治的、社会的、文化的独自性が考慮され、地域ごとに独自のルールをつくってきた。従って、規模や組織の形態も様々である。例えば、イギリスの「ブリティッシュ・ユースカウンシル」は多数の団体をまとめる全国規模の組織である。一方、地方自治体主導によるユースカウンシルも各国に存在する。ヨーロッパで最初にユースカウンシルを設置した地方自治体は、フランスのシルティガイムで、１９７９年に誕生した。シルティガイムでは、市長と町議会の議員、教師が、大人と若者が意見を共有し、行政に提案する体制を恒久的につくることを提案した。このユースカウンシルでは、若者に意見表明の権利はあったが、意思決定権はなく、町議会が握っていた。１９９０年代後半にはフランス国内において、子ども議会、若者議会、そして類似した名称の約７４０の議会が存在した。１９９０年代にはベルギー、スイス、オーストリア、ドイツ、ポルトガル、ポーランド、ハンガリー、イタリアなどにもユースカウンシルができた。それらの国々では、ユースカウンシルは自治体当局と教師ら学校教育関係者により組織され、子ども、若者、大人、地方自治体の対話の場となり、まちづくりに貢献する事例が多数ある。

対象年齢は10～13歳、15～18歳など様々である。メンバーは対象年齢の若者から選挙によって選出され、任期がある。扱うテーマは、遊び場、学校生活、社会問題、文化、レクリエーションなどで、地方議員や行政職員などの大人がサポートし、環境問題や住宅など特定のテーマで専門家を呼ぶこともある。

ユーザーデモクラシーによる市民参加

ではデンマークのユースカウンシルは、どんな組織なのだろうか。その参考になるのは、「高齢者委員会（Ældre råd）」である。ユースカウンシルの職員を訪ねてインタビューをすると、「ユースカウンシルを、高齢者委員会のような組織にしたい」という話が必ず出てくる。

高齢者委員会は、自治体の高齢者政策への提言や、政策に関わる組織であり、１９７０年代から各自治体が自主的に設置し始め、１９９５年には法制化された。

デンマークでは１９７０年代から、石油危機や公的部門の肥大化に対する批判を受け、行財政システムの地方分権改革が行われた。この改革では、中央から地方に行財政の機能と責任を移譲し、さらには地方自治体に特定の問題に関して補完組織をつくることにより、より下位の組織に権限を移譲することとなった。具体的には、保育、初等中等教育、高齢者福祉の公共サービスについては、サービス利用者が政策決定と実施に直接参加するユーザーデモクラシー（Bruger demokrati）が導入された。だが政策決定過程に参加できても、意見が反映されず、ただその場でコーヒーを飲みながら話すだけでは、影響力をもつとは言えない。高齢者委員会では、直接選挙の導入により代表制を確保し、会議で議論しやすい環境をつくり、資料作成の工夫や、元議員や行政職員といった人材も確保しながら政治家との距離を縮めて対等に議論ができるようにする、といった要件を整え、発言力や影響力を高めてきた（福島 2005）。ユースカウンシルもこうした委員会と同様に、若者政策に当事者の声を反映することを狙いとし、選挙や政党への参加とは異なる形での「市民」としての政策決定過程への参加を保障しようとする。

後述するデンマークの若者団体であるデンマーク若者連盟（DUF: Dansk Ungdoms Fællesråd）のコンサルタントによれば、ユースカウンシルは高齢者委員会との協働を目指している。また高齢者委員会の方でも、若者組織と高齢者委員会との協働に大変関心をもっているという。

ユースカウンシルを設置する目的として、まず挙げられるのは、若者の地方自治への参加である。若者向け住宅や余暇施設、教育など若者が関係する政策に、直接若者の声を反映させることが重要だと自治体が認識しているのである。デンマークでも国政選挙に比べて地方選挙の投票率が低めであることや、地方議員の平均年齢が国会議員よりも高いといった課題があり、地方議会に若者を、という願いも聞いた。

また、多くの自治体では、進学や就職に伴い20代前後の若者が流出しており、都市部に出た後は帰ってこないケースが多い。ユースカウンシルを設置し、若者の地方自治への参加を進めることは、自治体のUターン人口を増やすための戦略でもある。

民主主義の学校～アソシエーション

デンマークのユースカウンシルは、北欧の民衆運動の系譜にある若者アソシエーション（団体）の一つであることも特徴である。デンマークのアソシエーションは、民衆教育の創始者である19世紀の牧師・教育者・詩人・政治家のN・F・S・グルントヴィが提唱した民衆啓蒙の伝統にある（コラム1参照）。グルントヴィは、絶対王政から民主主義国家へ移行する時期に、社会の大半を占める農民が、ブルジョワジーと対等に議論できる主体となるような人間形成の教育が不可欠であると考えた。その人間形成の教育の場として、農閑期に青年が通うために設立された「フォルケホイスコーレ」や、「フォルケホイスコーレ」の卒業生の勉強会などから生まれてきた協同組合運動、各種のアソシエーションの活動がある。

今日のアソシエーションは、デンマーク人の余暇活動の場であり、若者はスポーツクラブやボーイスカウト、ガールスカウト、趣味の団体、政党青年部、NGOといったアソシエーションに所属し、放課後や長期休みに活動する。これらのアソシエーションは、地域支部からなる全国組織の形態をとる場合が多く、さらに若者団体全体を統括するアソシエーションもある。若者団体全体を統括するDUF（デンマーク若者連盟）には、全国生徒会、スカウト、スポーツ団体、趣味の団体、政党青年部といった多様な団体が所属し、メンバーは約70万人にのぼる（図表3－1）。デンマークの15～25歳の若者は約73万人（デンマーク統計局ホームページ：Danmarks Statistiks 2021）であることを考えると、いかに多くの若者がアソシエーションに参加しているかがわかる。ユースカ

図表3-1　若者アソシエーションDUFの組織構造

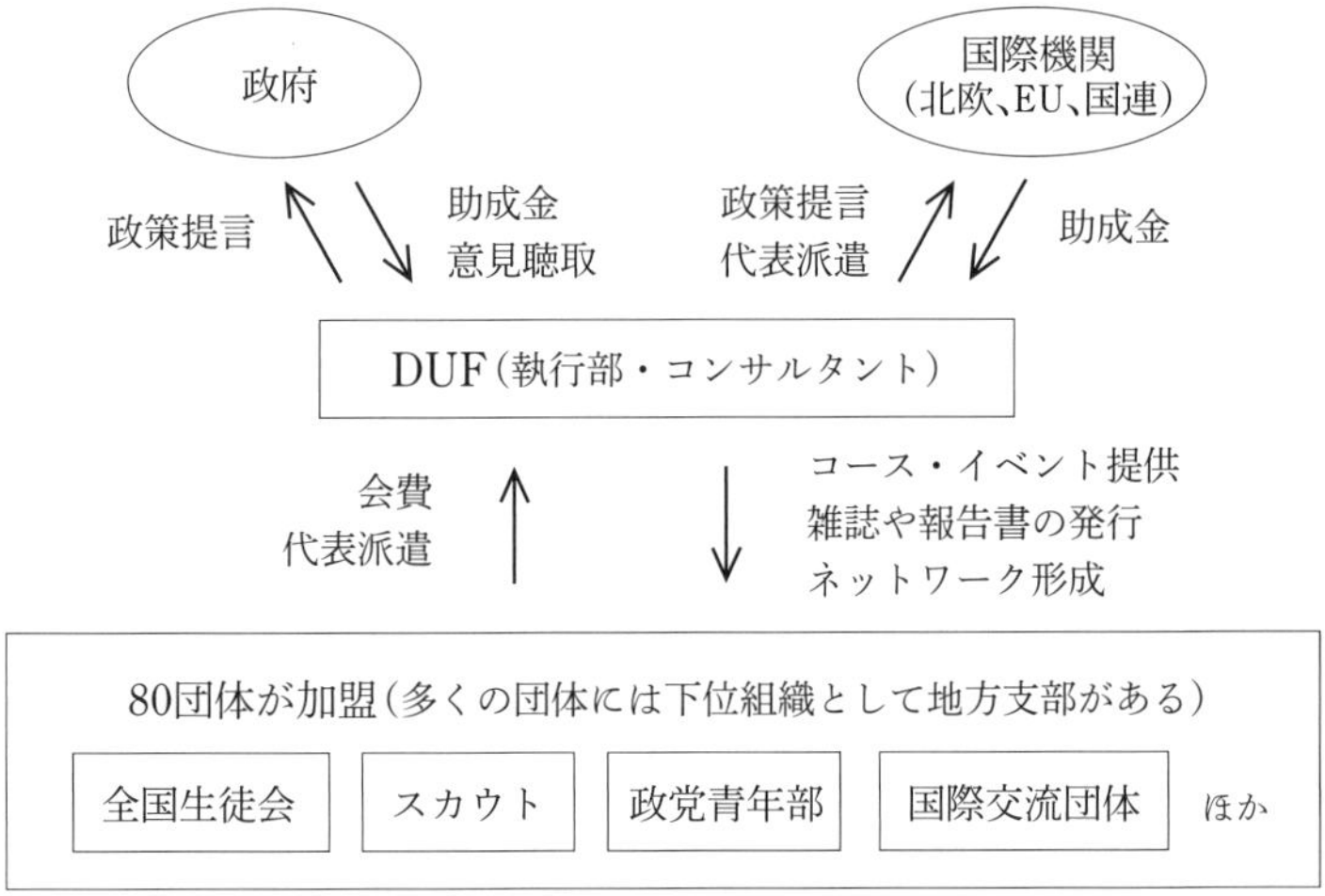

出典：Danish Youth Counsil (1962), DUFウェブサイトを参考に筆者作成。

ウンシルもＤＵＦに所属し、他団体との交流や情報交換、セミナーへの参加などを行っている[2]。

デンマークのアソシエーションは、「民主主義の学校」と呼ばれる。北欧のアソシエーションは、地域支部からなる全国組織の形態をとり、縦横のつながりにより政策に影響力を及ぼし、互いに学び合う構造と仕組みをもつ。このような構造と仕組みは、民衆運動から形成された各種のアソシエーションの伝統による（ロートシュタイン 2013）。２００５年から２０１０年までデンマークの教育大臣を務めたベーテル・ホーダーは、２００８年の若者政策文書において、「若者アソシエーションはデンマークの民主主義の過程や政治への知識や理解を若者に与える」と述べている[3]。代表を選挙で選び、組織運営も自らで行う若者アソシエーションは、若者が意思決定に参加する民主的な過程を実践によって学ぶ場になっている。メンバーは地域、国、国際社会といった複数の層で様々な情報を得ながら、協働で学び合い議論する機会を得ることができる。

生活の中で実践される民主主義

ＤＵＦは、初代代表のハル・コックの思想を反映する団体である。ハル・コックは、グルントヴィの思想を独自に継承した神学者で、コペンハーゲン大学で教鞭をとり、戦時中にグルントヴィの講義を担当した。

コックの「生活形式の民主主義」という思想は、戦後デンマークの民主主義の支柱とされる。第二次世界大戦中、ナチスの占領下にあったデンマークでは、近代化の過程でデンマーク・ナショナリズム形成に貢献したグルントヴィの思想が、ナチスのナショナリズムに近い形に変容していた。コックはこれに危機意識をもち、危機の時代にこそ民族主義的な国民の連帯ではなく、民主主義に基づく連帯が必要だと説いた。ＤＵＦの前身であるＤＵ（Dansk Ungdomssamvirke, デンマーク青年協力連合）が設立された１９４０年には、ＤＵと同様の全国連合組織で、ドイツ的な規律訓練を軸とする青年団体が台頭していた。ＤＵの初代代表に名前が挙がっていたコックは強い危機感を覚え、青年団体の役割は、国民感情や身体意識の強化ではなく、政治参加と責任感を自覚させることであり、ＤＵはそのような団体であるべきだと主張したのである。

「生活形式の民主主義」では、民主主義は形式の中に閉じ込めることはできないと考える。民衆に内在する力に焦点を当てて、権威構造を取り払った関係性の中で、対話を中心とした人間形成を基礎とする。人々が身分に関係なく寄宿生活で日常を共にし、ラテン語ではなく母語による対話から生まれる学びを民衆教育の原点としたグルントヴィは、憲法や制度よりも、日々の生活が社会をつくるものであり、「生活を制度の上位」に置くべきだと考えた（原田 2017）。コックもこれを継承し、民主主義は統治形式よりも「生活形式」にその本質があると考えたのである（コック 2004）。

DUFには様々な団体が所属しているが、DUFはユースカウンシルの設置や継続の支援に力を入れている。ユースカウンシルが、「対話は民主主義の本質である」というコックの思想を最も反映していると考えているからだと言う。

なおデンマークのアソシエーションは、地域支部とそれを束ねる全国本部の形をとることが多い。ユースカウンシルの全国団体「全国ユースカウンシルネットワーク」（NAU：Netværked af ungdomsråd）には、大半のユースカウンシルが所属する。NAUでは、年に数回のセミナーやイベント、年に一度の総会を開催する。[4] セミナーやイベントは、他の自治体のユースカウンシルとの交流の場である。セミナーでは新たなユースカウンシルを設置するための講座やボランティアの活用方法、各地域の経験や悩みの共有などが行われる。遠方からの参加への配慮や親睦を深める目的で、宿泊を伴うことが多い。毎年11月に開催される総会には、すべてのユースカウンシルが招かれる。総会では、予算の決定や選挙が行われる。

なおデンマークで若者の政治参加を実現する組織としてよく挙げられるのは、「政党青年部」である。政党青年部は特定のイデオロギーを共有して活動し、デンマークでも「意識が高い」若者が集まる組織として知られているようである。しかし、デンマークにおいても大半の若者にとって、政治は余暇活動として積極的に関わりたいものではない。政治的主張をすることで活動に一定の責任が伴うような政党青年部に所属することは、若者にはかなり勇気がいることであり、現実的に所属する若者は、ユースカウンシルの職員やＮＡＵの代表によれば数パーセントと言われている。

ＤＵＦは、政党青年部とは違う形の政治参加の在り方を模索している。ユースカウンシルは、政治的に中立で、多様な若者を包摂し、地域社会の若者全体の課題に取り組むことを目指している。筆者が話を聞いたＤＵＦやＮＡＵのコンサルタント、ユースカウンシルの職員は、多くの場合、パーティやコンサートなどを企画、開催して若者たちにアプローチすると言う。そのため若者政策は、イベントを管轄する「余暇部門」の事業に関連することが多い。後述するが選挙があるときには、候補者のディベートを若者が親しみやすい形にアレンジして、ユースカウンシルのイベントとして行うことが多いと言う。

ユースカウンシルの活動

デンマークには98の地方自治体があるが、どのくらいの自治体がユースカウンシルを設置しているのだろうか。ＮＡＵのホームページには現存するユースカウンシルが載っているが、問い合わせると閉鎖されていたり、活動休止中の場合が少なくなかった。地方紙に掲載されている情報も限定的であり、実際に活動しているユースカウンシルの数は、明確にはわからなかった。

そこで２０１６年１月に、ＮＡＵや自治体のホームページで確認した47のユースカウンシルに対して、郵送とウェブ回答の併用による質問紙調査を実施した。回答を得た21のユースカウンシルを見ると、首都コペンハーゲンがあるシェラン島、アンデルセン生誕の地であるオーデンセのあるフュン島、さらにドイツから陸続きのユラン半島の各自治体に広く分布する（図表３－２）。

一番古いユースカウンシルは、コペンハーゲン郊外にあるバレロップ市のユースカウンシルで、１９８５年から40年近く継続している（２０２２年現在）。１９８０年代は、若者の失業率の上昇から若者政策の必要性が問われるようになり、多数の自治体がユースカウンシルを自主的に設置した。１９９８年当時、２７０以上あった自治体のうち76の自治体がユースカウンシルを設置していた。

しかし、その後短期間でほとんどが廃止となった。その理由として、①地方議会の模倣のような議会型は、若者にとっては正式化され過ぎてなじまなかった　②若者に責任を委ねることはなく、若者は深い関与ができず、若者政策への影響力をもてなかった　③効果的な課題設定ができなかった、といったことが挙げられた。

同様の課題は他国でも指摘されている。例えばイギリスのユースカウンシルも、議会の形式が若者になじまないことや、選挙では、移民や学校で困難を抱える子どもが排除され、「意識の高い」学校から優秀な子どもたちばかりが当選し、代表制が確保されないといった問題を抱えている。

１９８０年代半ばまでに76設置されたユースカウンシルは、１９８８年には27に、１９９３年には８まで減少した(Dansk Ungdoms Fællesråd 1994)。一方、１９９０年代には、「若者の社会的排除」

図表3-2　ユースカウンシルの基礎情報

<table>
<tr><th>自治体名</th><th>設立年</th><th>対象年齢</th><th>予算(Kr.)</th><th>活動内容・政策提言</th></tr>
<tr><td>Ballerup</td><td>1985</td><td>15 - 25</td><td>180,000</td><td rowspan="21">(活動内容)
・ボーンホルム島での「国民の会議」の参加
・青年学校での会議への参加
・若者のためのコンサートなどイベントの実施
・留学生と地元の若者のプロジェクト
・国政選挙・地方選挙に向けての討論イベント
・国民学校へのアウトリーチ
・海外のユースカウンシルや若者団体との交流
・アムネスティやLGBT団体の若者との交流
・フリーマーケットやビンゴなどイベント

(政策提言)
・国民学校での職業教育
・失読症の生徒のインクルーシブ教育の推進
・公共交通の充実(運行時間の延長、小学生の運賃の無料化)
・若者住宅を増やす(中心市街地への若者住宅の供給、財政支出)
・文化的な余暇の機会の提供
・野外のトレーニングセンター、スケートリンクの設営
・ユースハウスの確保
・ユースカフェの実現・スケートボードのためのジャンプ台の設置</td></tr>
<tr><td>Herlev</td><td>1995</td><td>15 - 25</td><td>100,000</td></tr>
<tr><td>Glostrup</td><td>2006</td><td>15 - 25</td><td>75,000</td></tr>
<tr><td>Frederikssund</td><td>2006</td><td>15 - 21</td><td>50,000</td></tr>
<tr><td>Ærø1</td><td>2006</td><td>13 - 15</td><td>20,000</td></tr>
<tr><td>Ærø2</td><td>2008</td><td>17 - 24</td><td>20,000</td></tr>
<tr><td>Aarhus</td><td>2007</td><td>13 - 17</td><td>100,000</td></tr>
<tr><td>Slagelse</td><td>2009</td><td>16 - 24</td><td>30,000</td></tr>
<tr><td>Varde</td><td>2011</td><td>15 - 25</td><td>180,000</td></tr>
<tr><td>Haderslev</td><td>2011</td><td>13 - 25</td><td>95,000</td></tr>
<tr><td>Lyngby-Taarbæk</td><td>2012</td><td>14 - 20</td><td>100,000</td></tr>
<tr><td>Hørsholm</td><td>2012</td><td>13 - 18</td><td>25,000</td></tr>
<tr><td>Rebild</td><td>2012
(2015)</td><td>14 - 19</td><td>25,000</td></tr>
<tr><td>Syddjurs</td><td>2013</td><td>14 - 25</td><td>50,000</td></tr>
<tr><td>Horsens</td><td>2014</td><td>15 - 29</td><td>100,000</td></tr>
<tr><td>Frederiksberg</td><td>2014</td><td>14 - 18</td><td>140,000</td></tr>
<tr><td>Vesthimmerlands</td><td>2014</td><td>13 - 21</td><td>15,000</td></tr>
<tr><td>Frederikshavn</td><td>2015</td><td>15 - 20</td><td>0</td></tr>
<tr><td>Silkeborg</td><td>2015</td><td>13 - 18</td><td>50,000</td></tr>
<tr><td>Hjørring</td><td>2015</td><td>14 - 23</td><td>50,000</td></tr>
<tr><td>Skive</td><td>不明</td><td>18 - 22</td><td>50,000</td></tr>
</table>

出典：質問紙調査により筆者作成。

*エールー(Ærø)では、13歳から15歳、17歳から24歳と、年齢を基準に2つのユースカウンシルを設置する。レービル(Rebild)では2012年に設置したが、その後2015年に再設置した。

がＥＵで社会問題として捉えられるようになり、若者政策が新たな分野として創出された。それまで若者のライフコースは、進学、就職、結婚、家族の形成といった直線的なルートであったが、新自由主義やグローバリゼーションの進展を受け、個別化し、多様化していった。これからの若者政策では、当事者である若者の意見を聞く機関が必要だという共通認識が、ＥＵ諸国で形成されたのである。２０００年代に入ってデンマークでも、多くの地方自治体が、若者の意見聴取機関として、再びユースカウンシルを設置するようになった。２０１０年以降も、新たなユースカウンシルが続々と設置されている。

先述のように、ユースカウンシルは地域の特性や背景により、その在り方が様々である。次節からは、各地域のユースカウンシルが設置された経緯、その活動内容と成果、そして課題を探っていく。事例としては、①「設置過程にある」、②「試験運用中」、③「若者の声でできたケース」、④「議会型と居場所型の折衷」、⑤「最古のケース」を取り上げる。

2　地域に合った政治参加の模索

準備段階のユースカウンシル

まず、事例①の「設置過程にある」ヘルシングアを紹介する。シェラン島の北にあり、世界遺産のクロンボー城で知られるヘルシングアは人口３万５０００人の街である。２００９〜

２０１０年にはユースカウンシルが存在していたが、現在はなく、２０１３年からの再設置を目指していた。その準備として企画・実践されていたのが「若者の声（Ungstemmer）」である。「若者の声」は若者の領域に関する若者フォーラムであり、ユースカウンシル設置の前段階に当たるプロジェクトである。ヘルシングアでは、ユースカウンシル設置を担当する若者学校職員と、自治体のオフィスから来た行政職員にインタビューした。

行政職員によれば、若者が国政選挙に比べて地方選挙をあまり重視していないこと、選挙権が付与される18歳と、その後の19歳、20歳あたりまでは地方選への関心が高くても、進学や就職で地元を離れるとその関心が薄くなることなどの課題があった。[5] また、若者が就学のため首都コペンハーゲンや第二の都市オーフスといった大都市に行ったまま、地元に戻って来ないという、地方都市に共通の課題も抱えていた。

市には子ども・若者政策を管轄する部門があるものの、独立した若者政策部門はなく、若者の課題が固有のものとして捉えられておらず、政策として取り組むことが難しかったという。一方、地方議員は若者への関心が高く、ユースカウンシルにも興味をもち、若者と連絡をとりたいという要望があった。

近年、デンマークの多くの自治体では「シティズンシップ」の育成を課題としている。移民・難民も含むすべての市民が「アクティブ・シティズン」になることが望まれていると言う。ヘルシングアでも若者のシティズンシップ育成にあたり、今まで以上に、地方自治や地方選挙に若者の関心をもたせるにはどうすればよいかが課題であった。また、若年エスニックマイノリティを選挙に巻き込むことも、必要と考えられている。こうした背景のもと、地域社会で政治がどのように機能するかを学ぶために企画されたのが「若者の声」であった。2013年、地方選挙があった年に、青年学校と協働して実施された。運営を担うのは「青年学校」の職員と、ヘルシングアの市職員であった。

筆者がヘルシングアの青年学校を訪ね、インタビューを行ったのは2016年で、翌2017年には地方選が控えていた。

地方選が間近になると、自治体の様々な課題に注目が集まる。若者の選挙への関心を高めるための取り組みとして、ヘルシングアでも「高齢者委員会」や「移民委員会」、あるいは薬物依存症やホームレス、精神疾患の人のための委員会をモデルとして、ユースカウンシルの仕組みを目指すことになった。

若者と地方議員が出会う場をつくる

まず若者学校職員による話から紹介しよう。ユースカウンシルのメンバーは選挙で決定するのが一般的で「委員会」に近いが、「若者の声」は毎回メンバーが集まる「フォーラム」の形態である。毎回話し合いに参加したい、長く一つのテーマに関わりたい、という若者はほんのわずかで、若者が関心をもつのは、一つか二つの限定的なテーマにとどまるので、フォーラム形式が適しているのだと言う。

「若者の声」は年に二回開かれ、地方議員と若者が参加する。議場を模した会場で、ボタンを押して発言するといったスタイルをとる。若者の緊張をやわらげるため、赤い丸いスポンジを持ってボタンを押し、「赤鼻のトナカイ」のようにスポンジを鼻につけて発言するといった場を和ませる工夫もある。若者にとっては政治家と話す初めての機会であり、議員も普通の人であり、意見があればコミュニケーションできることを、若者が知る機会になる。参加した若者は政治家と直接話す機会に大変驚くそうだ。テーマは、公共交通、スチューデントハウス、若者住宅、若者カルチャーハウスなどについて話し合われたと言う。

「若者の声」で何度か議員と若者が対話する機会をもったあと、「何か今までとは違うことをしよう」ということになり、料理イベントも実現した。デンマークでも有名なシェフを呼び、若者学校のキッチンで若者と地方議員とがグループに分かれて夕食を作り、一番を競うという内容だった。

新しい文化政策と財政、そして、ユースカウンシルを設立するかといったテーマも議論された。結局当日は、用意されたテーマについてはあまり話し合われなかったが、議員と若者が個々にいろいろな話をしながら、親睦を深める機会になったと言う。議員の中にはあまり料理ができない人もいて、それがまた若者に親近感を覚えさせ、リラックスした雰囲気になった。一緒に料理や食事をして親睦を深めることは、デンマークでは様々な場面で行われる。これもまた、日常生活を共にし、立場の違いを超えて対等な関係で対話を重ねることが、民主主義社会を支える人間形成にとって必要だという、グルントヴィやコックの思想の実践であると言えよう。

若者学校職員や行政職員によると、「若者の声」は議員にとっても若者を知る貴重な機会であると言う。若者は常に変化しており、若者から常に声を聞かないと組織をつくってもうまく機能しない。若者は組織活動にいつも興味があるわけではなく、予算編成の話し合いにも面白みを感じない、といった実態を、議員が知ることも必要なのである。

「若者の声」のメンバーは、ボーンホルム島で開催される「国民の会議（Folkemøde）」[6]に若者学校の若者と一緒に参加することもある。ボーンホルムでは、普段は会うことがない、様々な地域や組織の若者と活動を共にすることで、お互いに刺激を与え合い、同じ課題を共有する機会になったと言う。

若者の居場所をつくる

ヘルシングアには２００９〜２０１０年にユースカウンシルが設置されたと述べたが、その当時は、社会民主党青年部の若者らが中心となっていたと言う。その後、職員が入れ替わり、また当時の記録がないため詳細は不明だが、現在（取材時）の自治体担当者は、政党青年部のような、政治に対して意欲的で積極的な若者ばかりにはしたくないと考えていた。政党青年部は共通のイデオロギーの下に集まる若者グループだが、ユースカウンシルは、イデオロギー的には中立を保ち、ヘルシングアの若者全体にとって良い政策を考える場であるべきだからだと言う。

「若者の声」は、学校やいつも一緒にいるグループなどに分断された若者が出会うプラットフォームになることを目指している。多くの若者は、様々なグループが接触できる場所を探しており、様々なグループに属する同世代に出会いたいと考えているという。また「若者の声」に参加した若者が、より政治に興味をもち、次のステップとして政党青年部に入ることもある。

また、若者が集う場である「ユースハウス」の確保も検討されていた。ユースハウスはいくつかの自治体で設置されている。そこでは、特別な用事がなくても好きなときに立ち寄ってコーヒーやお茶を飲み歓談したり、宿題をすることもできる。職員は、毎週決まった曜日にオープンし、気軽に立ち寄れる居場所を確保しようと準備を進めていた。音楽の演奏会や、イベントを開催できる場所にもしたいという話であった。

ヘルシングアの職員たちは、定期的に会議を開催する昔ながらの議会型を踏襲するユースカウンシルより、アドホックなモデルが必要だと考えて「若者の声」を始めたと言う。「若者の声」はイベント形式で、毎回25人くらいの若者が来ていた。参加する若者のタイプは様々で、将来政治家になりたいという人もいれば、単にイベントを企画運営したいという人もいた。「若者の声」は居場所としてのスタートを切ったが、議員とのミーティングなど、うまくいった場合もあれば、人が集まらずキャンセルになったイベントもあった。参加者の中に5人ほど、ユースカウンシルに関心が高い若者がいた。しかし、自治体すべての若者の声を集めるには、意欲がある若者が10人は必要であるため、このままであれば、「若者の声」を続ける予定だと言う。

インタビュー時には、多くの若者を巻き込むには至っていないため、職員たちは、すぐにユースカウンシルを設立できるとは思っていない、ということだった。当面はこれまで通り「若者の声」を年に二回開催するか、どのような形がヘルシングアにとって一番よいのか、模索が続けられていた。

「若者の声」がうまくいくのは、若者が強く関心をもつテーマのときだけだという。自治体から来た行政職員は、ユースカウンシルは議員や行政職員の主導ではなく、若い人たち自身から声が上がるべきという理念を語っていた。

若者学校の職員は、学校の生徒会との連携に取り組んでいた。生徒会は学校政策に関するテーマのみを扱い、市全体に関することには関わらないが、組織化の方法や影響力の行使という点で、ユースカウンシルの設置に関しても学べるところが多いと言う。デンマークの生徒会には長い伝統があり、各学校内での活動のみならず、地域の各生徒会が組織化された「生徒会地域連合（Fælles Elevråd）」、さらに全国規模の「全国生徒会（DSE：Dansk Skole Elever）」がある。政治家と直接つながる機会があり、学校政策に提言する力をもっている。

エスニックマイノリティの若者たちの包摂も課題である。例えばデンマーク人の親は地方紙の情報から、子どもたちに自治体の活動を伝えることができるが、デンマーク語に不自由な移民や難民は、そうした情報にアクセスすることも難しい。若いエスニックマイノリティへ「若者の声」を知らせる方法も検討されていた。

また「若者の声」にはギムナジウムからの参加者が多く、職業訓練校の生徒や、ブルーワーカーや職人の若者はほとんどいない。多様な若者たちを巻き込んでいくことも、課題だと言う。

トライアル期間のユースカウンシル

次に、事例②の「試験運用中」として、フレデリクスベアを紹介する。コペンハーゲン首都圏に位置するデンマークで最も地価が高い地域の一つで、市の人口は約10万5000人。若い世代は結婚して子どもをもつようになると、より安く広い家に住むために、フレデリクスベアを離れ郊外に移っていく。1990年代までは高齢化が進んでいたが、高齢者が亡くなっていき、2000年代後半以降は若い世代が移住して若者人口が増加していた。このため自治体は、若い世代の声を聞き、若者を地方民主主義に巻き込む必要を考えるようになったと言う。そこでトライアル期間として、2014~2016年にユースカウンシルが設置された。

ユースカウンシルの担当職員は、自治体により様々である。フレデリクスベアでは行政職員や図書館職員が担当し、法律コンサルタントも関わっている。

ここでは2016年春までユースカウンシルを担当した行政職員と、それを引き継いだ図書館職員、そして法律コンサルタントから話を聞くことができた。行政職員や図書館職員は週15時間程度ユースカウンシルのために勤務時間を使い、レジュメ作成や会議の開催、関連する協働者との連絡などを行う。

名称は、「フレデリクスベアにおけるユースカウンシル（Ungeråd på Frederiksberg）」とされた。行政からのトップダウンではなく若者自身の組織であってほしいという願いのもと、サポートをしている。

設置準備は2012年から始まり、ヘルシングアと同様に高齢者委員会、障がい者委員会や移民統合委員会といった委員会の一つとして、ユースカウンシルを位置づけたいと考えられている。職員は「ユースカウンシルの秘書」という肩書である。この名称は多くのユースカウンシルで使われており、活動の中心は若者で、若者が主体的に行動すること、その声を政策に反映させることが重要だという認識が表れている。ユースカウンシルは独立性を保ち、職員の役割は、あくまでもメンバーが自律して活動することを促すことだと言う。

対象年齢については14~18歳とされているが、実際には14~15歳が中核メンバーである。メンバーたちの意識は高いが、14~15歳で自律的に行動するのは難しく、参加当初は確信をもてない若者が多い。メンバーたちは、参加当初の1年は、会議の進行や議論の仕方、他のメンバーとの関わり方についても試行錯誤だったが、活動を続けるうちに、だんだん慣れてきて、積極的に発言し他のメンバーとも打ち解けるようになった。上述のように、大人がコントロールするのではなく、若者のペースで自律的に運営することが大切だという共通認識が職員間にはあるが、それには時間がかかるため、大人はじっくり待つ姿勢をもちながら、支援する必要があると言う。

ユラン半島のコリング市で働いていた経歴をもつ行政職員は、ユースカウンシルの課題は自治体によって異なると話した。地方の小さな自治体であるコリングとは違って、フレデリクスベアは、多くの文化的活動がある首都コペンハーゲンの隣に位置している。コペンハーゲンに行けば娯楽や新たな人との出会いなどがたくさんあるため、フレデリクスベアならではの、若者を突き動かす何かをアピールすることが求められる。また、コペンハーゲンがあるシェラン島の北部に位置する富裕層が多い地域であるゲントフテでも、ユースカウンシル設置の動きがあった。結局は頓挫したが、代わりに1~3カ月程度の短期プロジェクトを実施し、成功したという話もあった。

なおコペンハーゲンから西へ市電で15分ほどの場所に位置するヴィドロウでも、議会型のユースカウンシルを設置する動きがあったが失敗し、短期型プロジェクトを検討している（Hvidovre Avisen 2015/5/25）と言う。

メンバーリクルートの難しさについても行政職員から話を聞いた。職員はユースカウンシルの試験的設置にあたり、NAUの支援を経て、メンバーをリクルートする過程を学んだと言う。ユースカウンシルのメンバーは定員11人。1人欠ければ1人補充されるが、入れ替わりも多い。メンバーを募集するときには、ユースカウンシルに関心のある若者を国民学校や高校から集め、そこでメンバー候補をピックアップする。メンバー選出の選挙の際には、ユースカウンシルの組織や活動、メンバー、そして活動の動機を紹介するビデオを制作した。そして学校に出向いてユースカウンシルについて説明し、ビデオを披露し、メンバー候補者に投票する選挙を実施した。しかし、フレデリクスベアのユースカウンシルの対象年齢に当たる5100人の若者に投票権があったものの、投票率はたった5％だった。いかに若者を巻き込むのが難しいか実感したという。

ユースカウンシルのほかにも余暇活動に参加しているメンバーが多く、時間に追われている上に、興味の対象が移ろいやすい。さらに、エフタスコーレや海外留学などで地域を離れる場合や、保護者の転居などもあるため、メンバーが5〜6人に減ったときもあったという。メンバーのリクルートは恒常的な課題になっている。

民主主義を実践しながら学ぶ～ユースカフェと「若者版国民の会議」

ユースカウンシルの活動はチームワークである。メンバーの個性も背景も様々で、お互いの存在を受け入れるのにも時間がかかる。活動当初は、会議で「あなたはどう思う?」と職員が聞くなど介入が必要だったが、徐々に、若者だけで議論ができるようになっていったと言う。

行政職員の後を引き継いだ図書館職員は、以下のように述べている。

「次の職員として指名されて、引き継ぎをしました。4月からユースカウンシルのミーティングに出て、とても感銘を受けました。メンバーはもっと静かで守りに入っているかと思ったのですが、とても鋭く自分たちの状況を考えているし、民主的なプロセスについて多くを知っています。とても驚きましたね」

メンバーは自治体との協働をはじめ、様々なレベルのマネージメントを経験し、民主主義を学んでいる、と図書館職員は考えている。自治体に提出する書面も、メンバー自身の言葉で書くように促しているが、提出期限を守るといったルールについては、大人がメンバーを導くことも必要である。そして何よりも、市民は「声」をもっており、それは与えられている権利であること、それを使うことを許されているという「一般的なデンマークの考え方」を常に伝えていくことが大事だという。

インタビュー時、ユースカウンシルのメンバーは10人で、エスニックマイノリティの子どもたちもいた。また富裕層の家庭の若者とそうでない若者もおり、様々なグループの若者が混在していると言える。ただ、フレデリクスベアは文化資本が高い地域であるため、全体として、両親の文化資本も高い傾向が見られる。

エスニックマイノリティの包摂に関しては、欧州のいたるところで対立や葛藤が見られるが、フレデリクスベアでは、エスニックマイノリティとそれ以外のメンバーの対立は、今のところ見られないという。例えばランチを注文するようなときには、ムスリムのメンバーのために豚肉が入っていないメニューを用意するといった配慮は必要だが、メンバーが取り立ててそれを気にすることはなく、たいていは全員がチキンを注文する、といった流れになるという。

フレデリクスベアでは、2015年からの大きなプロジェクトが二つ計画されていた。一つはユースカフェである。ユースカフェは以前からフレデリクスベアにあるが、基本的に特定のアソシエーションと関係があり、メンバーだけが参加できるようになっている。インタビュー時に計画中だったユースカフェは若者から出てきたアイデアで、リラックスした雰囲気でコーヒーを飲んだりゲームをしたり、スポーツクラブにも所属しないような、孤立した若者が来られるような場所を目指していた。若者のメンタルヘルスへの配慮と若者の孤立を防ぐことが目的とされ、各学校や教育機関の若者が放課後に集まり、様々な活動ができる場として、またコーヒーやお茶を飲んで過ごせる居場所として提案された。活動はボランティアがベースで、ボランティアの育成に当たっては、若者赤十字と協働し、またカフェの設置場所についても自治体と対話を重ねた。

ユースカフェはユースカウンシルにとって優先順位の高いプロジェクトであり、ほとんど実現間近であった。しかし2015年の難民危機で、デンマークはシリアからの難民を多く受け入れることになり、フレデリクスベアも受け入れ地域になったため、結局予算は難民への住宅対策に使われることになった。

プロジェクトの二つめは、「若者版国民の会議（Ungodommens Folkemøde）」である（２０１６年9月開催）。デンマークでは毎年6月半ば、ボーンホルム島で「国民の会議（Folkemøde）」が開催される。これは若者にとって政治家と話す貴重な機会であるが、この時期、大半の若者は試験の時期で参加が難しい。またボーンホルムはバルト海上の島なので交通費や宿泊費の負担も大きい。これらの点で「国民の会議」は「誰でも参加できる」とされながら、若者が排除されていた。そこで計画されたのが、「若者版国民の会議」であった。２０００人の参加者を想定し、多数のアクティビティやワークショップ、議論などが企画された。高校教員に情報を提供する会議では、ユースカウンシルの代表が、市長と教員の前でウェルカムスピーチをする企画もあると言う。

ユースカウンシルの試験運用は２０１４〜２０１６年で設定されており、その間の予算は年間20万クローネである（２０２２年現在1クローネは約19円）。その後継続するかは期間終了時に決定予定である。[7] 予算のうち6万クローネは職員の給料に支払われ、初年度は10万クローネがメンバーの選挙に使われた。

図書館員と法律コンサルタントの関わり

高齢者委員会や移民委員会、障がい者委員会など他の委員会は、市庁舎を拠点として組織化されるが、ユースカウンシルは例外で、図書館と協働で組織される。図書館は長年、若者と民主主義に焦点を当てて、若者の教育と支援について考えてきた。また図書館は市庁舎よりもリラック

フレデリクスベア図書館の外観。

スした雰囲気で、若者にとってより来やすい場所でもある。ユースカウンシルの職員を図書館職員が引き継いだのも、日ごろから若者と接しているという背景がある。月に一回のミーティングでは、職員は議題を設定しレジュメを作成し、ミーティングにも参加する。メンバー自身でもミーティングを組織し、次のミーティングや行事のために、ユースカフェ、コンサートの開催などテーマごとにワーキンググループを形成する。地方自治体と対話する機会は年に一回で、次回は文化部門の部長と、予算や活動内容などを話し合う予定である。その後、市長と他部門のすべての部長と会うことが決まっている。

ユースカウンシルは、市が雇用する法律コンサルタントから法的な支援を得ている。ユースカウンシルに法律コンサルタントが関わっていることは前述したが、これは、ユースカウンシルが政治的に承認された委員会であることを示すと同時に、若者たちが確実にルールを遵守できるようにするためである。

例えば会議録を公開する前には法律コンサルタントに提出し、「ここは再度強調するべき」「別の言葉を使うべき」「日付が間違っています」などのリーガルサポートを受ける。これは、図書館職員ではカバーできない点であり、若者のカウンセラー的存在を担っているとも言える。リーガルサポートからの学びは多く、とても役立っているそうだ。

なお法律コンサルタントは、高齢者委員会などすべての委員会にも関わっている。専門家による正式な文書作成のサポートは、市民が政策への影響力を行使する際に重要な役割を果たしていると思われる。

ユースカウンシルと「政治」

フレデリクスベアのユースカウンシルも、ヘルシングアと同様に特定のイデオロギーや政党とは無関係という点では、政治的ではない。しかし、若者政策への影響力を行使する団体という点においては、政治的だと言える。職員らは、「ユースカウンシルは政治ディベートクラブではないし、単なる娯楽のための居場所でもない」と言う。ピザを食べながらただ座ってしゃべるような場に、若者は定着しないそうだ。ユースカウンシルが目指しているのは、地方自治体との対話により、地域の若者政策に影響力をもつことである。メンバーはピザやサンドイッチを一緒に食べて談笑する機会もあるのだが、そうした日常と、政策決定への参加を接続するような活動が求められていると言う。ユースカウンシルの活動は、政治的な活動と文化的な活動の中間を目指していると言える。

フレデリクスベアでは今後の方向性として、高齢者委員会や生徒会との協働に関心をもっていた。ユースカウンシルのメンバーの数名は生徒会にも属しており、生徒会と連絡を取っていると言う。

3 若者の声でできたユースカウンシル

設置準備から定期的な活動まで

本項では事例③「若者の声でできたケース」として、ハザスリウのユースカウンシルを取り上げる。ハザスリウは、ユラン半島の南、ドイツとの国境から40キロほどの場所にある、海岸に面した人口5万6000人ほどの自治体である。

ハザスリウでは、ユースカウンシルの創立時からのメンバーで、代表を務める19歳の若者と、行政職員から話を聞くことができた。代表の若者がユースカウンシルに興味をもつようになったのは、学校の生徒会にいたことがきっかけだった。最初は地域で生徒会のメンバーを集めたいと思っていたそうだ。14歳のときからユースカウンシルに参加し、現在はNAUの代表も務めている。

2010年後半から設置の準備が始まり、2011年9月、公式に設置された。数人の若者がユースカウンシルの設立を望み、政治家からも若者の意見を聞きたいという希望があった。ハザスリウの地方議会議員の平均年齢は50代であり、若者や若者の生活について質問できる組織が欲しいと考えていたそうだ。

設立時はなかなか人が集まらず、5、6人でスタートした。メンバーが少人数だったため当初の活動は不定期だったが、その後20人弱を維持し、定期的に活動できるようになった。定員数は25人だが、インタビュー当時も定員を満たすことはなく、希望すればメンバーになることができるという話だった。

代表の若者は5年以上活動しているが、多くのメンバーは1〜2年の活動で、彼は稀な例である。高校1、2年生でユースカウンシルのメンバーになった場合、進学などでオーフスやコペンハーゲンのような都市へ移住するためだと言う。また10代のメンバーはエフタスコーレ[8]に行くこともあり、引っ越しが必要なこともある。高校やエフタスコーレを終え、ハザスリウに戻ってきたときに、ユースカウンシルに復帰する若者もいるが、別の活動に関心をもち、戻ってこない若者もいる。

インタビュー時は、自治体の大きなイベントであるフェスティバルを終えたところだった。フェスティバルへの参加はユースカウンシルの重要な活動の一つであり、コンサートを行うことが多い。

イベントを行うときには、ボランティアを募集する。DUFやNAUがボランティアの活用についても講座を開設しており、多くのユースカウンシルがその講座を利用している。しかし、ボランティアを集めることは容易ではない。コンサートなどの場合にはすぐに集まるが、地方議会選挙候補者のディベートなどでは、ボランティアを集めるのが難しいそうだ。

定例ミーティングは月に一度で、一年のスケジュールは年度の初めにはある程度決定される。その他、各イベントの計画や実施、事後の振り返り、あるいは市議会への政策提言について相談するミーティングもある。大きな決定はユースカウンシル全体のミーティングで、その他は小さなワーキンググループで行う。少なくとも年に四回は、若者全般を対象とする活動を計画するが、選挙の年にはイベントが増え、選挙のない年には減ることもある。イベントのテーマも選挙の年には政治に関わるものが多く、選挙のない年にはコンサートなど文化イベントが多いと言う。また政治イベントでは、政治的関心の高い若者たちのネットワークをもつ政党青年部の人たちも巻き込んで、企画を進めるそうだ。

14歳から長年活動してきた代表のモチベーションを支えたのは、大きなプロジェクトの成功、そして何かを実現したという個人的な達成感である。多くの時間を費やし、金銭的な対価はないが、ユースカウンシルのメンバーになることで確実に多くのことを学ぶことができると言う。また彼自身、政治への関心が高く、そのためユースカウンシルの活動はとてもエキサイティングだと言う。

生徒会とユースカウンシル

度々ふれてきたように、ユースカウンシルと生徒会の活動は重なる部分がある。生徒会は学校の環境や授業、放課後の活動について議論し、ユースカウンシルは自治体における子ども・若者に関する幅広い政策について議論する。ユースカウンシルは教育についても市に提言するが、初等・前期中等教育の国民学校（Folkeskole）にのみ提言し、高校については提言しない。なぜなら自治体が管轄するのは初等・前期中等教育のみで、高校を管轄するのはレギオン[9]だからである。高校と協働をするいくつかのプロジェクトもあるが、高校に対しては、ユースカウンシルが大きな影響力をもつわけではないという。

生徒会もユースカウンシルも初等・前期中等教育政策に影響力をもつことになるが、生徒会は学校内の活動のみが対象であるため、校外の活動も含めたより広い領域を扱うユースカウンシルとの協働は、生徒会にとっても意義があるという話だった。

代表の若者は、「若いときに政治に関心がなければ、年をとっても政治に関心がない可能性もある」と言う。だからこそ、政治は日常生活に影響があるし、若者が想定しているよりも面白いことを示すことが、ユースカウンシルの仕事だと考えている。

特に選挙の前には、普段よりも多くの若者が政治に関心を寄せるため、様々な活動を実施すると言う。政治に関心がある若者の比率は全体の10％を切ると代表の若者は見ているが、それでも関心を喚起するには十分な人数だという。

２０１５年の国政選挙の前には、政治をより面白いものにしようと、「プロパガンダ」というタイトルでイベントを行った。若者が選んだテーマで、議員たちが公開でディベートを行うという内容である。目的は投票率の向上だが、まず若者の興味を惹くことが必要となる。大事な点は、若者を活動に参加させることだと言う。

議員たちは長く話しすぎる傾向があり、そうすると若者が退屈するので、ディベートは短時間で行う工夫をした。時間が限られていれば、若者が興味をもつテーマに議論が絞られ、より中身が濃くなるという狙いもあった。ディベートの後には、地域のバンドによる演奏を企画した。

多くの若者は、政治の話よりもバンド演奏やパーティに関心をもっている。でも政治の話が社会的なことにつながることがわかれば、受け止め方も変わると言う。ディベートの後は、若者がイニシアティブをとって、ステージで政治家と対話する時間を設けた。このように、政治家のディベートとコンサートを抱き合わせるスタイルは、他の自治体でも実施されており、選挙に興味がない若者を巻き込む工夫の一つだと言う。

大人の支援と政策提言

ハザスリウには現在、ユースハウスはないが、活動場所の確保は少しずつしやすくなっていると言う。以前は毎回、ミーティングの場所を自分たちで探して予約していたが、今は地方議員がいくつかの部屋をカルチャーハウス[10]に確保してくれるようになり、今後二年間は毎回予約せずに利用できるようになった。ユースカウンシルとして、若者の居場所となるユースハウスの設置を希望している。

ユースカウンシルは政治家と頻繁に連絡をとっているが、特にスポーツやフェスティバルなどの予算を担当する文化と余暇委員会とは、密に連絡をとると言う。市議会も、若者政策について検討するときには、ユースカウンシルにヒアリングをする。

ユースカウンシルからの提案は、すべてではないが実現したものもある。例えば、いくつかの国民学校が閉鎖され、通学時間や余暇活動施設への移動時間が長くなった生徒たちがいた。ユースカウンシルは、以前より不便になった国民学校の生徒がバスに無料で乗れるように提言し、実現した。この例は初等・前期中等学校に通う子どものための提言だが、大半は10代後半以降の若者のプロジェクト企画だと言う。

事務作業を支援するのは、自治体のスポーツ・文化部門で働く2人の職員である。「秘書」の肩書きで事務を手伝う職員からは行政とのやりとりなどについて、もう一人の職員からは、財政についてアドバイスを受ける。

自治体の予算配分は近年拡大し、２０１１年の5万クローネから、２０１５年には9万５０００クローネになった。今後は、さらに5万クローネが配分される予定だということだった。

今後の活動としてはユースカウンシルが国民学校に出向き、ゲームやコンテスト形式を用いて、政治や民主主義についておもしろく教えるプログラムが検討されていた。これは初めての試みだが、自治体の初等・中等教育部門担当者に相談したところ、これまで聞いたことがない試みだ、とても興味を持たれた。学校の許可も得ており、時期について学校と調整予定ということだった。[11] 代表の若者は、大学進学後はユースカウンシルを離れる予定で、次の世代への引き継ぎも必要だ。メンバーの世代交代がうまくいくかどうかは各地のユースカウンシルに共通する課題である。

4　正式な議会と居場所の組み合わせ

バックグラウンドグループとコンタクトパーソン

本項では④「議会型と居場所型の折衷」の事例を取り上げる。オーフスのユースカウンシルは、デンマークで最も組織化、正式化された議会型のケースである。対象年齢は他の自治体よりも若く、「子ども・若者議会（Børn og Ungebyråd）」という名称を使い、実際、明確に議会型を採用しているので、本項でもこの名称を用いる。

オーフスはユラン半島に位置し、人口は約33万人、首都コペンハーゲンに次ぐデンマーク第二の都市である。子どもの権利条約を受けて子ども・若者のための議会を設置した最初の自治体である。1997年4月から1998年8月まで「子ども議会」が試験的に設置され、2000年には今日の「子ども・若者議会」の前身が形成された。

オーフスでは、学生非常勤職員、行政職員、コンタクトパーソン（非常勤職員で学生の場合が多い。後述）にインタビューを行った。以下の内容は、このときのインタビューに基づく。

オーフスの「子ども・若者議会」は、他のユースカウンシルとは全く異なる構造をもつ。メンバーはオーフス市を北地区、南地区、西地区、移民地区（ゲレロップ[12]）の四つに分割した地域から、選挙で定数（1〜2名）が選出される。立候補者は、定員の2倍は集まるという。

その前の段階として、デンマークの学校の新年度が始まる8月下旬に、各地域のコンタクトパーソンがすべての国民学校を回り、希望者を募って「バックグラウンドグループ」を形成する。バックグラウンドグループとは、各地域ごとにある「子ども・若者議会」の下位組織で、「子ども・若者議会」のメンバーになる候補者を出したり、地域からの意見を募るほか、居場所としての役割もある。国民学校は各地区に10校以上あり（なおオーフスの国民学校は50校以上ある）、バックグラウンドグループの人数は15～20人ほど、コンタクトパーソンはグループに2～3人いる。「子ども・若者議会」とバックグラウンドグループの関係を示したのが図表3－3である。

各地域のバックグラウンドグループは、月に1～3回ほどミーティングを開催する。出席は義務ではなく、来たいときに来ればよい。ただ友達に会うために来る若者もいる。選挙への立候補者を出すために、9月には各地区のバックグラウンドグループが組織され、活動が始まる。10月に各地域の国民学校で投票が行われ、「子ども・若者議会」のメンバーが決定する。メンバーの任期は、10月から夏休み前の5月までで、月に一回のペースで定期的に、市庁舎の議場で本物の地方議会と同じ形態で会議が開催される。またこの間、地方議員とメンバーが参加し数名のグループごとに話し合う「ダイアローグミーティング」という会も複数回開催される。

バックグラウンドグループの役割～消極的な子ども・若者の包摂

バックグラウンドグループは、「子ども・若者議会」での議論を持ち帰り、その内容を理解し話し合う場であると同時に、子ども・若者の視点から議題をあげる場でもある。

議会への関心を高めるため、コンタクトパーソンは折に触れて、民主主義についてメンバーに

図表3-3　メンバーと組織の構造

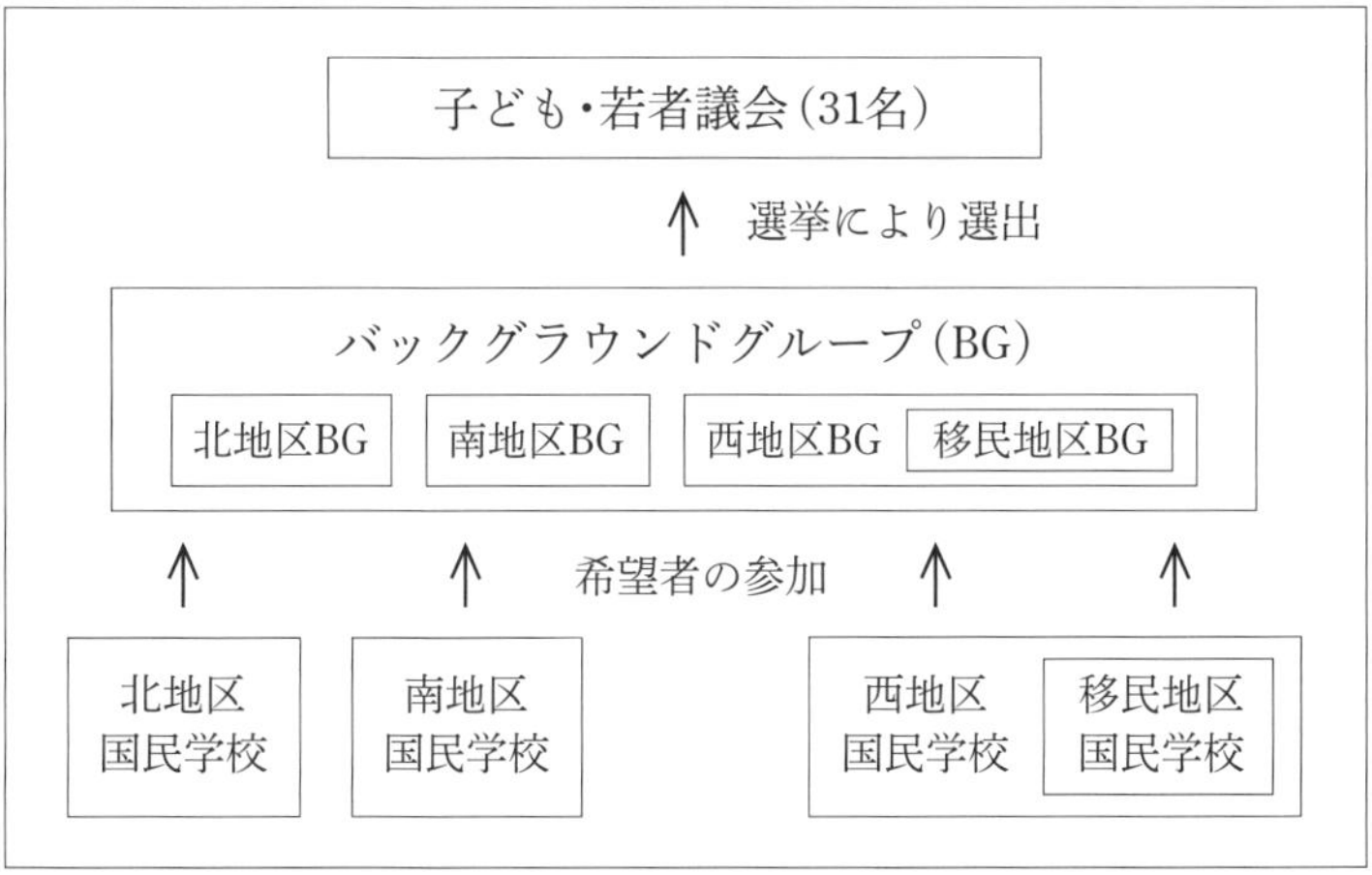

出典：2018年2月のインタビューに基づき筆者作成。

オーフス市庁舎の議場で行われる「子ども・若者議会の様子」（筆者撮影）。

説明する機会をつくり、選挙に立候補するメンバーを募る。コンタクトパーソンが各学校で説明会を開き、参加希望者リストを作ると、そのリストを基に、メッセンジャーやフェイスブック上でミーティングの日時や連絡事項を流す。10月の「子ども・若者議会」の選挙までの期間は、小旅行やパーティを企画して親睦を深める。

前述のようにユースカウンシルへの移民の包摂は、どこでも課題である。国民学校が一校しかないオーフスの移民地区は、バックグラウンドグループへの参加が可能な年齢層の母集団が他の地区より小さいにもかかわらず、メンバーは15人と他の地区並みである。関心が高い理由として、放課後に行き場のない移民地区の子ども・若者にとって、バックグラウンドグループが居心地の良い場になっているのではないか、と同地区のコンタクトパーソンは捉えている。集う場所は若者学校（各自治体に設置されており、学習支援や余暇活動など、様々な活動を行っている）の敷地にある建物の一角で、職員のオフィスの隣に位置する。静かで、窓の外には緑が広がり、筆者が訪ねたときは室内のテーブルに温かい飲み物やフルーツ、お菓子が置かれ、長居をしたくなるような雰囲気だった。

なお各地区のミーティング場所は様々である。前述のように若者学校の一室を使用するほか、誰でも自由に利用できるオープンスペースをもつ地区もある。ユースカルチャーハウスを使用する西地区は、ビリヤードやスタジオ、キッチン、ミーティングスペースなどを備え、若者が自由に出入りし、くつろぐことができる場所であるため、初めての人も気軽に訪問しやすいと言う。

選挙で選ばれる「子ども・若者議会」のメンバーの多くは資質と積極性にあふれ、ボランティ

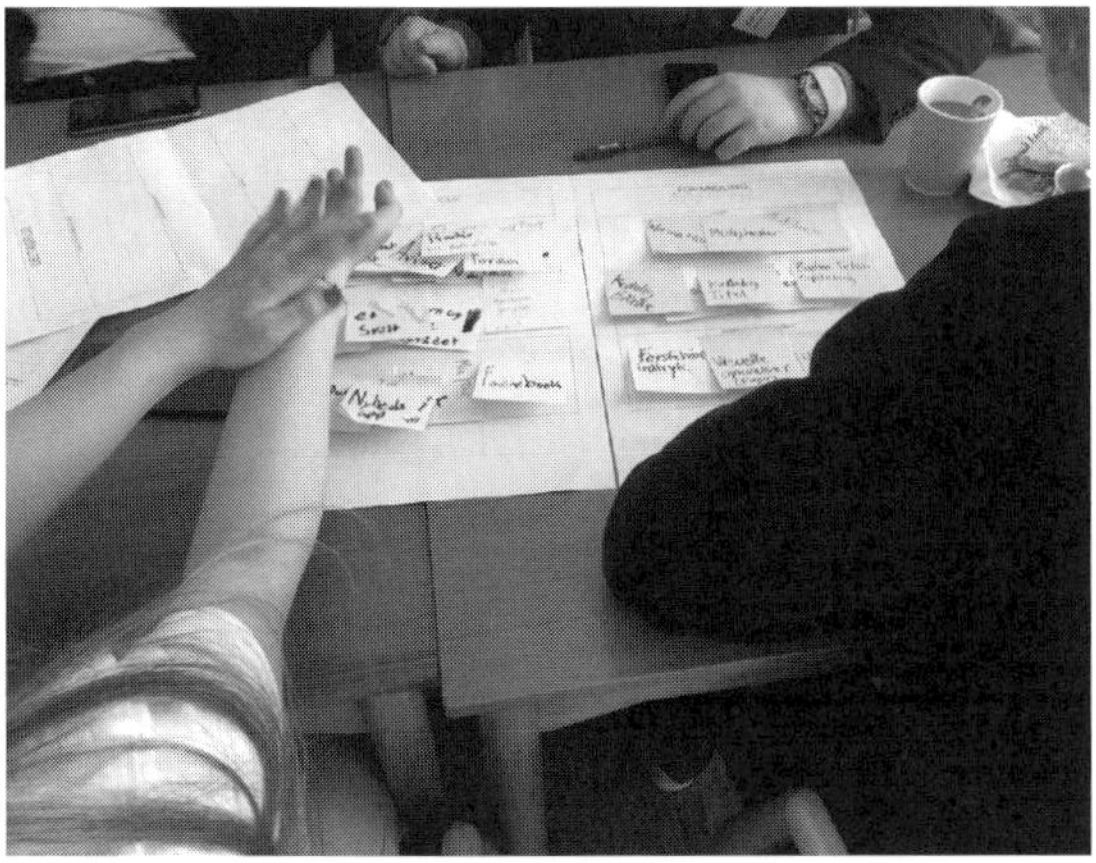

オーフスの「子ども・若者議会」はワークショップも行う（筆者撮影）。

アや生徒会で活発に活動し、友達が多い。政治に関心が高く、政治家になることも見据えている傾向がある。
一方、バックグラウンドグループに集まってくるメンバーは多様である。熱心に毎回参加する人もいれば、3カ月ぶりに来る人、途中で来なくなる人、あるいは一度だけ参加した後はメッセンジャーによる連絡を受け取るだけの人もいて、コンタクトパーソンも恒常的なメンバー以外は、把握しきれていないと言う。そもそも出席が一切管理されず、来なくても問題視されない。こうした参加形態は、いい加減で不安定に見えるかもしれないが、内気でなかなか足を運べないという人や、普段はメーリングリストを読むだけだが、一度は行ってみたいと考えている人にも、参加の扉が開かれている。つまりバックグラウンドグループは、学校や余暇活動で能力を発揮するタイプではない、消極的な子ども・若者も包摂する場なのである。

コンタクトパーソンによる支援

コンタクトパーソンは自治体の余暇・青年学校部門が雇用する。採用される人は、自治体としては学歴や資格を問わず民主主義や政治に関心があり、子どもや若者との関係を構築できる人柄を重視するというが、実際には教育学や政治学を専攻しているか、子どもの指導経験のある大学生や大学院生が多い。北地区・南地区・西地区では、学生をコンタクトパーソンとして雇用している。学生たちは、子ども・若者にとって保護者でも教員でもない、少し年上の支援者という役割を担う。

一方移民地区では、学生ではなく若者学校に所属する職員がコンタクトパーソンとなっている。移民地区に住むのはほとんどが移民・難民である。紛争のトラウマを抱える保護者や失業中の保護者が多く、子どもたちは全体的に学力が低い。こうした事情を踏まえて、移民地区のコンタクトパーソンには、学生ではなく社会事情や移民文化に詳しい職員を配置するという、他の地区とは異なる配慮がされている。移民地区の職員二人のうち一人はジャーナリストの経歴をもち、移民・難民問題や社会問題の知見が豊富である。もう一人は、大学でアラビア文化を専攻したという経歴をもつ。

コンタクトパーソンは、ミーティングの時間と場所のリマインダーをメッセンジャーで流し、飲み物や食べ物を用意し、ミーティング環境を整える。「子ども・若者議会」で議論された議題を共有し、理解が困難な議題についてはコンタクトパーソンが解説し、必要に応じて国政についても解説する。また「子ども・若者議会」が企画する旅行などのイベントの際には、チケットの取り方、旅行の手段、予算の配分などについて助言し、作業や手続きが滞る場合には次の行動を根気強く促し、実現まで導くこともあると言う。コンタクトパーソンは他地域のユースカウンシルの職員同様、子どもと若者の意思決定を支援する「秘書」と位置付けられると同時に、会議に一緒に参加し、ときには子どもたちに集中を促し、議題の理解を助け、メンバーが協働する際のファシリテーターとなるなど、大きな教育的役割を果たしている。

「子ども・若者議会」を担当する行政職員によれば、子どもにとって窮屈とも言える議会型でもうまくいっているのは、バックグラウンドグループの教育的役割のおかげである。若者は結果を欲しがるが、立場の違う人たちと対話し、協働で何かを決定するには時間と手間がかかることを教えるのも、バックグラウンドグループの役割だと言う。政策の実現までの過程を学ぶのが、民主主義の学習だという考えが根底にある。

オーフスの実践は、バックグラウンドグループの存在と、それを支援する年齢の近いコンタクトパーソンにより、幅広い層の若者を巻き込むことに成功している例である。こうした仕組みがあるからこそ、多くの若者にとってハードルが高く感じられ、過去に多くのユースカウンシルが挫折してきた「子ども・若者議会」の選挙に多数の候補者が集まり、機能しているのである（原田 2022）。

5　日常生活の中にある政治参加

30年続くユースカウンシル

最後に取り上げるのは、事例⑤の「最古のケース」に当たるバレロップのユースカウンシルである。バレロップはコペンハーゲン郊外にある、1960年代に形成された人口約4万8000人の平均的なニュータウンである。

1980年代以降、デンマークの自治体は、ユースカウンシルを設置しては頓挫することを繰り返しながら、若者の意見聴取と意思決定の在り方を模索してきた。これは他国、例えば英国や米国でも同様である。しかし、少数だが長年にわたり続いているユースカウンシルがある。本項で紹介するバレロップのほかに、ユラン半島にあるヴィボーのユースカウンシルも80年代から活動している。

バレロップのユースカウンシルは1985年に設置された。メンバーの定員は17人で、対象年齢は15～25歳である。バレロップ・ユースカウンシルでは、職員、地方議員、メンバーにインタビューを行った。

職員は40代の男性で、1990年代から専従で勤めている。これまで見てきた通り、多くのユースカウンシルでは非常勤として図書館司書や学生、あるいは行政職員が週10時間程度勤務しており、彼のように長期間、専従で働く職員がいるユースカウンシルは極めて少ない。この職員には、

２０１５年と２０１７年に２回インタビューすることができた。職員が勤続した期間には、メンバーが減少した停滞期もあったが、この10年はボランティアも常に多く参加し、活発に若者が活動しているという。

メンバーの選出に当たっては、設立から最初の10年は投票を行っていたが、この職員が採用されてからは選挙をやめ、２年に一度、メンバーを募っている。選挙は人気投票になりがちで、友達がたくさんいる人に票が集まり、内気だったり友達が少ない人には票が集まらないことが理由であった。選挙をやめてからは、以下の五つの条件を考慮して、メンバーを決定するようになった。

① 自治体内の様々な若者13人（在籍年数、ジェンダー、年齢、居住地域を配慮）
② 政党青年部のメンバー１人
③ 生徒会地域連合のメンバー１人
④ アソシエーションの代表１人
⑤ スポーツクラブのメンバー１人

インタビュー時の話では、希望者は定員17人のところ、40人ほどが集まる。意思決定機関のメンバーは17人だが、メンバー以外の若者もミーティングや活動に参加できる。25人程度が中心的に活動しており、平均年齢は19～20歳である。

２０１７年のインタビュー時、メンバーの男女比は半々であった。エスニックマイノリティは

2人で、パキスタンと旧ユーゴスラビアをルーツとする若者が各1名だった。15～16歳で参加して2～3年間在籍し、大学進学と共に離れていくメンバーが多いが、10年近く在籍する若者もいる。

地方議員と職員の支援

1985年の設置当時の市長は進歩的で、地方自治体は若者の声を聞き、その意思決定を尊重すべきであり、若者は自分自身の生活に影響力をもつべきであると考えていた。バレロップでは他の地域と同様に多数のアソシエーションがあり、7割以上の若者がスポーツクラブに所属している。市内のすべてのスポーツクラブを統括する担当部署の職員も、ただスポーツをするだけではなく、もっと若者の声を聞き、若者に決定権をもたせるべきだと考えていた。同様の声は地方議員からも上がったが、すべての地方議員がユースカウンシルに理解を示したわけではなかった。ユースカウンシル設置から10年経った1990年代中頃、地方議会の議員の数名が、ユースカウンシルが大人の指示に従わず、地方議会のように活動しないことに不満を訴えるようになった。こうした議員たちはユースカウンシルの閉鎖を主張した。

バレロップで35年、継続して地方議員を務めてきた男性は当時の状況を振り返り、「私は、若者は地方議員とは異なる存在であり、若者自身であればいい、なぜユースカウンシルを地方議会と同じにしなければならないのか、と反論し、継続を支援しました」と語った。

この議員は、若者の意識は関心をもったと思ったら突然興味を失うなど、流動的であることをよく認知していた。若者のライフステージでは新しいことが常に起こり、10～20代の生活は「2

年活動したら勉強に専念したい」「進学や就職で引っ越すことになった」「家族をもちたい」といった変化が多い。誰がそのときのメンバーかによってもユースカウンシルの活動は左右される。さらに、今50〜60代の議員が若かったころに比べ、現代の若者は雇用が流動的でライフコースも複雑化しており、不安定な身分で将来の見通しが予測しにくい。この議員は、こうした背景をふまえながら、若者を見守り励ますこと、若者のことをわかっているのは若者自身なのだから、「君たち当事者の意見が必要だ」と大人が言い続けることが大切だと考えていた。

前述のように多くの自治体は、ユースカウンシルを高齢者委員会のような組織にしたいと考えてきたが、実際にはそうならない理由がここにある。若者の生活は高齢者より変化が激しく、そのことに大人は意識的でなければならない、とこの議員は語る。

バレロップのユースカウンシルはこうした揺らぎを経て、ゆるやかに地方自治体と連携をとりながら、コンサートなどのイベントや、地方議会選挙候補者によるディベートなど多様な活動を展開するようになった（原田 2022）。

継続の理由

居場所となるユースハウスがあることも、バレロップのユースカウンシルが40年近く活動を続けられた理由の一つである。

ユースハウスを希望するユースカウンシルは多いが、居場所をつくっても飲酒や喧嘩などで建物を破壊するなどトラブルが多く、二の足を踏む自治体が少なくない。しかし、バレロップでは若者たちでルールを設定し、トラブルなく運営している。バレロップに住む若者なら、ユースカウンシルのメンバーに限らず誰でも利用でき、利用者は毎日25人ほどである。市内の様々な地域の若者が利用するという。ユースハウスの管理や運営は、ユースカウンシルには所属しない若者たちが行っている。スタジオやコンピュータールーム、工房、談話するスペースがあり、ただコンピューターゲームで遊ぶため、映画を見るために来る若者が多く、リラックスして時間や空間を共有できる場になっている。若者主導で運営され、市内のどんな若者にも開放されたユースハウスの存在が、ユースカウンシル継続を支えていると言える。

長期継続の理由として、大人による支援の在り方も注目される。職員によれば、バレロップのユースカウンシルは「できるよ！」というスローガンを掲げ、大人は頭ごなしに「ノー」とは言わない、というポリシーを一貫してもっている。ときには実現が難しいアイデアを若者がもってくることもあるが、まずはやってみようと背中を押すと言う。若者にとって、意欲的なアイデアを出したときに、「あなたはそれができますよ」と言ってもらうことはとても大切である。若者が主体的に、継続してユースカウンシルの活動に取り組むためには、大人が「もちろんできるよ！」と励まし続けることが必要なのだ。これは前述の地方議員と同様の立場である。

ユースカウンシルで何かを企画するときには、プロジェクトごとに様々なメンバーがリーダーになる。若者それぞれが、「これは私が得意な分野であり、今回私がやります」という形でリーダーシップをとり、それが個々のプロジェクトを動かす力になる。

なお引き受ける若者がいない役割が生じた場合は、職員がそれを引き受け、プロジェクトの活動へと導くこともあると言う。

バレロップのユースカウンシルは「成功事例」として国内外のユースカウンシルから、その秘訣を尋ねられると言う。その際に職員は、「若者に責任をもたせること」「若者を信じ、若者の声を聞くこと」を助言する。大人から見ておかしいと思うようなアイデアが、最も良いアイデアの場合もある。だから、職員は若者のアイデアに対して、別な方法を見つけることはあっても、否定はせず、決してできないとは言わないと言う。

しかし、若者の意見をただ聞くだけでいいということでもない。目の前に財源があると、若者はだいたい「パーティをしたい」と言うが、パーティばかりでもユースカウンシルは長続きしない、と職員は話す。

地方自治体の若者部門では、公園の建設時などに若者からのアイデアを求めており、若者もそういったことに実は関心がある。もちろんパーティ、コンサートは若者にとって不可欠であるものの、真剣な活動があることもユースカウンシルの継続にとっては重要なのである。

また、若者と地方自治体が意見交換できる仕組みがあることも継続の理由である。

まず、年に二回、地方自治体とのフォーマルな会議がある。自治体の文化・余暇部門とユースカウンシルが互いに現状を報告し合う。加えて年に一度、市庁舎で、市長や政治家と気軽に話せる食事会がある。その他、インフォーマルな仕組みとして、行政職員と個別にやりとりをする方法がある。例えばあるプロジェクトを企画して実施するときに、該当する行政部門に連絡を取り、当該部門の職員がユースハウスに出向き、ユースカウンシルのプロジェクト担当者が主導して職員と協働する。プロジェクトは年に複数あるので、ユースカウンシルと地方自治体が頻繁にやりとりすることになる。

このときの話し合いの際には、職員がユースハウスを訪れる。議場ではなく、若者のホームであるユースハウスで話し合いがなされることで、若者は、大人に臆することなく対等な目線で意見を言うことができる。

市長や政治家との食事会は、高齢者委員会や移民委員会の人たちと共に招かれる。リラックスして市長や政治家と雑談できるこの食事会は若者たちに人気で、政治家も若者の間で起きていることや地域の課題などについて、真剣に耳を傾ける。一緒に食事をすることで互いの信頼関係が生まれ、政治家は若者の本音を知ることができ、若者は政治家に大きな敬意を払うようになると言う。

14歳からユースカウンシルの活動に参加している現在19歳の男性は、参加の動機について「人を助けるのが好きだし、政治に関心があるから」と話す。政党青年部にも所属しているが、ユースカウンシルは政党青年部と違い、特定のイデオロギーの視点に立たず中立的である点、イデオロギーに関係なく地域課題を見出し解決することに焦点を当てている点が気に入っている。生徒会にも所属していたが、ユースカウンシルではプロジェクトマネージメントやボランティアの活用方法を学ぶことができるため、生徒会とは異なる楽しさがあるという。

バレロップのユースカウンシルは、メンバーの多様性に配慮していることに加えて、メンバーではないがミーティングに参加する人、イベントを手伝うボランティアとしてのみ参加する人など、様々な動機で若者が参加している。イベントボランティアには、政治的な関心をもつ人だけではなく、人を助けたい、新しいことをしたい、リーダーシップやプロジェクトマネージメントを学びたい、といった様々な目的をもった若者が集まってくる。「若者は若者自身であればいい」という理念をもつ専従職員と議員、地域の若者なら誰でも共有できるユースハウスという拠点をもち、これまで述べた仕組みのもとで経験を積み重ねてきたことが、多様な若者を包摂する土壌を育んでいると言えよう。

若者を市民に育てる

各地のユースカウンシルに共通しているのは、「若者の政治参加」は「若者が主体」であり、「日常生活での対話」を基礎とする視点である。

しかし既述の通り、地域の規模、人口構成、地域課題によりその在り方は様々で、統一した基準で運営することは難しい。そのため各地方自治体はそれぞれのやり方で、若者のライフコースを考慮し、若者の声を聞いて政策に反映する仕組みを模索してきた。例えばオーフスの方法は大都市に適しており、バレロップやハザスリウのような小さな自治体には適用できない。また短期のプロジェクトの方がうまくいく場合もある。

国や地域を担う人材を育てたい、進学・就職で大都市に出た若者に戻ってきてほしい、という願いは、日本と同じく、デンマークでも切実である。各地域で話を聞いた人々は、どうしたら若者が地方自治に関心をもってくれるのか、悩みながら、若者が当事者として政策決定の過程に参加する道筋をつくろうとしていた。

若者の参加に大切なのは、「若者を市民として捉える」ことと「若者を市民にする」ことの両立である。「若者を市民として捉える」ための第一歩は、若者を「未熟だからまだ意見を言うべきではない」存在ではなく、「社会を構成しているメンバーであり、子どもや若者の領域の当事者として意見表明ができる」存在と見なし、「話し合いと合意形成により若者の提言が実現される」ことの必要性を認識することである。「子どもの権利条約」をうけて「子どもの参画」の理論を構築したアメリカの発達心理学者ロジャー・ハートは、「形骸化された参加」の弊害を指摘してきた。実際、大人が子どもの参加を支援しているようでも、単なるパフォーマンスだったり、意見を言わせることに熱心であっても、それを実行することに無関心であったり、子どもに十分な情報を提供しなかったりすることが多く見られる。

また、北欧閣僚理事会は「子どもと若者に権利があるというのは簡単だが、それを実現するのは難しい。子ども・若者の参加は複雑で多面的だが、本質的には民主主義の問題である」と問題提起している[13]。

また「若者を市民にする」には、若者が民主主義に参加するスキルを獲得できるよう、大人が支援することが必要である。それは、自由に意見を表現する力、自分とは異なる他者の意見に耳を傾ける力、意見が異なる人々と対立や葛藤を経験しつつも、何らかの合意を形成する力である。そうしたスキルの育成と同時に、単に議場に集まって話し合うだけではなく、食事や軽食を共にしたり、ときには宿泊も伴う行事に参加して、日常生活でのコミュニケーションによる信頼関係の構築や、議論が可能な環境や仕組みの整備が必要である。ヒエラルキーがない関係の中で、誰もがわかる言語で対話ができる人間を形成することが民主主義の根幹だという、グルントヴィやコックの思想は、現代のユースカウンシルにも根付いていると言える。

私たちは、日本の若者の投票率の低さを嘆く前に、大人と若者の言語や文化の違いや関係の非対称性、現代の若者を取り巻く状況が先行世代と異なることを踏まえた上で、どのように若者を「市民」として受け入れ、育てていくのか、考える必要があるだろう。

コラム4

生徒のための、生徒による生徒会

デンマークの生徒会の特徴として、各学校の生徒会でいじめへの対応策を議論したり、クラスのための備品について話し合うといった日常的な課題への取り組みのほか、生徒会地域連合、及び全国連合を形成していることが挙げられる。地域連合や全国連合は、小中学校、高校レベルの生徒会に、それぞれに存在する。小中学校の生徒で組織されるのは「デンマークの生徒（DSE：Dansk Skole Elever）」、高校レベルの生徒で組織されるのが「デンマークの高校生協会（DGS：Danske Gymnasieelevers Sammenslutning）」である。このコラムでは主にDSEの活動をご紹介したい。

生徒会の全国連合であるDSEは、毎年４月の総会で選出される小中学校の生徒からなる理事会が運営し、代表は選挙により生徒から選出される。また、年に一度の総会では、各学校の生徒会はDSEに対して直接意見を述べ議論する機会がある。地域や学校種を超えて、すべての生徒がよりよい学校生活を送るために議論し、総会で意思決定する仕組みそのものが、民主的な学びであり実践である。またDSEでは、各学校が地域を超えて生徒会の運営手法や情報の共有や交流を行うだけではなく、生徒が生徒会で円滑に活動を展開し、さらには教育関係者と協働するスキルを学ぶためのプログラムを準備している。具体的には効果的なコミュニケーションや話す技術を学ぶプログラムなどがあるほか、電話によるアドバイスも行っている。

では、実際にDSEで行った活動の一部を見てみよう。2010年には、教育大臣のティナ・ネダゴー（Tina Nedergaard）がクラス当たりの28人という人数規制を取り払い、大人数クラスを作るという提言をした。これに対しDSEでは教育大臣も交えた会議を開催し、全国で「ドロップ・メガクラス」キャンペーンを展開、首都コペンハーゲンと第二の都市オーフスで大規模デモを計画した。全国生徒会の強い圧力により、教育大臣は提言を16日で取り下げた。

2012年には、生徒の民主主義をテーマに、「Speak-Up」という新しいキャンペーンを開始した。このキャンペーンでは、学校で生徒の声が聞かれているか、というテーマに焦点が当てられ、キャンペーン中には国会でダイアローグミーティングも開かれた。

2014年には、国民学校法改正に伴い、授業時間を大幅に増加させた教育改革に関する新しいキャンペーン「新しい学校」を展開した。生徒たちは教育改革に関する情報を十分に受け取っていないことを不服とし、キャラバンが結成された。

2016年には、デンマーク障がい者組織（Danske Handicap Organisationer）との協働を開始し、その結果、プロジェクト「みんなともに（AlleMed）」が生まれた。このプロジェクトは、障がいに関するタブーを打ち破り、教室でよりよいコミュニティを作ることが目的とされた。

2017年には、子どもや若者のためのよりよいデジタルコミュニティの創設を目指し、全国でモデルクラスとして選ばれた10のクラスとの協働を通して、生徒自身が設計を支援し、デジタル教育コースの学習教材を作成した。

このような活動から、DSEが生徒会の個々の学校の枠を超えて、学校や教育政策に対して提言や活動を展開し、影響力を持っていることが明確に浮かび上がる。その背景には、生徒会は「生徒による、生徒のための組織」であり、生徒が単に意見を持つだけではなく、具体的な変化を起こす影響力を持つ必要がある、という理念がある。また、生徒会を縦横に組織化するのは、学校での生徒による民主主義を強化するためである。DSEやDGSでは生徒を「政治化」し、活動的にする、という目標を掲げているが、ここでの「政治化」とは、特定の政党のイデオロギーを支持し、その実現に向けて活動することではない。DSEとDGSはどちらも政党からは中立の立場をとっている。「政治化」は、地方自治体や子ども教育省、その他さまざまな教育分野の組織と対話し、生徒の声を届け、政策に反映させることを意味するのである。このような仕組みは第3章のユースカウンシルと共通し、また、さまざまな立場の人々との対話による合意形成を通じた政治的な主体形成の在り方には、グルントヴィの「民衆教育」が反映されているのである。

（原田亜紀子）

第4章 デンマークの成人教育制度

原 義彦

［第1節］デンマーク成人教育制度の鳥瞰図

1 デンマーク成人教育の基盤

フォルケオプリュスニング〜民衆による自己啓発

デンマークの成人教育（成人を対象とする教育のこと）は５００年以上の歴史を持つ（コースゴー 1999）。その中でも、１８００年代半ばに広く浸透するフォルケオプリュスニング（folkeoplysning）という思想は、今のデンマーク成人教育における制度的基盤でもあり、また、個々の成人教育活動においても精神的基盤になっている重要な概念である。フォルケオプリュスニングは、デンマークや北欧を中心とした地域における独特の考え方のため、これまで「啓蒙」「国民の啓蒙」「啓発」「民衆教育」などと訳されてきたが、的確な日本語にはなりにくい言葉である。清水満はフォルケオプリュスニングを「民衆の社会的自覚」と訳しているが（清水 1996:62-63）、フォルケオプリュスニングが持つ民衆による自己啓発の意味を適切に表現している。本章ではあえて訳すことはせず、フォルケオプリュスニングのまま使うこととしたい。

フォルケオプリュスニングとは、人々は集団活動を通じて多方向的に啓発し合うという考え方のもと、自身の経験を通じて学び、その学びを経験に生かしていくことである。現代的に言えば、人々が相互に学び合い、自らの能力や生き方を自覚し、その体験を積極的に社会参加につなげていくととらえることができる。この考え方の創始者であり理論的支柱でもあったのがデンマークの哲学者、詩人、教育思想家および聖職者N・F・S・グルントヴィである。

フォルケオプリュスニングの考え方が生まれ、広がっていく背景には、１８００年代半ば、デンマークが王政から民主国家体制へ移行する中で、それまでは教育の機会に恵まれていなかった多くの農民に対して教育の場を設け、民主国家を構成する国民として育成していくことが求められていたことがある。そのためグルントヴィは、それまでの、将来の牧師や官僚を育てるラテン学校や大学におけるエリートに向けた教育とは異なる、平民が、専門的かつ実践的な内容を、対話や討論などの生きた言葉によって学ぶ場をつくることの重要性を説いた。この考え方を具体化して創設されたのがフォルケホイスコーレ（Folkehøjskole）である。フォルケオプリュスニングはデンマークの成人教育を支える考え方としてデンマーク社会に広く浸透し、現在は、行政においても、民間においても、常に意識され、実行される考え方となっている。

図表 4-1　デンマークの成人教育制度の３区分

① 職業教育・訓練を中心とした労働市場教育(AMU)
② 普通成人教育(AVU)
③ 自由成人教育

成人教育の仕組み

まず、現在のデンマークの成人教育制度を概観しておきたい（図表4−1）。デンマークにおける成人教育は、主に職業教育・訓練を中心とした労働市場教育[1]（AMU：arbejdsmarkedsuddannelser）と普通教育を中心とした普通成人教育（AVU：almen voksenuddannelse）、およびこれらに含まれないノンフォーマル教育のうちで成人を対象とした自由成人教育の三つに区別して捉えることができる。

これを、通常の学校教育を含む教育制度の中で見てみよう（1章の図表1−1を参照）。中央にある「高等教育」など実線で囲んでいるのが、学校を前提とした教育段階である。その右側にある大学公開講座から生涯学習講座までが主として自由成人教育のくくりとなる。一方、教育段階の左側が主として正規の教育で、とくに後期中等教育でさまざまな進路が用意されていることがわかる。この後期中等教育のうち、スペースを挟んで左側の「ギムナジウム」等（ＳＴＸ、ＨＨＸ、ＨＴＸ、ＨＦ）が高等学校から大学へというアカデミックな進路を選ぶ際の選択肢であり、右側（ＥＵＤ、ＥＵＸ、ＥＵＶ、海洋技術訓練）は職業に直結した教育課程の選択肢となっている。

2 成人の労働市場教育

労働市場教育の目的と対象

デンマークの労働市場教育[2]は、特定の業種や職に関して、有資格者、無資格者を対象として、その知識やスキル向上を図るために、比較的短期間の労働市場教育プログラムとして提供されている。

労働市場教育の目的には、①労働市場のニーズに応じて、プログラム受講者の職業スキルと能力の維持と向上、および受講者の能力開発の促進に貢献すること、②短期的および長期的な視点から、労働市場のニーズに応じた労働市場の再構築と適応の問題解決に貢献すること、③職業教育と訓練を通じて正規の能力を獲得することで、成人個人の能力および労働市場に向けた能力をアップグレードさせる可能性を与えること、が示されている。

労働市場教育プログラムでは、12の業種で３４００余りのコースが提供されている。これらは、特定の部門や職に直結するスキルと能力を身につけるもので、労働市場で求められる新しいスキルと能力に向けて、そのときどきの変化やニーズに合わせることをねらいとした柔軟なシステムとなっている。これによって被雇用者が、新しい、アップデートされたスキルと能力を習得することで、現在の仕事を続けられたり、あるいは職場でより良い仕事とより高い給与を得られるようになる。さらに、失業するよりも先に別の職を得る可能性も高めうる。このプログラムによって、雇用主は最新のアップデートされた関連スキルと能力を備えた従業員を確保できるようになっている。

成人の労働市場教育プログラムは、職業の専門教育を修了している人（有資格者）、修了していない人（無資格者）の双方を対象にして組まれている。このプログラムにはデンマークに住んでいるか、デンマークで仕事をしていれば、誰でも参加することができる。プログラムの多くが有職者に提供されている。民間企業であっても公共部門であっても、労働者も雇用主もプログラムに参加することができる。

失業者や無職の成人もこのプログラムに参加することができるが、参加費用の捻出や管理の仕方は他の参加者とは異なる。失業者は、6週間、自分で選んだ組み合わせの成人の労働市場教育プログラムを受けることができる。移民と難民は、彼らのために特別に開発されたコースを受けるか、通常の成人の労働市場教育プログラムを、入門的な短期訓練コースと就業体験、あるいはデンマーク語のコースと組み合わせて補足できる。ただし、十分なデンマーク語のスキルを持つ多くの移民や難民は、通常の成人向け訓練プログラムに参加している。高等教育の卒業証書を備える従業員が有資格、あるいは無資格の同僚と一緒にコースに参加し、ワーキンググループ全員のスキルを向上させることも行われている。

労働市場教育プログラムの内容

すべての職業訓練プログラムおよびそれに付随する単一科目の提供者、機関、指導スタッフなどの概観を示すために、プログラムは150の職域に相当するおよそ150の共通能力定義（FKB：Fælles kompetencebeskrivelse）にまとめられている。能力定義はそれぞれ、典型的な職場の例、その職域に関連する能力が明示され、それらの能力獲得につながる成人向け訓練プログラムや単一科目コースの要覧で構成されている。

共通能力定義は、特定の職業分野でのスキルアップと資格取得に関連するプログラムをまとめているので、さらなる能力獲得に向けた個々のニーズに即したプログラムを希望するだけ選択することができる。関連する場合は、同じプログラムをいくつかの共通能力の説明要覧に含めることができる。すべての共通能力定義は、その職業の業界団体が開発し、子ども教育省の承認を受けたものである。

例えば、デンマークの運輸・運送企業等によって組織される運輸業界教育委員会（TUR）は、市内バスとバスによる旅客輸送、タンク輸送、生きた動物の輸送、空港での輸送、レスキュー等の20の運輸、運送に関わる共通能力定義を示している。[3]

一般的な労働市場教育プログラムは、約3000の異なる成人の労働市場教育プログラムと200の単科コースがあり、それらを自在に組み合わせることができる。それらは主に短期労働市場教育プログラムであり、その期間は半日から6週間までと幅があり、平均すると3日間となっている。同じ職域の成人労働市場教育プログラムを組み合わせたり、分野内のより専門化されたプログラムで補完することも可能である。訓練は、授業、あるいは複数の参加者が同じ教室内で同じ教師の下、それぞれレベルの異なるプログラムに従うオープンワークショップの形をとるが、職場における訓練やオンライン講義などで行うことも可能である。訓練活動は通常、勤務時間中に行われるが、昼間や夜間、平日や週末の勤務時間外に行われる場合もある。指導言語はデンマーク語であるが、他の言語の場合もある。

プログラムの具体的な内容には、無資格・有資格を問わず働く従業員が多い業界の発展とニーズが反映されている。すべてのプログラムは業種別労働組合によって開発され、子ども教育省によって承認されており、毎年約200の新しいプログラムが開発されている。

能力定義に記載されている訓練プログラムは主に職業プログラムであるが、職業にかかわるデンマーク語、職業にかかわる数学、職業にかかわる外国語といった一般的な科目におけるプログラムも含まれる場合がある。プログラムは、特別に開発された成人の労働市場教育プログラムか、あるいは学校教育（メインストリームの教育）の労働市場教育プログラムから選択される関連の単一科目となっている。

プログラムは主に三つのタイプがあり、①工芸品、技術的洞察、材料に関する知識といった特定の職や部門に関連する能力獲得を目指すもの、②ＩＣＴや仕事関連の用語といった一般的な能力獲得を目指すもの、③社会的コミュニケーションや組織、管理にかかわる個人的な能力獲得を目指すものに分けられる。さらに特別なプログラムとして、移民と難民のニーズに合うように、特別に開発された成人の労働市場教育プログラムや、学校教育の教育課程のみならず、就労や余暇活動を通じて獲得された能力に認定を与え、それぞれの参加者に対して労働市場教育プログラムを含めた個別の訓練計画の作成を支援する目的で行われる個別の能力認定プログラム（ＩＫＶ）

がある。これにより参加者は、労働市場教育プログラムを完全にあるいは部分的に修了したのと同等の認定が得られる。成人の労働市場教育プログラムは、修了学歴や、読み書き計算の能力が低い人向けの成人準備教育（ＦＶＵ）によって補完される場合がある。

監査と財政支援

デンマークでは長年、業種別労働組合が組織されている。業種別労働組合は、成人の職業訓練プログラムの管理、優先順位の設定、開発、組織化、および質の保障を行う上で主要な役割を果たしており、地域レベルでは学校評議会や教育委員会へも、その代表を送っている。

全国レベルでは、子ども教育大臣の諮問機関で成人教育および継続訓練のための全国審議会（VEU-rådet）と11の継続訓練・教育の委員会が設置されており、それぞれが労働市場の特定の部門を管轄している。地域レベルでは、新しいプログラムを実施する際、成人の労働市場教育プログラムの提供者は、地域の商工会議所や商業団体と緊密な対話をして進める。プログラム提供者には、成人の職業訓練センター、職業工業学校、ビジネススクール、農業スクール、社会福祉・保健サービス学校などがある。

労働市場教育プログラムの各提供者（後述）は、例えば、当該校が許可を得て提供している共通能力定義に適合するような特定地域の職業分野に向けた成人の労働市場教育プログラムのため、最低でも一つの地域教育委員会を設置している。

成人の労働市場教育プログラムは公的資金で賄われている。職業訓練センターや学校は、国（子ども教育省）が拠出するタクシーメーター補助金（フルタイムの生徒に換算して算出するタクシーメーター制の補助金。プログラム当たりで決まったレートになっている）に基づき、中央から権限を委譲された枠組みの下で運営している。年に一度、学校は活動と予算目標を提示し、子ども教育省と交渉しなければならない。

技術、商業、ＩＣＴ、言語および社会的コミュニケーション、経営などの成人の労働市場教育プログラムでは、一部受益者負担がある。成人の労働市場教育プログラムの平均受益者負担の割合は、総合費用の約15％である。この受益者負担分は、雇用主が支払うのが普通である。ただし社会福祉・保健サービスのコース、個別の能力認定プログラム（ＩＫＶ）、および失業者が自ら選んだプログラムに6週間参加する場合には、受益者負担はない。

資格の有無にかかわらず、プログラム参加者は国の成人訓練助成制度（VEU-godtgørelse）から、失業手当の最大受給額に相当する、一定額の手当を受ける権利がある。成人の労働市場教育プログラムに参加している従業員に対しても、雇用先から通常の給与が支給される場合には、会社側が代わりにこの助成金を受給する。この手当の供出にあたっては、すべての事業主が拠出する事業主教育負担金（ＡＵＢ）[4]によってカバーされている。

原則として労働市場教育プログラムはすべての地域で提供されることになっており、子ども教育省から成人の労働市場教育プログラムを提供する認可を受けた学校は全国に約１００校設置されている。公立の学校がメインではあるが、民間の学校も多くあり、ほとんどの学校で成人と若者の両方に教育プログラムが提供されている。成人の労働市場教育プログラム提供者はすべて、全国に13ある成人教育または継続訓練センター（ＶＥＵセンター）のいずれか一つに関連付けられており、各ＶＥＵセンターが所管する地域で進学あるいは就職へ向けた指導助言の調整をしたり、企業や従業員とコンタクトを取るといった活動を実施している。

公的雇用サービスまたは他の関連当局は、例えば、労働力に加わっていない人々に向けた関連コースをプログラム提供者から購入することができる。企業は、子ども教育省によって採用されていないプログラムであっても、成人の労働市場教育プログラムの補完として、自社での利用を目的として特別に開発されたプログラムを、プログラム提供者から購入することができる。

こうした労働市場教育プログラムは、職業教育または高等教育の修了証と成人の教育の経験をもつ教師によって行われる。新しいプログラムが導入されて間もなかったり、職場で訓練が行われたり、カウンセリングや進路・就職指導等に加わる必要があったりするため、教師はフレキシブルであることが求められる。5

修了認定と継続教育

受講者は労働市場教育プログラムを修了すると、国内労働市場で認められる修了証を受け取る。教師はそれぞれの参加者を評価し、ほぼすべての参加者が修了証を取得する。約１２０の教育プログラムで、試験に合格した受講者は、法務当局の承認を受けた労働市場で認められる正式な修了証（例えばクレーン車の運転手など）を受け取る。

成人の労働市場教育プログラムの修了証は、学校教育や他の労働市場教育プログラムにおける継続教育に直接つながるものではない。学校教育の職業教育訓練、あるいは高等教育プログラムに対応する労働市場教育プログラムへと進みたい受講者は、成人の労働市場教育プログラムを含むこれまでの学習について認定を受け、その認定証の取得や、単位の移行を行うことができる。

これにより、学校教育の職業教育訓練プログラムや基礎成人教育プログラム（EVU）へ進むことができたり、単位を移行することができ、その場合には労働市場やその先の学習課程で正式な認定として扱われる。高等教育レベルでは、専門教育プログラム、つまり学校教育の短期高等教育プログラムまたは成人継続教育プログラム（VVU）に進むことができる。

なお、職業訓練センターや学校は、地元の労働市場の需要を満たす責任があり、さらに、訓練活動の質を分析する必要がある。例えば、満足度はすべての受講者と企業の代表的な部門の間で体系的に測定され、その結果は子ども教育省によってインターネット上で公開される。

3 普通成人教育

普通成人教育の目的と成人教育センター

デンマークの普通成人教育プログラムは、若者および成熟した成人が一般的な科目の知識とスキルを向上させたり補完する教育の提供を目的としている。[6] また、将来の仕事や教育の可能性を広げるため、成人の能力を高めることも目的としている。前期中等教育レベルの普通成人教育（A

ＶＵ）は単科のコースとして提供され、公立の基礎学校（フォルケスコーレ）と全く同じではない。異なる点としては、最終レベルが基礎学校の修了試験よりも１レベル高い、Ｄであることが挙げられる。これは、高等教育準備試験プログラム（ＨＦ）へ続く学習の上で、一貫性を持った仕組みとなっている。カリキュラムと試験は成人に対応した内容で、試験が終了すると、基礎学校の第９・10学年で得られる学校修了証と同等と認められ、その先の教育課程への入学試験が受けられる。

普通成人教育の対象は、前期中等教育を修了していなかったり、基礎教育をやり直したり、補完する必要がある若者や成人である。毎年、約９万人の成人が普通成人教育に参加しており、近年、受講者数は増加傾向にある。なお、これらは、２００８年4月施行の普通成人教育法によって規定されている。

普通成人教育は、成人教育センター（VUC：Voksenuddannelsescenter）とその他のいくつかの機関によって提供されている。デンマークには、２０２１年現在、30の成人教育センターがあり、69の支部が全国に広がっている。[7]成人教育センターでは、読み書きに支援が必要な人々のための教育（識字障害）、成人準備教育（ＦＶＵ）、高等教育準備試験コース（ＨＦ）、後期中等教育レベル補習試験コース（ＧＳ）などが提供されている。受講者は、普通成人教育の科目と他の教育プログラムの科目を組み合わせることができる。授業は、タクシーメーター補助金制度を通じて、デンマークの国の財政で賄われている。なお、成人教育センターは、２００７年１月１日以降、独立行政法人となっている。

図表 4-2　デンマークの青少年と成人の教育

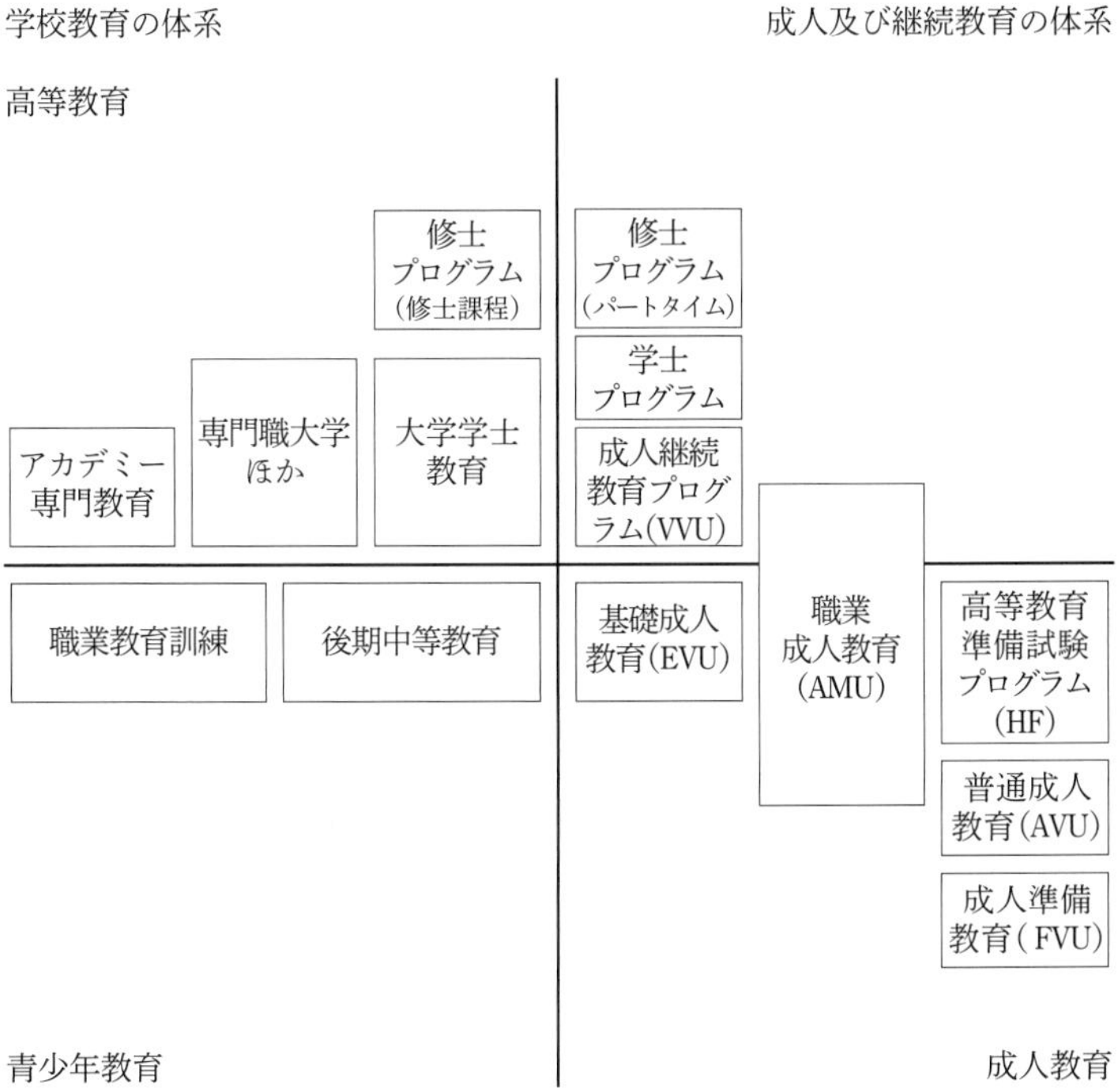

＊図の左側は学校教育の体系、右側は成人および継続教育の体系であり、この図全体はデンマークのフォーマルな教育を表している。

出典：子ども教育省のウェブサイト, https://eng.uvm.dk/adult-education-and-continuing-training/adult-vocational-training.

子ども教育省は、成人教育センターが従うべき規則を告示している。それは、例えば、成人教育センターには所長を置く、理事会が学校の運営と活動に全責任を負い、センターの存続に重要な意味を持つ、数多くの事務的な事柄について決定を下す、所長は理事会の対応をする、などである。

成人教育センターは、個別のプログラムと授業の質の向上と成果の評価のためのシステムを備え、それを利用する。自己評価と質評価のための方法は、一般的な要件を満たす範囲で、成人教育センターが採用したいと考えるものを自ら決定する。子ども教育省は、教育プログラムの実施、および機関における成果に助言をする。成人教育センターは子ども教育省に対して、対面で学校の質評価システムの記録を示せる状況になくてはならない。成人教育センターの受講者には、受講者評議会に任命される権利がある。評議会は受講者の利益を守り、受講者にとっての一般重要事項を扱うセンター理事会を含めた、他の評議会や委員会へ代表を任命する役割を担う。

入学については、希望すれば誰でも、できる限り入学がうまくいくように、入学に先立ってガイダンスカウンセラーに会うことになっている。希望者はそれぞれ、入学を希望する科目の要件を満たす資格を持っているかどうかの具体的な認定を済ませたあとで、入学が許可される。その後、受講者は自分の能力に応じて、さまざまな科目で、それぞれのレベルに応じた授業を受講することができる。

プログラムは幅広い科目で構成され、入門コース、補足的な個別授業、受講者カウンセリングに加えて、中核科目とオプション科目の二つのグループで構成されている。

中核科目には、デンマーク語、第二言語としてのデンマーク語、英語、フランス語、ドイツ語、歴史、数学、理科と社会科があり、すべての成人教育センターで年に1回提供されなければならない。オプション科目は、芸術、基礎的情報技術（IT）、協力とコミュニケーション、ラテン語、哲学、体育とスポーツ、心理学、広報・普及があり、難易度順に基礎、G、F、E、Dの五つのレベルで提供される。これらの科目は、成人教育センターが提供するオプションであるため、必ずしもすべての成人教育センターで行われているとは限らない。また、科目ごとに、子ども教育省によって一定の授業時間が定められている。なお、受講科目と関連して、受講者は個々の要件とニーズに応じて、授業時間を追加できる。また、科目の紹介とその取り組み方を示すために、ガイダンス授業が取り入れられており、これによって受講者は、その科目における自分の能力とその先の教育へ向けた道筋を見出すことができる。子ども教育省は、これらすべての科目のカリキュラムを作成しており、これらのカリキュラムには成人受講者の経験が配慮されている。

授業形式・成績評価・進路指導

各受講者は、一つの科目を受講するか、同時に複数の科目を受講するかを決定する。授業時間数は、週に数時間からフルタイムまでさまざまである。教師が計画した授業に加え、受講者は文章を書いたり、小論文の準備をしたり、調べものをするような宿題、そして試験などに時間がかかることも考えなければならない。授業では、講義、教室での指導、プロジェクトワーク、個人およびグループベースの文章表現課題などの形式がとられている。

受講者はすべての科目で、GレベルとDレベルの一般準備試験を受けることができ、試験は記述式あるいは口頭で行われる。子ども教育省がすべての筆記試験の課題を作成し、外部の試験官を任命する。試験では7段階の成績が付けられる（第1章の図表1−2参照）。

一般準備試験をもって教育プログラムを修了した受講者は、2年間の高等教育準備試験プログラムへ進むことができる。その場合、試験はデンマーク語または第二言語としてのデンマーク語、英語、数学（すべてDレベル）、理科の4科目に、歴史、社会科、ドイツ語またはフランス語（Gレベル以上）のうちの一つを加えた五つの科目を含んでいなくてはならない。一般準備試験に合格するには、五つの科目それぞれの個別試験の7段階の評価で少なくとも02点以上でなければならない。

高等教育準備試験プログラムへの出願にあたっては、単科で試験に合格した受講者、および一般準備試験で求められる試験に合格した受講者に対して、教育機関から証明書が授与される。証明書は、Dレベルを除いて、基礎学校修了試験で提供される修了証と同等である。入学に際して受講者が試験を受験しないことにしている場合には、この受講者が授業に参加し、教育機関の規則を満たす出席率であったことを条件として、出席証明書が発行される場合がある。

基礎レベル、Fレベル、Eレベルの最終評価では、受講者は特定の課題について、レポートなどの制作物の形にまとめて発表し、それを教師が評価する。この過程は、デンマーク語では「専門性の記録」と呼ばれ、受講者の学習を記録し、受講者にこの科目で自分が達したレベルを理解させることを目的としている。

成人教育センターは、受講者に進路指導を提供する義務があり、受講者の教育プログラムの修了に関して個別および集団での進路指導を確実に受けられるようにしなければならない。受講者は、進学と就職両方に関する指導を受けることができる。

デンマークでは、どの成人教育センターでも、カウンセリングサービスが行われている。進路カウンセラーは、受講者に対してできるだけ順調に成人教育センターへ入学できるように支援するほか、必要な受講科目やその後の進学、あるいは教育プログラム後の就職の可能性についてのアドバイスを行う。

参加費用については、受講者が科目ごとに支払う。デンマーク語、第二言語としてのデンマーク語、英語、数学などの中核科目では、受講料は120クローネ（約2280円、2022年現在1クローネは約19円）である。オプション科目の場合、費用は1230クローネ（約2万3370円）である。この参加費用のみ受講者負担で、授業料は公的資金で賄われている。受講料については、財政支援を受ける方法も数多く用意されている。義務教育後に教育をわずかしか受けていない、あるいはまったく受けていない成人に対しては、国の成人教育支援（SVU）が用意されている。あるいは、国の教育支援（SU）に助成金や貸付を申し込むこともできる（第2章参照）。失業している場合には、求職活動を実際に行っているという条件で、失業手当の給付を受けながら成人教育センターで学ぶことができる。

コペンハーゲン成人教育センターの実際

コペンハーゲン市の市街地にあるコペンハーゲン成人教育センター（KVUC）では、成人や青年のニーズに応じた多様なプログラムが提供されている。それらは、高等教育準備試験コース（HF）、高等学校の補習試験コース（GS）、成人準備教育（FVU）、普通成人教育コース（AVU）、読み書きに支援が必要な特別コースの五つである。

センターのウェブサイトによると、[8] 毎年、社会的、文化的、民族的に異なる数千人[9]の学生がセンターのプログラムやコースに参加している。学生の年齢は18歳から30歳までがほとんどである。受講理由は教育を受け直す必要がある、労働市場からの要求に応えなければならない、あるいはスキルを増やしたり確固たるものにしたい、などである。共通しているのは、やり直す機会が彼らの将来の見通しにおいて重要ということである。

コペンハーゲン成人教育センターの使命は、ここで教育を受けることによって、受講者を人生の次の章に進ませること、とされている。センターでは、一つのユニットや単一科目のコース・試験など、さまざまなプログラムが提供されている。また、教室で行われるものやeラーニングで行われるもの、それらの組み合わせによるものがあり、受講者は自宅でも授業を受けられる。

五種のプログラムのうち高等教育準備試験コース（HF）では、大学などの高等教育機関への進学を可能とする後期中等教育のプログラムが提供されている。2年コースで、大学準備、文章表現、創作、科学、健康、気候と北極、世界の目標、人間と社会、言語とコミュニケーション、識字障害、自閉症の11の専攻がある。科学パッケージ、持続可能性パッケージ、アントレプレナーパッケージ、自然パッケージのような特定領域の単体パッケージを選択して行うプログラムもある。

高等学校の補習試験コース（GS）では、それまでに履修していない科目があり、高等教育への出願基準を満たしていない場合に、高等学校レベルまでの内容を補足する。またHFあるいは職業教育に重点を置いた高等学校教育（EUX）の第1期を修了しているものの、将来的に修士号以上を目指し、長期の高等教育へ入学したいという場合には、さらに難易度の高い高校段階の教育を履修しておく必要が生じる。その際には特別上級補習プログラム（SOF）や、出願に必要な科目が特定のレベルで不足している場合には、科目ごとに選択できるプログラム（GSK）が用意されている。

成人準備教育（FVU）では、レストランや清掃、建設現場といった、高い教育を受けていなくても職に就ける職業部門に特化した中で必要となる、基礎学校の9年生レベルのデンマーク語と数学の基本を習得する。普通成人教育コース（AVU）では、基礎学校修了レベルに満たない、基礎教育の補習が必要な成人や若者を対象にした科目が提供されている。

4　自由成人教育（成人を対象としたノンフォーマル教育）

自由成人教育とは

現代のデンマーク成人教育はグルントヴィの思想が理論的支柱となっていることは先に述べたが、自由成人教育の概念、および自由な教育機会に関しても彼の考えが影響している。この概念は19世紀を起源とした、デンマークの教育システムの特徴の一つである[10]。

自由成人教育による学習活動は、多くの場合、非政府組織（ＮＧＯ）による民間のイニシアチブに基づいている。自由成人教育には、独立したノンフォーマル教育活動（イブニングスクール、アソシエーションを通じてのボランティア活動）、大学公開講座、通学制ホイスコーレ（Daghøjskole）、民間の独立した寄宿制学校（フォルケホイスコーレ、フリーファグスコーレ、エフタスコーレ）が含まれる[11]。自由成人教育に参加するために、学歴や資格は特別必要ない。

自由成人教育は、授業、学習サークル、講義、ディベート活動やその他、柔軟に組織された活動で構成される。法律に依拠した枠組みの中で、後述するイブニングスクール（Aftenskole）が自ら科目と活動の選択を行い、授業を実施するのが常である。参加には費用がかかり、毎年のべ約70万人が参加している。

民間の自由成人教育活動は、共同性と、個々の学習機会提供者の方針に基づいている。この活動は、自発的な自由成人教育と、アソシエーションにおける自発的な成人学習に分類できる。規約を備えた自由成人教育協会によって設立された民間の自由成人教育活動が助成金の対象となり、施設が割り当てられるためには、規約を備えた自由成人教育協会によって設置される必要がある。

地方自治体は、自由成人教育委員会の委員として、過半数を利用者の代表の中から、残りを市議会議員の中から指名することができる。委員会は、地方自治体が定めた財政的枠組みとそれをどのように管理するかについての規則に沿って、例えば、自由成人教育協会とその活動に関する具体的な決定を行うなどの管理業務を行い、施設を割り当て、助成金を配分する。

2008年には全国に約1万6500の協会があり、そのうち約1500は自由成人教育の分野であり、1万5000は任意団体であった。

自発的な自由成人教育の目的は、コースや活動を起点に据え、それぞれの人が一般的および学術的な洞察力とスキルを高め、社会に積極的に関与すると同時に、自らの人生に責任を負う力と意欲を高めることである。自由成人教育は、授業、学習サークル、講義、ディベート活動やその他、柔軟に組織された活動で構成され、参加には費用がかかる。

自由成人教育協会による自発的な自由成人学習の目的は、活動と仲間とのつながりを起点として、ノンフォーマルな成人の学びを促進し、参加者が自らの人生に責任を持ち、社会に積極的に参画する役割を果たすスキルと意欲を高めることである。

アソシエーション活動には、スポーツ、政治、宗教活動、その他の子どもや若者に関する共通理念を持つ活動、社会福祉的な活動、青少年クラブなどがある。料金は参加者が負担する。どのように助成金を利用し、活動を組織するかについては、法律に定められた枠組みの中で、それぞれの協会が決定する。２００８年には約２１０万人がアソシエーションの活動に参加した。大学公開講座と通学制ホイスコーレも、ノンフォーマル成人教育活動に関する法律に依拠している。

イブニングスクール

イブニングスクールは、もとは日中に仕事等で教育を受けられない子どもや青年等を対象に、計算や読み書きを教育するものとして１８００年代から設けられた。しかし、時代の流れとともにその性格も変化し、現在のイブニングスクールの目的は、他の自由成人教育と同様に、一人一人が自らの人生に責任を持ち、共同社会に積極的に参画する能力と意欲を育てること、とされている。イブニングスクールで提供されている講座は多岐にわたるが、生活に役立つ実用的な内容をテーマとしているものが多い。なお、イブニングスクールの講座は、その名称の通り、多くは夜間に行われるが、都市部では日中に行われているものもある。

現在、デンマークで最大のイブニングスクールを提供しているのは、ＦＯＦという国内最大の成人教育協会である。全国に37の支部があり、コペンハーゲンをエリアとするＦＯＦコペンハーゲンのウェブサイトを見ると[12]、社会・文化・自然、外国語、ＩＴとウェブ、食とワイン、運動・ダンス・ヨガ、音楽・歌など内容別の講座群のほかに、子どもと若者向け、ファミリー向け等の対象別の講座群のメニューがある。それぞれの講座群のメニューの中に個々の講座があり、例えば語学の講座群には、英語、フランス語、イタリア語、フィンランド語、スウェーデン語、古代ギリシャ語、日本語、中国語など20カ国語がある。さらにそれぞれの言語の中にはレベルごとに

コペンハーゲン市内で開催されていたイブニングスクールの日本語講座（筆者撮影）。

多くの講座が用意されている。日本語の場合も、初心者からレベルB2まで、7段階に細分化された講座が実施されている。

２００１年の初冬、コペンハーゲン市内で開講されていた日本語講座を見学したことがある。その講座は、12月半ばの平日、夜8時から10時頃まで、ストロイエにある教室で行われていた。ロの字形に配されたテーブルがあり、講師を囲むように受講者が座席に着く。講師は現地在住の日本人女性で、受講者は10名程度、うち女性が1名であった。年齢はおおよそ40〜50代と思われた。仕事帰りで、少し遅れて来る人もいた。講座は初心者レベルの日本語で、ワークブックを使いながら、デンマーク語の短文を日本語に訳す課題や、日本語の文をホワイトボードに書く課題をこなしていた。何人かにこの講座を受講した理由を尋ねたところ、「パートナーが日本人だから」「柔道が好きだから」などの回答があった。

通学制フォルケホイスコーレと民間の寄宿制学校

通学制フォルケホイスコーレは、成人教育あるいは雇用創出のため、成人向けの授業を提供することを目的とする。コースは通常4〜18週間で実施され、原則として授業はフルタイムである。多くの通学制フォルケホイスコーレで成人準備教育（ＦＶＵ）が提供されている。

独自の理事会と独自の規約を備えた独立行政法人として組織されている通学制フォルケホイスコーレには、その学校の自由成人教育または雇用につながる活動に対して市議会から助成金が与えられる。市議会は、地方自治体からの支援形態を決定し、場合によっては助成金の受給条件を課すことができる。助成金を給付する通学制フォルケホイスコーレに対しては、市議会が助言を行う。２０２０年には39の通学制フォルケホイスコーレがあった。

民間の独立した寄宿制学校には、フォルケホイスコーレ（Folkehøjskole)、フリーファグスコーレ（Fri fagskole)、エフタスコーレ（Efterskoler）がある。これらの学校の主な目的は、人生の解釈と意味付け、成人教育、一般的な民主主義教育である。それぞれの学校は、自ら選んだ基本価値に基づいて活動している。

受講者は学校の施設に住み、コースへの参加には、授業への出席と互いに交流することの両方が含まれる。教員は学校の近くに住み、授業時間外の交流にも加わる。また、受講者と教員は日に複数回、ともに決まった食事をとる。多くの学校の受講者が、掃除や料理などの実践的な作業にも参加する。

民間の独立した寄宿学校でのコースは、1週間当たりの受講者1人ごとのタクシーメーター補助金制度を用いて、国からの財政支援を受けている。授業料はすべてのコースで参加者が負担するが、学校の種類やコースの期間によって金額は異なる。長期コースの平均的な授業料は週に900〜1700クローネ（約1万7100〜3万2300円）で、短期の1週間コースの典型的な授業料は約3800クローネ（約7万2200円）である。

フォルケホイスコーレ（Folkehøjskole）は、教科、内容、授業方法の選択に際して自由度がとても高く、学校ごとに大きな違いがある。科目のうち、半分以上の時間はデンマーク語、文学、ジャーナリズム、陶芸など広く一般的な性質のものでなければならないが、残りの時間は特別な科目やスキルを深く掘り下げることに充てられる。例えば、音楽と演劇に重点を置くフォルケホイスコーレもあれば、スポーツ、芸術、政治、哲学に重点を置くフォルケホイスコーレもある。すべての授業に共通するのは、重要なトピックに関する総合的な議論がなされることである。

期間は4日の短期コースや、36週の長期コースとさまざまである。短期コースは夏季に最も頻繁に開講され、あらゆる年齢の参加者が集う。長期コースは主に夏の一時期を除いて開講され、参加者の多くは20代前半である。年間の参加者数は短期コースでのべ約3万2000人、長期コースでのべ約1万1000人である（2020／2021年度）。フォルケホイスコーレについては、第2節で詳述する。

フリーファグスコーレは、そのルーツに家政学校と手工芸学校があり、家政と美術工芸に関する実践的、創造的、学術的な授業を集中的に行っている。扱う科目は家庭、身体、倫理、美学の分野である。自由成人教育の伝統の一部としても位置づけられ、文化的、歴史的、社会的視点も重視されている。ほとんどのフリーファグスコーレに10年生コースが設けられており、16歳6カ月以上の若者と成人が就学できる。提供されているコースの大部分が20週間または40週間で、一部の学校では1～2週間の短期コースも行っている。こうした学校の長期コースには約1000人が参加している。2021年現在、12の学校がある[13]。

エフタスコーレは14～18歳を対象に、一般教育とともに全人的な発達と成長を目的としたコースを提供している。およそ3分の1の生徒は義務教育の範疇で、8年生または9年生のクラスに通う。ほとんどの学校で、9年生の修了後に基礎学校修了試験の機会を提供し、生徒は義務教育を修了することができる。加えて、ほとんどのエフタスコーレが10年生のクラスも設けており、10年生の試験をもって修了する。学校数は約240校（2021年現在）、生徒数は約2万8000人である。学校あたりの生徒数には幅があり、最も小さい学校では28人、最も大きい学校では450人以上である。

約240校のうち約40校は、特別支援教育のためのものである。これらの学校は、識字障害のある生徒や、学習に困難を抱える生徒のための特別授業プログラムに基づき、助成金が承認されている。なお特別支援教育は、他のエフタスコーレでも提供されている。エフタスコーレについては第1・2章も参照されたい。

［第2節］フォルケホイスコーレ

1 フォルケホイスコーレの成り立ちと現在

フォルケホイスコーレの始まりと現在

フォルケホイスコーレは、デンマーク発祥の成人教育施設である。デンマークでは、立憲君主制を定めた自由憲法制定（1849年）の動きの中で、国民意識の形成や地方農村青年の教育などを目的として、グルントヴィらの提唱により設置が進められた。デンマーク初のフォルケホイスコーレは、1844年設立のロディンホイスコーレ（Rødding Højskole）であると言われている。以降、デンマーク国内にフォルケホイスコーレが広がっていく。1864年、デンマークはプロイセン・オーストリア連合軍との戦争に敗れ、国土の一部をドイツに占領されるなどの屈辱を味わうが、敗戦により荒廃した国土の復興と郷土愛の向上などがフォルケホイスコーレ設置運動の機運と重なり合い、運動は一層高まることになった。こうして、デンマークは敗戦による低迷した状況から脱し、精神的に豊かな国へと変貌を遂げることになる。

現在、フォルケホイスコーレは、デンマークの成人教育のうちの自由成人教育の一機関として位置付けられている。

デンマークフォルケホイスコーレ協会（FFD：Folkehøjskole Forening i Danmark）によると、2000年には94校あったフォルケホイスコーレは2015年には66校まで減少しているが、2016年から現在までは毎年1校以上の新規開校が見られる。2017年には全体で3校増加し、以後、現在まで微増が続き、2021年には77校になっている（図表4−3）。2000年と2021年を比較すればその数は減少しているが、2000年以降、23校が新規に開校されたことがわかる。

特徴・タイプ・運営方法

フォルケホイスコーレは原則として17歳6カ月以上であれば、性別、年齢、国籍を問わず無試験で入学できる。プログラムには、主に長期コースと短期コースがある。

長期コースは、新年度が始まる8月中旬から12月まで、または1月から6月中旬までのおよそ4カ月半から5カ月間の開設が一般的である。学習内容に規定はなく、デンマーク語、歴史、文学、哲学、政治、メディア、ジャーナリズム、体育、音楽、演劇、陶芸など、多岐にわたるテーマを組み合わせたプログラムが提供されている。受講者の年齢構成では、20代前半が全体の多くを占めている。

一方、7~8月や12月などの短期コースは、一つのテーマで1~2週間程度で開催されることが多い。例えば、自転車（サイクリング）、絵画、ヨガ、旅行などをテーマにしたプログラムが開設されている。短期コースの受講者は、20代から80代までと幅が広い。このほか、数は少ない

ロディンホイスコーレの外観（筆者撮影）。

が中期コースを開講しているフォルケホイスコーレもある。

これらいずれのコースも、全寮制であるのがフォルケホイスコーレの特徴である。受講者はプログラムの全期間、他の受講者と生活を共にしながら学習を行う。

図表4−4は2012〜2021年度における年間の受講者数を、長期と短期のコース別に示したものである。これを見ると、長期コースの受講者数はほぼ毎年増加し、2015／2016年度には1万人を超えている。学校数が減少している時期にも、2015／2016年度までは、長期コースの受講者が増えている。また、短期コースの受講者は約3万2000〜3万5000人の間を推移している。長期と短期コースを合計すると、2018／2019年度には約4万4000人がフォルケホイスコーレのプログラムで学んでいる。また、提供する内容、受け入れる学生の年齢などから、FFDは

図表 4-4　受講者数　(人)

年度	長期コース	短期コース
2012/13	9,142	34,373
2013/14	9,073	32,093
2014/15	9,542	35,038
2015/16	10,532	33,680
2016/17	10,320	32,638
2017/18	10,311	31,602
2018/19	10,879	33,136
2019/20	10,974	27,925
2020/21	11,229	32,030

＊ 2015/16以降の長期コースには、中期コース(2〜11週)の参加者を含む。

出典：FFD のウェブサイトに掲載の統計資料をもとに筆者作成。

図表 4-3　2000年以降の学校数

年	開校数	閉校数	学校数
2000	0	3	94
2001	0	6	88
2002	1	2	87
2003	0	0	87
2004	0	5	82
2005	1	3	80
2006	1	1	80
2007	1	1	80
2008	0	2	78
2009	1	2	77
2010	1	2	76
2011	1	5	72
2012	0	3	69
2013	0	0	69
2014	1	2	68
2015	0	2	66
2016	1	1	66
2017	3	0	69
2018	1	0	70
2019	6	1	75
2020	3	2	76
2021	1	0	77

＊歴史的にデンマークのフォルケホイスコーレと関わりのあるフレンスブルク(ドイツ)のヤルップルンドホイスコーレ、ヨーテボリ(スウェーデン)のノルディスカフォルケホイスコーレの2校を含む。

出典：FFDのウェブサイトに掲載の統計資料をもとに筆者作成。

図表4-5　フォルケホイスコーレの分類(FFDによる)

①幅広い教育内容を提供する一般的なホイスコーレ
②音楽やデザイン、演劇など特定の分野に重点を置くホイスコーレ
③体育やスポーツなどの運動分野に重点を置くホイスコーレ
④キリスト教系、あるいはスピリチュアル系のホイスコーレ
⑤食事、運動、自己啓発に重点を置くホイスコーレ
⑥高齢者を対象とするホイスコーレ
⑦16歳から19歳までを対象とする青少年ホイスコーレ

フォルケホイスコーレを七つのタイプに分類している（図表4－5）。

フォルケホイスコーレはすべて私立であり、民間の学校法人によって運営されている。学校運営についての決定権は法人の理事会にある。理事会は、毎年度、文化省に教育計画を提出し、認可を受ける。この認可を受けると、国から運営費が補助される。学校の運営費は、約7割が国の補助で、残りは主に宿泊料や食費等を含む受講料で賄われ、受講料は受講者が支払う。学校の職員には、校長（Forstander）、教員、用務員、事務職員、厨房スタッフがいる。また、学校施設は適切かつ十分な受講者の居場所、校長と教員の住宅、宿泊室と生活スペース、教室等の設備を整えなければならない。これらはフォルケホイスコーレ法（2019年改正）で定められている。

校長の多くは公募で選ばれ、任期がある。再任されて長年務めている名物校長もいれば、任期ごとに校長が交代するケースもある。校長には、他のフォルケホイスコーレの校長や教員が就任する、大学の教員や研究職から転職するなど、

さまざまなケースがあるようである。教員には教員免許は不要である。ある校長先生の話では、フォルケホイスコーレの教員は人気の職業で、公募をするとかなりの数の応募があるという。教員には大学院修了者も多いようで、採用にあたっては、教員の免許は不問であっても専門性が重要な基準であることが推察される。

フォルケホイスコーレの基本価値

フォルケホイスコーレは、フォルケホイスコーレ法により、「学校の基本価値（værdigrundlag）を自身のホームページで公表する。理事会は学校の基本価値に基づいて学校活動の評価計画を作成しなければならない。学校は、少なくとも2年に一度、この評価を行わなければならない」と定められている。学校の基本価値とは、学校の目的（formål）、実践（praksis）、自己評価（selvevaluering）の基盤であり、学校の目的よりも上位に示され、マニフェストでもあると言われており、一般的な言葉で表現されて公開される。[14] さらに基本価値で重要なことは、自己選択的なことであるとされている。[15] これは、学校自らが価値を選択し決定するという意味で、法律に準拠したものである限り、基本価値の選択と決定は学校の自由と自治に委ねられるという考え方によるものである。

２０１７年に、筆者は、調査時の全69校中、ノルディスカフォルケホイスコーレを除く68校のフォルケホイスコーレの基本価値の調査を行った。その内容と具体性のレベルの違いに着目して類型化したところ、四つの分類でとらえることができた（図表４－６）（原 2019:85-96）。

図表4-6　フォルケホイスコーレの基本価値の4類型

類型	内容
1	教育理念、教育観あるいは宗教観の記述を中心とする
2	教育方針、教育的提供の内容あるいは教育環境の記述を中心とする
3	教育方針(期待する学生の資質能力を含む)の記述を中心とする
4	教育方針(地域社会への貢献を含む)の記述を中心とする

具体例として、三つのフォルケホイスコーレの基本価値を紹介する（図表4－7)。エゴーウングドムズホイスコーレ（Egå Ungdoms-Højskole）の基本価値は、調査をしたホイスコーレの中で最も理念的に表現されているものの一つと言える。また三つ目に挙げたクローロップホイスコーレ（Krogerup Højskole）は、基本価値の記述にも登場するハル・コックが初代校長を務めた学校で、伝統的に政治や社会に参画する人材の育成を行っている点に、この学校の特徴が表れている。

この3校の基本価値を図表4－6で示した類型に分けると、類型1にエゴーウングドムズホイスコーレ、類型2にグルントヴィクスホイスコーレ（Grundtvigs Højskole)、類型3にクローロップホイスコーレの基本価値が入る。

次に、68校の基本価値の記述に見られる言葉の出現状況を紹介する。分析に当たっては、各校における基本価値の記述に、共通して見られる言葉の数を計測することとした。

図表4－8は、出現状況の上位5位までの結果を示したものである。1位は「生、生きること、または、生き方（liv, livet 等)」であった。全68校中54校（79・4％)、全体の約8割の基本価値

図表4-7　フォルケホイスコーレの基本価値の例

エゴーウングドムズホイスコーレ(Egå Ungdoms-Højskole)
大人と若者が同じ視線で出会います―私たちは人の「全体」を見ていきます。 愚かな質問は何一つありません ― 勇気を持って質問し、自分をさらけ出すことで、答えが見つかり、賢くなれるのです。 偏見は打ち砕かれます ― ここには、誰もが参加できる場所があります。 若者は若者どうしで成長します ― 世界を見るさまざまな見方を尊重しながら。 あなたは自分一人で歩んでいけます ― 私たちは共に目標に到達することができます。
グルントヴィクスホイスコーレ(Grundtvigs Højskole)
グルントヴィクスホイスコーレは、人道主義的で民主的な伝統を背景として、グルントヴィの啓発と自由の考えに基づいています。私たちは、歴史と文化に関する知識が、今日の世界に自分自身を位置付けることのできる最も重要な要件であると考えています。 私たちは、情報、教育、民主的な市民性を基礎とし、寛容のもとで主張と態度が和らぐように知識とスキルを駆使できる自由な思考と会話の空間を創り出します。 私たちは、教育、経験、食事の一体性と、家庭的でオープンなコミュニティを大切にしています。教育は、好奇心、関わり、そしてプロ意識によって実行されます。このことは学生を喚起し、集中と新たな視点を目覚めさせます。 ホイスコーレは、生きることに役に立つ一般教育とスキルを提供します。
クローロップホイスコーレ (Krogerup Højskole)
クローロップホイスコーレは、民主主義の強化と人々の一般教育の発展に取り組んでおり、それはすべての能力が発揮される全人的な考え方として理解できます。 社会がますます分化し、知識も専門化する現代においては、この知識を視野に入れ、自由で批判的思考のための能力を伸ばすことが重要です。クローロップは国際的な視野を持った政策志向の創造的なホイスコーレであり、異なる背景を持つ若者たちが社会に貢献することができるよう教育をしたいと考えています。 私たちは、すべての若者たちが他者の見解や文化に幅広く順応し、責任感と進取の心を持つ市民となるような機会を充実させることに力を注ぎます。 私たちは、ハル・コックのように、民主的な思考と行動には価値概念について継続的で幅広い対話が必要であると考えています。身近なコミュニティとグローバルなコミュニティの双方の利益のために行動する意欲と能力を高めることは重要で、そこには理性と想像力によりもたらされる自由な精神が伴っています。

図表4-8　基本価値の記述に見られる言葉

共通して用いられる言葉	学校数（%）
生、生きること、または生き方（liv,livet等）	54（79.4）
共同体（fællesskab）	37（54.4）
民主主義、または民主的（demokrati, demokratisk等）	35（51.5）
責任（ansvar）	35（51.5）
尊敬（respekt）	26（38.2）

ランチ前のミーティング。エゴーウングドムズホイスコーレにて（筆者撮影）。

の記述の中で、これらの語が使われている。

これは、フォルケホイスコーレが、一人一人が自分の生き方を考える場であることを裏付けるものと言えよう。2位は「共同体（fællesskab）」であり、37校（54・4％）という全体の半数を超えるフォルケホイスコーレの基本価値に見られる。ここでいう共同体は、同じフォルケホイスコーレの中で、学習や生活をともにする受講者や教職員との共同体という意味とともに、使い方によっては、フォルケホイスコーレが立地する地域や社会における共同体という意味もある。いずれにおいても、他者との共同を基本価値に掲げるケースが半数以上ある。3位は「民主主義、または民主的（demokrati, demokratisk 等）」と「責任（ansvar）」が同点で、いずれも35校（51・5％）となっている。これも全体の半数を超える学校で使われており、フォルケホイスコーレが民主主義の考え方の普及と実践を重要視していることを示す結果と言える。「責任」については、社会の一員としての責任を果たすこと、責任を持つことを基本価値に含めていると推察できる。5位は、「尊敬（respekt）」である。この語を使っている学校数は26校で全体の3分の1を超える程度であるが、他者を尊重するという意味で、共同体や民主主義と通底する言葉である。この分析から、「生、生きること、または、生き方」や「民主主義、または民主的」は、多くのフォルケホイスコーレが表明する基本価値であることがわかる。

2　共同性を育てるフォルケホイスコーレ

フォルケホイスコーレの一日

　ここで、フォルケホイスコーレの具体的な活動を紹介する。科目やテーマは、長期コースと短期コースそれぞれに、各学校のウェブサイトに詳しく掲載されている。開講されている科目は、歴史、哲学、政治、ジャーナリズム、心理学、英語等の人文社会系科目、陶芸、音楽、絵画、デザイン等の芸術系科目、体育、ダンス、各種球技、カヌー、アウトドア等のスポーツ系科目など多彩である。また、専門系タイプのフォルケホイスコーレでは、例えば、音楽系であれば電子音楽、作詞と作曲、音響創作、声と身体パフォーマンスなど、その領域において細分化された科目が用意されている。

　これらの科目をどのように履修するかについて、長期コースにおいて一般的に見られる日課表を使って見てみよう（図表4－9）。多くの場合、いくつかの科目群が設定されており、ここではメイン科目群とサブ科目A、B、C、D群としている。それらの科目群から一科目を選択して、時間割に沿って学習する。メイン科目として選んだ科目は、月曜午前と木曜午前・午後に学び、サブ科目A群から選んだ科目は火曜と金曜の午前に学ぶという仕組みである。また、合唱の時間があったり、週1回の夜間の特別プログラムで、外部講師による講演やセミナー、プロの演奏家によるコンサートなどが行われるのもよく見られる。メイン科目やサブ科目にどのような科目を

図表 4-9　長期コース日課表の一例

<table>
<tr><th></th><th>月曜日</th><th>火曜日</th><th>水曜日</th><th>木曜日</th><th>金曜日</th></tr>
<tr><td>7:30〜8:00</td><td colspan="5">朝　食</td></tr>
<tr><td>8:15〜8:45</td><td colspan="5">朝の集会</td></tr>
<tr><td>9:00〜11:30</td><td>メイン科目</td><td>サブ科目A</td><td>サブ科目B</td><td>メイン科目</td><td>サブ科目A</td></tr>
<tr><td>11:45〜12:45</td><td colspan="5">昼　食</td></tr>
<tr><td>13:00〜14:30</td><td>サブ科目C</td><td>サブ科目B</td><td rowspan="2">（職員会議）</td><td>メイン科目</td><td>サブ科目C</td></tr>
<tr><td>15:00〜16:30</td><td>サブ科目D</td><td></td><td>合唱</td><td></td></tr>
<tr><td>16:30〜17:30</td><td colspan="5">フリータイム</td></tr>
<tr><td>17:30〜18:00</td><td colspan="5">夕　食</td></tr>
<tr><td>18:00〜19:30</td><td colspan="5">フリータイム</td></tr>
<tr><td>19:30〜21:00</td><td colspan="2"></td><td>特別
プログラム</td><td colspan="2"></td></tr>
</table>

＊ Silkeborg Højskole や Brenderup Højskole などの時間割を参考にした一例である。

用意するかは各校の判断によるが、総授業時間の半分以上は、幅広い一般的な内容とすることが法律で義務付けられている。

長期コース（約20週）の受講者一人当たりの料金（授業料、食費、宿泊費等）は、学校やプログラム、宿泊室が個室か二人部屋かなどによっても異なるが、約4万クローネ（約76万円）である。

フォルケホイスコーレの一日は、三々五々、全員が食堂に集まっての朝食からスタートする。朝食後は、講堂や集会室等で朝の集会がある。朝の集会では、「フォルケホイスコーレ歌集」の歌を歌う。人気のある歌、季節にふさわしい歌、朝向きの歌など、歌集には600を超える歌が収められている。選曲は当番の受講者や教員が行う。受講者と教職員が声を合わせて一つの曲を歌うことは、全員の一体感を高める重要な時間になっている。その後は教員がミニレクチャーを行ったり、受講者がスピーチを行う。そして、午前中の授業へと移る。コーヒーや紅茶などはいつでも飲めるように準備されているので、授業の合間や休憩時間には自由にコーヒーなどを飲み、おしゃべりをして過ごす。

昼食の時間になると、再び、全員が食堂に集合する。教職員も同じ食堂で昼食をとる。あるフォルケホイスコーレの受講者からは、お昼のメニューが三食の中では一番豪華だと聞いた。ここでも、テーブルごとに食事をしながらの会話が絶えない。学校からのお知らせや、受講者間で連絡や決めごとがあるときは、食事の前後に行われる。話し合いになると、闊達に意見が出される。

筆者は現地調査で多くのフォルケホイスコーレを訪問しているが、午前中の訪問のときは、校長先生から一緒にお昼をどうぞと誘っていただくことが多い。昼食が豪華だと言う受講者の言葉通り、どのフォルケホイスコーレでもとても美味しい料理が提供され、たいへんありがたい。

このような昼食時、必ずと言ってよいほど、共通することがある。それは、校長先生がタイミングを見計らって受講者たちにスピーチを始め、続けて「今日は日本からゲストが来ています」と筆者を一同に紹介することである。そして私に向かって自己紹介を促す。初めてのときは突然のことに驚き、慌てながら自己紹介とスピーチをした。しかし、どのフォルケホイスコーレに行っても、同じシチュエーションになることから、今ではその心積もりをするようになった。そこで、なぜ、校長先生は一時だけの訪問者である筆者を、わざわざ全員に紹介するのか、尋ねたことがある。その理由は、「フォルケホイスコーレには、学びとともに生活がある。そこで一緒に生活している人は、ある意味、家族のようなものだ。家族で暮らしている中で、見知らぬ人が一緒にご飯を食べたり、過ごしていたら変でしょう」ということだった。

昼食を終えると午後の授業となり、早い日は、午後2時半に授業は終了する。そして、自由時間を過ごし、夕食の時間を迎える。これが通常の一日の流れである。

フォルケホイスコーレの授業の一コマを紹介しよう。オーフス市から南へバスで1時間ほどの場所に、エグモントホイスコーレン（Egmont Højskolen）がある。このフォルケホイスコーレは障害をもった受講者を多く受け入れ、障害者と健常者が共同で学び、生活している。日本からも福祉に関心を持つ多くの青年たちが留学している。

ここで音楽の授業を見学したことがある。出席していた受講者は12～13名で、音楽の先生が2名ついていた。受講者には、軽度の障害のある人、歩行が困難で車椅子を使っている人、脳性ま

コーラスの講座。高齢者のみを対象とするシニアホイスコーレにて(筆者撮影)。

音楽の授業の様子。エグモントホイスコーレにて(筆者撮影)。

ひの人、全盲の人など障害の種類も程度もさまざまで、健常の受講者とともに参加していた。その日は、ポップスの曲をそれぞれがなんらかのパートを担当して合奏するという授業であった。

先生の指揮で合奏が始まる。軽度障害の受講者はボーカルやギターを担当し、脳性まひの受講者はトライアングル、車椅子の受講者はカスタネット、全盲の受講者は体でリズムをとりながらボンゴを叩き、健常の受講者は木琴やオルガンを担当する。先生がアドバイスをしながら、曲の出だしを何度かやり直す。中には、タイミングがうまく合わないパートもあるが、それを気にする素振りは受講者にも先生にもない。ここでは、一人一人がそれぞれ役割を担い、一つの曲を演奏する。この共同活動に大きな意味があるのだろうと思う。

短期コースのプログラム

フォルケホイスコーレは、長期コースが開催されていない夏の期間を中心に、約1週間程度の短期コースを開設している。前述のように長期コースの受講者年間約1万1000人に対し、短期コースの受講者は年間約3万2000人と、フォルケホイスコーレの対象の多くを占める。また先にも述べたが、長期コースの受講者の多くが20代前半であるが、短期の受講者は、コースの内容によっても異なるが、全般的に年齢の幅が広く60歳以上が半数を超えている。

短期コースのテーマを見てみよう。例えば、ユラン中央東部にあるウルダムホイスコーレ(Uldum Højskole)の2021年夏の短期コースでは、6月の終わりから8月にかけて、「古代軍用街道」「創作工房」「音楽」「ファミリーコース」「東ユランの景色」という五つのコースが、それぞれ1週間のプログラムで順次開催されている。[16]「古代軍用街道」は、東ユランと西ユランの境界を走るヘアヴァイン（Hærvejen）と呼ばれる古代軍用街道跡を歩き、街道沿いの教会や歴史的施設を見学し、自然散策などを楽しむ。「東ユランの景色」は東ユランのフィヨルドや川の上流、海などをハイキングしながら、自然の眺め、歴史、環境などを楽しむ。この二つは、ウルダムという地域の自然、歴史、文化的な特徴を生かしたコースと言える。「創作工房」はアクリル画制作、レザーやパイルの小物や装飾品、楽焼づくりなどを行い、「音楽」は演奏や合唱を楽しむ内容で、これらは趣味的な活動を行うコースである。「ファミリーコース」は、親、祖父母、兄弟姉妹、いとこなどと一緒に参加できるコースで、スポーツやレクリエーション、ボードゲーム、ガラス創作、演劇、合唱などを楽しむことができる。ウルダムホイスコーレの短期コースからは、地域性を生かしながら、家族という参加形態にも対応するなど、多様な学習関心に応えようとする配慮を感じることができる。

筆者は、２０１７年に在外研究でデンマークに滞在中、バーナップホイスコーレ（Brenderup Højskole）の夏の短期コースに参加した。ここでは、その実際を紹介する。

バーナップホイスコーレは、フュン島の北西部に位置する海沿いの町にある。デンマークのフォルケホイスコーレの歴史の中では、比較的新しく、１９８６年に開校した。開校当時、世界平和や平和教育を重要視していたフォルケホイスコーレの潮流があり、現在もその考え方を継続し、国際的な異文化交流や持続可能な未来づくりの取り組みに力を入れている。

筆者が参加したのは、２０１７年7月30日から8月5日に実施された「北西フュンのサイクリ

フリータイムでは受講者がくつろぐ様子が見られる。ウルダムホイスコーレの短期コースにて(筆者撮影)。

校内ツアーで屋外レクチャーを受ける様子。バーナップホイスコーレにて(筆者撮影)。

ング」の1週間のコースである。フュン島北西部の名所旧跡に立ち寄りながら、丘や海沿いを自転車で巡るというコースであった。なお、バーナップホイスコーレでは、同じ期間に並行して「美しいヨガへの道」「絵画」「フェルトの小物づくり」のコースが開催されていた。参加費は各コースとも同じで、シングルルームの場合は4450クローネ（約8万4550円）、ツインルームの場合は3950クローネ（約7万5050円）であった。

筆者は、当初、ヨガのコースを申し込んでおり、初日はヨガの活動に参加した。しかし、初日の活動終了後、先生方より「北西フュンのサイクリング」へのコース変更を勧められ、2日目以降はサイクリングコースで活動することになった。

図表4－10は、「北西フュンのサイクリング」6泊7日の日程表である。1日目は、夕方、各自、バーナップホイスコーレに集合した。夕食は全員が食堂でとった。初対面の面々ながら、自然とにぎやかな会話が生まれ、和やかな雰囲気となった。参加者は4コース全体で50名弱であった。これに続けて、学校からの歓迎のあいさつと各コースの講師紹介、連絡事項等の説明があった。これは日本で言えば開講式にあたるものだが、セレモニーのような堅苦しい感じはなかった。筆者にとっては、初めての参加であり、いよいよホイスコーレ生活が始まるなと大きな期待が膨らんだ。

その後、各コースに分かれて、最初の活動がスタートした。先述の通り私は初日のみヨガのコースに参加したため、「北西フュンのサイクリング」コースの1日目の活動はできなかったが、サイクリングのメンバーは、バーナップ周辺を10キロメートル程度巡るミニサイクリングを行った。

2日目以降は、朝食－朝集会－各コース午前の活動－昼食－各コース午後の活動－夕食という

図表4-10 「北西フュンのサイクリング」日程表

第1日 7月30日(日) バーナップ周辺 約10kmのサイクリング	
16:00〜18:00	集合。休憩、宿泊室入室。
18:00	夕食。
19:00	参加者とコース講師への歓迎のあいさつ。その後、バーナップ周辺のミニサイクリング。

第2日 7月31日(月) ボーゲンセからギルデンステーンへ 約50kmのサイクリング	
7:45〜8:15	朝食。昼食用サンドイッチのパック詰め。
8:30	朝集会。
9:30	出発。小さな曲がりくねった道に沿ってボーゲンセへ〜街の広場、港、ビーチ〜桟橋付近で昼食。
13:00	ギルデンステーンダムの大きな自然回復エリアへ。古い堤防まで歩いて行き、このプロジェクト全体に関する展示施設を訪問。帰りにギルデンステーンの領主邸宅とハリツレフ庭園を通過。
18:00	夕食。
19:30	フォルケホイスコーレ歌集で合唱。

第3日 8月1日(火) フォンスからホーレビャーへ 約55kmのサイクリング	
7:45〜8:15	朝食。昼食用サンドイッチのパック詰め。
8:30	朝集会。
9:30	出発。インズレブ教会とフォンスバングに立ち寄る。フュンで2番目に大きい湖〜フォンスのビーチで海水浴の可能性あり。昼食。バーンモレへ。
13:30	帰りは、ホーレビャーの古墳まで歩く。さらに、ルンジ、キングストラップ、ファイルステッドを通ってバーナップに。
18:00	夕食。
19:30	「メキシコの編み細工」-涙にぬれた旅行体験。ヨアン・ゾレンセンによる写真とお話。

第4日 8月2日(水) ケルテミンデへ 約10kmのサイクリング	
7:45〜8:15	朝食。昼食用サンドイッチのパック詰め。
8:30	朝集会。

9:15	バスでケルテミンデへ。ヨハネス・ラーセン美術館の特別展「海沿いの庭」を見学。美術館庭園で昼食。
14:30	バーナップへの帰路出発。
16:30	ビーチまでサイクリング。水着を忘れずに。
18:00	夕食。
19:30	フラメンコ～マグジット・イングトフトによるパフォーマンスとダンス。

第5日 8月3日(木) フロービェルグバウネホイからビッセンベルグ 約55kmのサイクリング

7:45~8:15	朝食。昼食用サンドイッチのパック詰め。
8:30	朝集会。
9:30	フュンの高地へ向けて出発。エレホルムの領主庭園に寄って公園を散策。フロービェルグバウネホイの頂上で昼食。
13:30	バーナップへの帰路出発。途中でサプライズあり。
18:00	夕食。
19:30	自由な夕べ。

第6日 8月4日(金) ロイレ海崖からストリブ 約40kmのサイクリング

7:45~8:15	朝食。昼食用サンドイッチのパック詰め。
8:30	朝集会。
9:30	ロイレ海崖に向けて出発。ボーリングビグを見渡す。昼食。ロイレ海崖の下のビーチを歩く。
13:30	ストリブへ。ユトランド半島を望むフェリー乗り場。学校までの帰路ではコースビャーのギャラリーを訪問。
16:30	パーティの準備:テーブル準備、室内装飾。
18:30	4コース全員のための美味しい料理とさまざまな陽気な場を揃えた最後の夕べ。

第7日 8月5日(土)

7:45~8:30	朝食。
8:30	朝の集会と全コース参加者との別れ。
9:30~10:00	ホイスコーレを出発(解散)。

サイクリングの休憩中。バーナップホイスコーレの短期コースにて（筆者撮影）。

のが、通常の一日の流れである。「北西フュンのサイクリング」コースでは、日ごとにコースを決めて、フュン島北西部を一日40～55キロメートル回るサイクリングを行った。なお、4日目の日中の活動は4コース共通プログラムで、オーデンセ近郊にある美術館へのエクスカーションが組まれていた。

また、2日目から4日目までは夕食後のプログラムとして、フォルケホイスコーレ歌集の合唱や教員によるレクチャー、外部の演者によるパフォーマンス（このときはフラメンコ舞踊が披露された）などが企画された。

6日目は、各コースに分かれた活動の最後で、いつもより短い40キロメートルほどのサイクリングで終了し、学校に戻るプログラムであった。最終日前日の夜は、最後の夕べがセットされていた。

共同性と多様性

　ここまでの中で、エグモントホイスコーレンにおける障害の有無に関係なく参画する音楽の授業、受講者が一堂に集うディスカッションの機会、受講者同士が自由に過ごし、自由に議論できる時間と環境づくりなどフォルケホイスコーレの一端を紹介してきた。これらの事例からわかるように、フォルケホイスコーレの活動には、受講者や受講者の共同性を重視し高めようとする配慮と取り組みが随所に見て取れる。また、筆者が短期コースに参加したバーナップホイスコーレでは、四つのコースに分かれていても、受講者が交流する時間と場所が各所に設けられていた。こうしたプログラムから、先に述べた多くのホイスコーレが基本価値で記述している「共同体」が、学校運営や学校生活の中で確実に体現されていることがわかる。また共同性を成り立たせるためには民主主義の考え方が必要であり、フォルケホイスコーレで過ごす時間は、民主主義の理解にも自ずとつながるものと言えよう。

　フォルケホイスコーレの歴史を見ると、その第一号として１８４４年にロディンホイスコーレが設立されてから、まもなく１８０年が経とうとしている。この間、多くのフォルケホイスコーレが各地に開校し、一時は国内に１００校を超える時期もあった。その後、閉校を余儀なくされた学校もあり、増減を繰り返しながら２０２１年には77校となり、現在に至っている。

　ロディンホイスコーレをはじめ、１８００年代に設置されて今に続いている学校がある一方、近年新たに誕生するフォルケホイスコーレもある。古くからあるフォルケホイスコーレは、その設立の歴史からも農村地域に存在することが多いが、2018年に開校したロスキレフェスティバルホイスコーレ（Roskilde Festival Højskole）は市街地に近い場所に設置されている。また、ヨハンボラップスホイスコーレ（Johan Borups Højskole）はコペンハーゲンの繁華街の一角にある。ここは、施設に宿泊室がないため、校外に部屋を借りたり、自宅から通う受講者もいる。このほか、17歳6カ月よりも若い年齢の受講者や、高齢者を対象としたフォルケホイスコーレがあることなど、さまざまな面にフォルケホイスコーレの多様性を見て取ることができる。フォルケホイスコーレの共同性や民主主義の価値を堅持しながら、こうした多様性を受容できるのが、デンマークのフォルケホイスコーレなのだろう。

ここ数年、日本においてもフォルケホイスコーレ設立の機運と活動が芽吹き始めている。フォルケホイスコーレの基本価値を大切にし、多様な取り組みが展開されることを期待したい。

コラム5　フォルケホイスコーレと日本

デンマークのフォルケホイスコーレの意義は、ヨーロッパ諸国のみならず、大正時代の日本にも伝えられていた。筆者は、日本においてフォルケホイスコーレの精神を受け入れようとした時期が、これまで二度はあったと考えている。その第一は、大正から昭和初期にかけての時代である。農村の近代化が急務であったこの時期に見られたのが、国民高等学校運動である。これは、地方の農村指導者を育成することなどを目的として、デンマークのフォルケホイスコーレを模範に国民高等学校の設立が進められた動きである。

日本における国民高等学校の第一号は、1915年に設立された山形県立自治講習所と言われている。その後、岩手、茨城、鳥取、大分、岐阜等にも国民高等学校が開校した（当時、フォルケホイスコーレの影響を受けた教育機関には、福音系の学校などもある）。しかし、当初の知識教育を重視する考え方は、その一部に農地開拓を主とする勤労主義、精神主義へと変容が見られ、デンマークのフォルケホイスコーレの考え方とは離反していく。そして、第二次世界大戦の敗戦後、日本の国民高等学校運動はほぼ消滅する。

第二の時期は、第二次世界大戦敗戦直後である。この時期に日本で誕生した公民館の構想において、その設立を奨励した寺中作雄著『公民館の建設』（1946年）の公民館を作る必要性を説く中の事例で、国家的逆境からの復活に寄与した教育施設として、唯一デンマークのフォルケホイスコーレ（国民高等学校）が登場する。フォルケホイスコーレと公民館に共通するのは、敗戦後の地域復興と青年の育成への貢献であり、公民館を作る理由の一つとして、「民主主義を我がものとし、平和主義を身についた習性とする迄にわれわれ自身を訓練しよう」（同書）とある。

公民館は、敗戦後の新生日本の建設に向けて、地域における民主主義の普及とそれを身につけた人材の育成、とりわけ青年指導者の育成が大きなねらいとされていた。フォルケホイスコーレは公民館の直接的なモデルだったわけではないが、公民館の構想には、フォルケホイスコーレの実績とそのありようが意識されていたと考えられる。公民館の設置から七十有余年が経過した今、民主主義を標榜している公民館はほとんどなく、公民館活動への青年の参加は極めて少ない。デンマークのフォルケホイスコーレでは、これまで見てきたように設立から180年が経った今でも、民主主義が基本価値として高く掲げられている。数少ない事例ではあるが、日本の国民高等学校も公民館も、それぞれの時代の流れの中で、類似した社会環境にあったデンマークのフォルケホイスコーレの教育理念、教育方法を学ぼうとした。しかし、それらが十分に定着したとは言い難い。一定の期間、それが受け容れられ、保持されながらも時代の流れの中で次第に変容し、デンマークのフォルケホイスコーレとはかけ離れていったのではないだろうか。現在の公民館に関していえば、地域自治や住民自治の必要性がますます高まる今日、再びデンマークのフォルケホイスコーレから学ぶべきことがあるように思う。

（原義彦）

第5章 デンマークの公共図書館プログラム

多様な社会福祉サービスへの接続

和気 尚美

本章では、デンマークの公共図書館について取り上げる。デンマークに暮らす多くの人にとって公共図書館は、もっとも身近で気を張らずに行ける生涯学習施設の一つと言える。住民の暮らしに近接した公共図書館という場において、どのようなサービスや活動が展開されているのだろうか。

最初にデンマークの図書館サービスを概観し、その後、デンマークの公共図書館において展開されている多彩な図書館プログラムに焦点を当てていく。図書館プログラムとは、図書館で開催される講習会やセミナー、ワークショップ、イベント等を意味する。デンマークでは日々、多彩な図書館プログラムが提供されているが、そもそも図書館プログラムが盛んに催されるようになったきっかけは何であったのだろうか。また、図書館プログラムはどのような変遷をたどって発展してきたのだろうか。まずデンマークの図書館プログラムの発展の流れを確認し、さらに、2010年以降、どのような図書館プログラムが展開されているのか、具体的な事例を見ながら掘り下げて見ていきたい。

1　公共図書館サービスの仕組み

デンマークにおける公共図書館のあらまし

まず、デンマークにおける図書館制度を説明しよう。本書第1〜4章で触れてきた教育機関は基本的に教育省の管轄下にあるが、デンマークにおいて公共図書館は、文化省の管轄下に置かれている。実質的には、文化省の外局である城・文化局（Slots-og Kulturstyrelsen）が図書館政策を統括している。[1] 余談だが、日本でこの城・文化局の話をすると、しばしば「城？　お城ですか？」と聞き返される。デンマークでは図書館や博物館、美術館などと並び、城の文化行政の推進も同組織が担っているのである。

城・文化局が管轄する図書館は、国立図書館、公共図書館、研究図書館の三つに大きく分けられている。ここで言う公共図書館とは、セントラル・ライブラリーとコムーネ図書館のことである。研究図書館には、大学図書館と専門図書館が含まれる。コムーネはデンマーク語で「共同体」を指す語で、現在デンマークにおける自治体の最小単位（基礎自治体）となっている。１９６４年の公共図書館法改正以降、すべてのコムーネに公共図書館の設置が義務付けられている（Dyrbye et al. 2005:271）。なおセントラル・ライブラリーとは、コムーネに設置されている公共図書館を、資料や情報の提供、先進的事業の実践等の点で支援、先導する図書館を意味する。

２０２１年の統計によると、国レベルの図書館である国立図書館は１館で、公共図書館のうちセントラル・ライブラリーは６館であった。[2] 基礎自治体にある５０５の公共図書館サービスポイントの内訳は、中央館が97館、分館および配本所[3]が３９２カ所、移動図書館が16カ所だった（２０２１年）。

デンマークにおける公共図書館サービスは、全国に張り巡らされた図書館ネットワークを基盤にして提供されている。主に地域住民への図書館サービスを担当するのは、コムーネ図書館である。コムーネ図書館の情報提供能力では対応しきれない情報の要求が住民からあった場合、セントラル・ライブラリーがコムーネ図書館を支援して要求に応じている。２０２１年現在、ゲントフテ（Gentofte）図書館、ロスキレ（Roskilde）図書館、オーデンセ（Odense）図書館、ヴァイレ（Vejle）図書館、ヘアニング（Herning）図書館、オルボー（Aalborg）図書館の６館のセントラル・ライブラリーが存在する。

デンマークで図書館を利用するには、通称イエローカードと呼ばれる、健康カード（Sundhedskort）が必要となる。健康カードは、ＣＰＲナンバー（Central Persons Resistration Number）と呼ばれる個人番号に紐付けられている。なお、イエローカードは、図書館のほか、病院や銀行などで利用することができる。イエローカードがあれば、デンマーク全土の公共図書館を利用できる。実際、筆者がデンマーク国内を旅行中に、休暇中の旅先で公共図書館に立ち寄り、旅行中に読む本の貸出手続きをしている若者の姿を見かけたことがある。２０２１年には、イエローカードのスマートフォン用アプリケーションが登場した。App Store や Google Play でアプリケーションをダウンロードし、個人番号を入力してログイン後、バーコードのあるページを開くと、従来のイエローカードと同じように使用できる。[4]

イエローカードを使ってアクセスできる資料や情報は膨大だ。デンマークの公共図書館の資料のうち、もっとも大きな割合を占めているのは図書資料である。２０２１年現在、デンマーク全土の公共図書館が所蔵している資料の総数は１５３３万７０５２点である。[5] 近年増加が著しい電子書籍やオーディオブック、ポッドキャストについては eReolen が全国共通のプラットフォームになっている。先述したイエローカードの番号、パスワードを入力し、居住地を選択すればサインイン可能で、わかりやすい方法で電子仕様にアクセスできる。

デンマークの公共図書館プログラム

デンマークにおいて公共図書館は資料のみではなく、日々多彩なプログラムを提供している。『情報学用語辞典』(″Informationsordbogen″) は、プログラムの定義中に「多くの図書館は、重要な業務の一つとして子どもおよび成人を対象とした催しを行っている。例えば、作家の講演会、映画上映会、演劇公演、お話会、ブックトーク、講習会、展示会が挙げられる[6]」と記している。２０２０年には、デンマーク全土の公共図書館にて展示会２０４０回、講習会３９０３回、その他プログラム１万４０２５回が行われた。[7] 図表５−１は、２０１１年から２０２０年まで10年間の図書館プログラムの実施回数および講習会参加者数の推移を示したものである。２０２０年に

図表5-1　図書館プログラムの実施回数および講習会参加者数の推移
（2011～2020年）

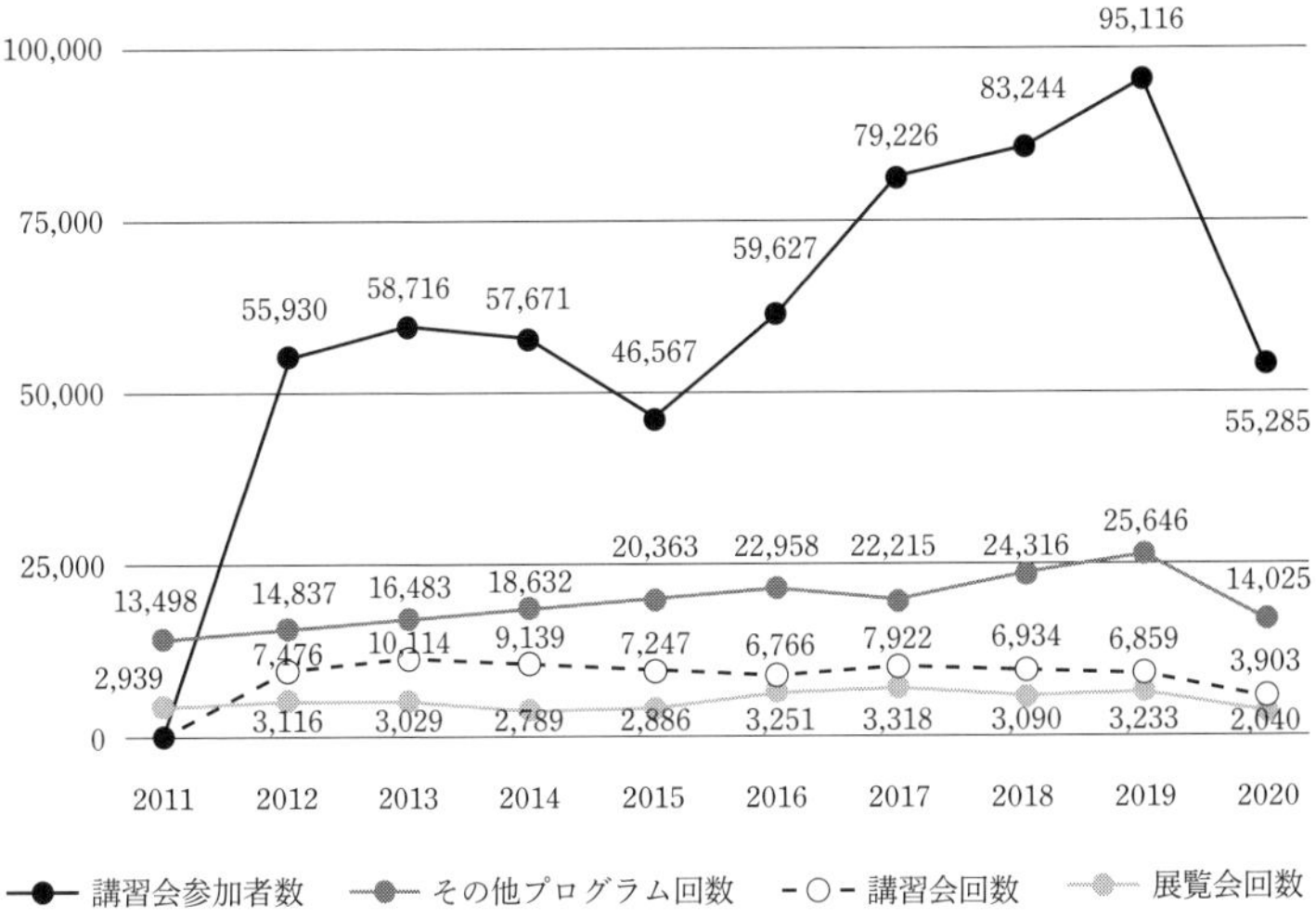

出典：Danmarks Statistik. "Public Libraries by Region and Activity," http://www.statistikbanken.dk/BIB2B

は新型コロナウイルスの影響により、その他図書館プログラムの実施回数や講習会への参加者数は減少したが、2019年までは基本的に増加の傾向にあった。

公共図書館は定期的に作成するパンフレットや、ホームページを通して、今後開催予定のプログラムを市民に伝えている。既述した作家の講演会等に加え、各図書館は多様なプログラムを提供している。図表5−2は、ヘルシングア（Helsingør）図書館がホームページ上で告知している2021年9月開催のプログラムを表にまとめたものである。子どもから高齢者まで対象も幅広く、多様なプログラムが催されていることがわかる。

ヘルシングア図書館が特にプログラムに注力している図書館というわけではなく、上記のようなプログラムはデンマー

図表5-2　ヘルシングア図書館プログラム一覧(2021年9月)

日付	時間	プログラム名	場所
2021/9/23	13:30-15:30	手工芸カフェ	文化の庭
2021/9/23	14:00-15:30	ITカフェ	文化の庭2階コンピューター室
2021/9/27	14:00-16:00	ITカフェ	エスパゲーア図書館
2021/9/27	14:00-15:30	ITカフェ	文化の庭2階コンピューター室
2021/9/27	15:00-19:00	無料法律相談	文化の庭
2021/9/28	8:30-8:55	朝の歌	文化の庭
2021/9/28	10:00-12:00	看護師と語る (乳幼児と家族対象)	文化の庭
2021/9/28	15:00-18:00	図書館での 進路選択ガイダンス	文化の庭
2021/9/28	17:30-19:00	哲学カフェ	文化の庭
2021/9/30	10:00-12:00	郷土史デジタル アーカイブに書き込もう	文化の庭
2021/9/30	13:30-15:30	手工芸カフェ	文化の庭
2021/9/30	14:00-16:00	木曜日の映画	エスパゲーア図書館
2021/9/30	14:00-15:30	ITカフェ	文化の庭2階コンピューター室
2021/9/30	17:00-18:30	クラシック音楽観賞	文化の庭

出典：Helsingør Kommunes Biblioteker, " Aktiviteter," https://helsbib.dk/arrangementer
をもとに筆者作成。

ク全土の公共図書館で展開されている。

デンマークの公共図書館における多彩なプログラムの開催には、公民館のような施設が存在しないデンマークの文化施設事情も関係している。公共図書館はコミュニティの文化活動の主要な部分を引き受けているため、ＩＴ、スポーツ、芸術等の多岐にわたるテーマがプログラムとして実施されている。

2 図書館プログラムの変遷

「文化の民主化」と「文化民主主義」

前節で示したように、デンマークでは日々多様な図書館プログラムが実施されているが、図書館で盛んにプログラムが行われるようになったきっかけは何だったのだろう。また、今日のように多様な図書館プログラムが展開されるに至るまで、どのような変遷を経てきたのだろう。

デンマークにおいて、図書館が文化活動を促進する場であることが初めて図書館法に明記されたのは、１９６４年のことである。１９６４年の図書館法改正では、公共図書館は本やその他資料への無料のアクセスを保障することを通じて、情報、教育、文化活動を促進する場所であることが法律で定められた。トアハウゲは、１９６４年改正により、公共図書館には「もう一つの目的」が付与されたと表現している（Thorhauge 2002:114）。つまり、それまで図書館は資料提供機能が中心であったが、加えて、文化活動の促進という機能が新たに加わった。

この図書館法改正の背景には、1960年代に文化省が打ち出した「文化の民主化」(Democratization of Culture)政策が関係している。この時期の文化政策の主要な目的の一つは、図書館や博物館等の文化施設を通じて、文化・芸術に触れる機会を増やすことによる、「文化の民主化」であった。ドゥーロンは、1960年代の「文化の民主化」の対象となったのは、いわゆる伝統的なハイ・カルチャーであったとしている(Duelund 2001:41-43)。つまり、この頃の文化政策の主な関心は、いかにより広く多くの人々に高尚な文化・芸術への接触の機会を提供するかということにあった。

そこから文化の概念が拡張されたのは、1970年代に入ってからのことである。文化政策の中で新たに打ち出されたのは、「文化民主主義」(Cultural Democracy)という考え方だった。これにより、プロフェッショナルによって生み出される高尚な文化・芸術のみを支援するのでなく、アマチュアの文化活動も含めて、より多様な文化を尊重する姿勢が強まった(Duelund et al. 2012:100)。また、文化政策は可能な限り市民に近い所で決定できるよう、地方分権化が強化された(Duelund 2001:45-47)。

1960年代と1970年代の文化政策に関する議論が、公共図書館プログラムの発展に影響を与えたという研究は、いくつか発表されている。[8]「文化の民主化」と「文化民主主義」という文化政策は、公共図書館が多様なプログラムを提供し始める契機であった可能性がある。

公共図書館プログラムの変遷

１９６０年代から本格的に取り組まれるようになった公共図書館のプログラムは、今日までどのような変遷をたどって発展してきたのだろうか。マティーアスンは、デンマークの公共図書館が１９６０年から２０２０年までの間に提供してきた図書館プログラムについてまとめている。[9] マティーアスンは、六つの区分を設定し、各時期における図書館プログラムの特徴をまとめている（図表５−３）(Mathiasson 2020:41)。以下に各区分の概要を示す。

区分１　読書を広め貸出を増やす手段としてのプログラム（1960～1968年）

この期間は、図書の展示、児童書の読み聞かせ、複数名で館内の一角で本を読み合うなど、読書意欲を高めるよう利用者を動機付ける図書館プログラムが目立った (Mathiasson 2020:42)。例えば、図書の展示会や、子どもを対象にしたおはなし会などが挙げられる。この時期の図書館プログラムは、より多くの人に読書を広め、貸出を増やす手段となっていたと言える。

区分２　図書館を本以上のものとして宣伝する手段としてのプログラム（1969～1976年）

１９６９年以降、図書館で提供されるプログラムの数と種類は劇的に増加した (Mathiasson 2020:42-43)。またプログラムの形式と内容の両面において拡張が見られた。この時期には、新たなメディアが多数出現したことにより、図書館資料の収集対象が拡大した。漫画もこの頃から公

図表5-3　デンマークにおける公共図書館プログラムの6区分

区分	プログラムの特徴	年
1	読書を広め貸出を増やす手段としてのプログラム	1960～1968
2	図書館を本以上のものとして宣伝する手段としてのプログラム	1969～1976
3	コミュニティ形成の方法としてのプログラム	1977～1982
4	出会いの場としてのプログラム	1983～1994
5	コミュニティ形成の場としてのプログラム	1995～2008
6	それ自体を目的とするプログラム	2009～2020

出典：Mathiasson, Mia Høj (2020) "From Means to an End to Ends in Themselves: An Empirical Study of the Development of Public Library Programmes in Denmark between 1960 and 2020," *Nordic Journal of Library and Information Studies*. vol.1, no.2, p.41.

共図書館で収集されるようになり、漫画の展示会などが催された。その他、映画の上映、子どもを対象とした演劇の上演、演劇グループの活動など、本や読書の普及に留まらない文化活動が図書館内で行われるようになった。

区分3　コミュニティ形成の方法としてのプログラム（1977～1982年）

プログラムの形式と内容は拡大し続けた（Mathiasson 2020:43-44）。顕著なのは、図書館がよりコミュニティに扉を開き、多様なステークホルダーが参画してプログラムを展開し始めたことである。例えば、地域の各種協会や、グループ、非営利組織などが、公共図書館に作品を持ち込み、参加型展示会を開催していたことが確認できる。この時期には、公共図書館がプログラムを図書館内に留めることから脱却し、広く開放することで、多様なステークホルダーがコミュニティ形成のための手段・方法として図書館プログラムを活用するようになった。

区分4　出会いの場としてのプログラム（1983〜1994年）

図書館プログラムの対象に家族が加わり、土曜日に開催されるプログラムが増加した(Mathiasson 2020:44)。また公共図書館は、従来の機能に加えて、人と人との出会いの場としての機能を戦略的に加えるようになった。それにともない、プログラムも図書館の出会いの場としての機能を構成する一部となっていった。

区分5　コミュニティ形成の場としてのプログラム（1995〜2008年）

この時期の図書館プログラムは、情報技術の進化と普及にともなって、インターネットや情報リテラシーに関する内容のものが劇的に増加した(Mathiasson 2020:45)。また、手法としては「ITカフェ」や、「編み物カフェ」のように、プログラム名にカフェと付くものが広く浸透した。カフェと名の付くプログラムでは、お茶を飲みながら他者と緩やかな関係を構築しつつ、テーマとなる題材について学びを深めていく。つまり、コミュニティのさまざまな団体が活動の手段や方法として図書館プログラムを活用するという段階を超え、図書館プログラムそれ自体がコミュニティ形成の積極的な一部となっていった。

区分6　それ自体を目的とするプログラム（2009～2020年）

１９９０年代から始まったカフェプログラムは、育児休暇中の方を対象とした「ベビー・カフェ」や、語学学習のための「言語カフェ」など、多様なテーマで展開され続けている（Mathiasson 2020:45-46）。新しい傾向としては、ヨガやマインドフルネスなど、心身の健康に関するプログラムの増加が見られる。また、合唱プログラムや会食プログラムなどの新たなプログラムが登場している。これらは、学習内容の題材より、集まるという社会的行為に焦点を当てていることを特徴としている。言い換えると、他者と一緒に過ごす、経験を共有するという行為が、合唱で歌う歌や、会食時の食べ物という特定のコンテンツより重視されている。このように、同じ場に集い経験を共有するという行為、それ自体を目的としたプログラムが出現している。

マティーアスンは、上記した六つの区分を、図書館プログラムの主な対象別に図表5－4のように示している。

プログラムの対象は、一見新たに設けられているように見えるものも、よく見ると、既存のプログラムを継続する中で、細分化、拡張し設定されている。１９６０年代や１９７０年代には、プログラムの対象は大人か子どもかのいずれかであった。その後、子どもから大人への移行期にあたる若者を対象としたプログラムが登場している。１９９０年代以降には、さらに細分化してライフステージ別にプログラムの対象が設定されるようになった。加えて、年齢層ではなく関心分野別に対象を設定しているプログラムも登場している。

図表 5-4　対象別にみる図書館プログラムの変遷

<table>
<tr><td>1960～1968年</td><td rowspan="3">大人対象
子ども対象</td></tr>
<tr><td>1969～1976年</td></tr>
<tr><td>1977～1982年</td></tr>
<tr><td>1983～1994年</td><td>大人対象
子ども対象
若者対象</td></tr>
<tr><td>1995～2008年</td><td>大人対象
子ども対象
若者対象
高齢者対象
家族対象
関心分野別プログラム</td></tr>
<tr><td>2009～2020年</td><td>大人対象
子ども対象
若者対象
高齢者対象
家族対象
関心分野別プログラム
育児休暇中の親子対象</td></tr>
</table>

出典：Mathiasson, Mia Høj (2020). "From Means to an End to Ends in Themselves : An Empirical Study of the Development of Public Library Programmes in Denmark between 1960 and 2020," *Nordic Journal of Library and Information Studies*. vol. 1, no. 2, p. 46-47.

次節からは、デンマークの公共図書館で２０１０年以降に取り組まれている図書館プログラムを、具体的な事例を示しながら見ていく。焦点を当てるのは、高齢者向け、育児休暇中の親子向け、難民向けの三つの図書館プログラムである。

3 高齢者を対象とした公共図書館プログラム

シニア層の利用者増と情報技術の急激な発展

まず、高齢者を対象とした図書館プログラムを取り上げる。デンマークにおいて高齢者を主な対象としたプログラムの増加が顕著になったのは、１９９０年代後半以降のことである（Mathiasson 2021:190-191）。高齢化が進むなかで、日本ではいわゆるアクティブ・シニアと呼ばれているような、定年退職後にも趣味やさまざまな活動に意欲的で元気なシニア層の図書館利用が増え、高齢者ボランティアが主体となって進められる図書館プログラムの試みなど、徐々に高齢者へ焦点があてられるようになった。

さらに情報技術の急速な進展にともなって、パソコンや各種デバイスが広く普及した状況に対応して、２０００年の図書館法改正の際には、インターネットによるサービスを含む、デジタルメディアの提供に関する記述が追加された。それ以降、デンマークの図書館は、市民とデジタルメディアを結びつけることをその使命の一つに掲げてサービスを強化してきた。その過程で徐々に顕在化してきたのは、デジタルデバイド（情報格差）の問題である。デンマーク全土の公共図書館において、パソコンの操作に不慣れな住民、特に高齢者に焦点をあてたさまざまなＩＴ支援の図書館プログラムが組まれるようになった。また、２０１０年代以降には、心身の健康に関連した図書館プログラムも展開されている。

ここでは、高齢者を対象とした図書館プログラムの中でも、ＩＴ支援と健康プログラムについて見ていこう。

高齢者の高齢者によるＩＴ支援

首都コペンハーゲンのナアアブロー（Nørrebro）地区にあるナアアブロー図書館に行くと、館内の一角に、高齢者が数名集まり、パソコンの画面を覗き込みながら話し合っている様子を目にすることができる。「ヘンリクのＩＴカフェ」と名付けられている図書館プログラムである。

ＩＴカフェとは、毎週決まった曜日の決まった時間にＩＴに関するさまざまな相談に対応する図書館職員やボランティアが在館し、予約をしなくても自由に質問ができるというサービスである。ＩＴカフェは、市民の誰でも気軽に立ち寄ることができ、ＩＴに関わる基本的な諸問題を解決するための手助けをしてくれる場所である。ナアアブロー図書館に限らず、デンマーク全土の公共図書館で取り組まれているプログラムだ。

ナアアブロー図書館では、プログラム名に含まれている、ＩＴアシスタントのヘンリクがＩＴに関するさまざまな相談に対応している。エンジニアだったヘンリクは、定年退職後に、ＩＴアシスタントとしてナアアブロー図書館でボランティアを始めた。以来10年以上継続して、ナアアブロー図書館でボランティアとしてＩＴカフェの運営に携わっており、今では自身の名前を冠したプログラムができるまでに有名な活動になった。いわば、高齢者による高齢者のＩＴサポートと言える。

ヘンリクにインタビューしたところ、「過去には、パソコンが壊れたと言って、台車でデスクトップパソコンをこの図書館に運んで来た人もいました。電気屋ではなく、図書館に壊れたパソコンを持って来たんです。それだけ、身近な活動になっているのだとわかって嬉しかったです」と語った。また、自身の背景とＩＴカフェの活動については、「私自身が高齢者で、移民の背景を持っています。だから、ここ（ＩＴカフェ）に相談に来る人の気持ちを理解しやすいんです。彼らが抱えている言語の壁、電子申請の問題に共感しながら、解決をお手伝いできるんです」と述べ、相談者との関係性については、「ＩＴカフェで活動していると、相談者から教えてもらうことがたくさんあります。先生と生徒という関係ではなく、友達に近いです。ギブ・アンド・テイクの関係です」と話した。

デンマーク政府は２００１年に「ＩＴをすべての人へ―デンマークの未来」（IT for all – Denmark's Future）を発表し、以後、公共部門の効率性と市民の利便性の向上を目指し、公共サービスへのＩＴの導入を急速に進めてきた。２０２０年、国際連合はデンマークを世界１９３カ国・地域のうち、もっとも電子政府化が進展していると報告している。[10]

２００７年には市民ポータル Borger.dk の運用が開始された。Borger.dk とは、市民と公的機関をワンストップでつなぐオンライン行政サービスである（石黒 2012:119-134）。ここには、年金や税、児童手当、教育サービス、高齢者福祉サービスなど、あらゆる公的なサービスに関する最新の情報が掲載されている。デンマーク政府は、Borger.dk の普及と同時に、行政手続きのための窓口や郵便による各種申請の段階的な廃止を決定した。懸念されたのはデジタルデバイドの問題である。特に、高齢者と移民の背景を持つ市民には、特別な対応が必要であった。そこで、公共図書館は市民が電子的な公共サービスの利用方法を学ぶ場として、位置づけられるようになった。

２００７年、図書館・メディア局は Borger.dk の開設にあたりＩＴ電気通信局と協定を結び、デジタルメディアの利用を支援する図書館プログラムを強化することを決定した（Sønderstrup-Andersen 2008:16）。これを受け、地域の各公共図書館は、Borger.dkをはじめとする電子的な公共サービスの利用方法、基本的な情報検索、オンライン決済等に関するＩＴ講習を積極的に開講するようになった（Sønderstrup-Andersen 2008:16）。ＩＴに関する図書館プログラムには多様な方法が用いられており、「ＩＴカフェ」はその一つである。高齢者を対象とする際には、特に高齢者による高齢者の支援の手法が頻用されている（Mathiasson 2020:45）。高齢者同士が教えあうことで、高齢者にとって理解しやすい語彙や表現、速度で解説できる、参加の心理的障壁を軽減できる、参加する高齢者間で新たな関係を構築できる、といった効果が期待されている。

図書館で健康的な時間を過ごす

２０２１年現在、デンマークの全人口に占める65歳以上の高齢者の割合は20・３％である。高齢化は今後も進み、20年後の２０４１年には24・95％になることが予測されている[11]。高齢化が進むなかで、２０１０年代から高齢者の健康維持を支援する図書館プログラムが登場している。

２０１７年から進められている「健康な頭の維持」（Hold Hjernen Frisk）は、より多くの高齢者がより長い期間、健康でアクティブな生活を送ることができるよう支援するプロジェクトである。同プロジェクトは、デンマーク体操・スポーツ協会（以下、ＤＧＩ）や文化省の城・文化局などが実施主体となり、ノルデア公益慈善基金（Nordea-fonden）の助成を受けて実施されている[12]。

このプロジェクトは、身体的健康、精神的健康、社会的健康の三つの意味での健康を包含しており、次の4コースが設定されている。①野外でのネイチャートレーニング、②フィットネスソフトやゲームなどを使った室内トレーニング、③知的・社会的健康維持を目指した文化活動、④合唱、音楽、ダンスである。公共図書館が主要な実施拠点の一つになっている。

例えば、ヘアニング図書館では、「歴史の旅」（På Tur i Historien）というプログラムを実施している。「歴史の旅」は、図書館資料などを使って地域の歴史を学び、さらに実際に街歩きやサイクリングをすることで、身体も使って地域への理解を深めるというプログラムである。

また、ヴァーデ（Varde）図書館は、ＩＴ講習と街歩きを兼ねたプログラムを実施している。プログラムでは、まず担当スタッフが、スマートフォンやタブレットの健康管理アプリや地図アプリの使い方を高齢者に伝え、その後実際にアプリを使いながら街をウォーキングする。

オーフスの公共図書館では、特に合唱を通じた健康支援活動に注力している。複数の合唱プログラムが存在するが、なかでも注目したいのは、ホイスコーレ・ソングを合唱する取り組みである[13]。デンマークには、誰もが知っている有名なホイスコーレ・ソングの歌集（Højskolesangbogen）がある。第4章でも紹介されているように、フォルケホイスコーレには、ホイスコーレ・ソングの歌集を開き、みんなで合唱する時間が設けられている。歌集が最初に出版されたのは1894年であるから、長きにわたってデンマークで歌い継がれ、使い続けられてきた一冊と言える。最新（2021年）の歌集は第19版で、デンマーク民謡や、童謡、賛美歌など合計601の新旧の歌が収録されている[14]。オーフスの公共図書館では、このホイスコーレ・ソングの歌集を用いて、合唱プログラムを展開している。ホイスコーレ・ソングの歌集には、年代の差をこえて多様な世代が歌うことのできる曲が多数掲載されているので、この合唱プログラムは歌を通じた多世代の交流の場になっている。

公共図書館で健康維持のための活動をすると聞くと、意外に思う読者もいるかもしれない。しかし、実際に取り組まれているプログラムを見ると、これまでに公共図書館が実施してきたＩＴ講習や、地域史の講習などの延長線上で、健康支援プログラムが展開されていることがわかる。

公共図書館はＤＧＩなどの専門団体の支援を得ながら、これまでのプログラムの経験を活かし、高齢者の身体的、精神的、社会的健康の維持を積極的に支援しているのである。

4　育児を支援する公共図書館プログラム

育児に関する情報提供とネットワーク形成を支援する

次に、育児に関する図書館プログラムを紹介したい。既述したように、デンマークにおいて子どもを対象とした図書館プログラムは１９６０年代から取り組まれていたが、育児について家族を対象に図書館プログラムが提供されるようになったのは、１９９０年代以降のことである。この20年ほどの間に、家族を対象としたプログラムは、デンマークの公共図書館において主要なサービスの一つとなった。

ここでは、「ベビー・カフェ」と「お父さんの遊び場」という事例を示しながら、デンマークの公共図書館が、どのように子育て中の人々へ図書館プログラムを届けているのか見ていこう。

「ベビー・カフェ」(Baby Café) は、妊娠中の女性と乳幼児を持つ親を対象とした図書館プログラムである。デンマーク全土の図書館で展開されており、基本的に、どこでも無料で参加できる。「ベビー・カフェ」の主な目的は、これから子育てし始める、あるいは、育児を始めて間もない親が、安心してスタートを切れるよう必要な情報を提供し、人的ネットワークの形成を支援することにある。名称に「カフェ」とあるように、紅茶やコーヒーを飲みながら、親同士が育児に関する経験や不安、喜びを気軽に共有できるプログラムだ。毎回異なるトピックが設定されており、各回にゲスト講師として保健師や看護師などの専門家が参加する。

ところで、デンマークには「マザーズ・グループ」（Mødregruppe）という制度が公的に整備されている。産婦は出産後、任意で「マザーズ・グループ」に参加することができる。「マザーズ・グループ」とは、居住地や出産日が近い母親を4〜6名程度に振り分け、母親同士がともに食事やお茶をしながら、育児に関する情報や、不安を共有することができる集まりのことである。参加するか否かは任意で、活動の頻度や内容もグループごとに決定することができる。グループごとに担当の看護師がおり、定期的に看護師がグループの活動に参加することになっていて、母親たちは看護師から専門的な助言を得ることもできる。

「ベビー・カフェ」には、「マザーズ・グループ」単位で参加することも可能である。また「マザーズ・グループ」に属していない親も、育児に関して情報を共有する新たなネットワークを形成することができる。

「ベビー・カフェ」の運営方法や活動内容は場所によって異なる。保健管理センターが「ベビー・カフェ」を企画・運営し、コムーネ内にある公共図書館で開催している場合もある。図表5-5は、2021年9月から12月にブロウスト（Brovst）の公共図書館で開催された「ベビー・カフェ」のトピック一覧である。内容は子どもの健康・発育に関するものが中心である。その他に、弁護士に育児に関する福祉制度や法的支援について相談できる機会を設けているコムーネもある。このように、「ベビー・カフェ」は、育児に孤軍奮闘し疲弊するような状態を軽減できるよう、気軽に緩やかに支え合える関係性の構築や、専門家へのアクセスを支援している。

父親の育児参加を支援する

平日の午後、オーフスに存在する公共図書館機能を中心とする複合型文化施設ドッキン(DOKK1)の児童スペースには、多数のベビーカーが並ぶ。そして窓際の児童スペースの一角では、絵本を楽しむ父親と赤ちゃんや、ブロック遊びをする父親と子ども、談笑する数名の父親、育児に関して専門家に相談をする父親などが滞在している。母親とおぼしき人の姿はなく、そこにあるのは子どもと父親の姿ばかりである。

ドッキンでは、「お父さんの遊び場」(Fars Legestue)というプログラムを定期的に実施している。参加費は無料で、事前の参加予約も必要ない。途中参加や退席も自由だ。毎回、保育士が常駐しており、全体で歌や手遊びを行うこともあるが、親子は状況に応じて、自由に遊戯に加わったり抜けたりすることができる。また、時間は限定的であるが、保健師が滞在する時間もあり、乳幼児の健康に関する相談をすることもできる。「お父さんの遊び場」は、オーフスに居住する0〜3歳の子どもと父親が、リラックスして自由な時間を過ごしたり、乳幼児の育児や健康に関する日頃の疑問を専門家に気軽に尋ねることができる場になっているのである。

デンマークの放送局TV2は、2018年にドッキンの「お父さんの遊び場」について取り上げている[15]。放送のなかで、このプログラムにたずさわる保育士は、「育児休暇を取得しても、お父さんには本当に行く所がないんです。男性の場合、『マザーズ・グループ』のような場に誰もが参加できるわけではありません。ここは、ふらっと立ち寄って、同じような環境に置かれてい

図表5-5　ブロウストにおける「ベビー・カフェ」のプログラム内容(2021年9月〜12月)

日程	トピック	内容	専門家
2021年 9月7日(火) 午前	子どもの睡眠	子どもの睡眠について、その基礎的知識、睡眠の効果的な取り方などについて学ぶ	看護師
2021年 9月7日(火) 午後	福祉サービスと情報教育	育児に関する各種福祉サービスと電子申請の方法を学ぶ	看護師
2021年 10月5日(火)	応急処置	発生件数の多い子どもの事故と、発生した場合の応急処置の概要、乳幼児の罹りやすい病気について学ぶ	看護師
2021年 11月2日(火)	子どもの健康と食生活	子どもに必要な栄養や健康的な食習慣について学ぶ	看護師
2021年 12月7日(火)	リトミック	音楽に合わせて歌い、踊ることを通して、幼児のコミュニケーション、基礎的な身体能力、言語習得を向上させていく	看護師

出典：Sundhedsplejen. “Babycafe,” https://sundhedsplejen.jammerbugt.dk/tilbud/babycafe/

ドッキンの「お父さんの遊び場」の開催を知らせる案内板(筆者撮影)。

る他のお父さんと会話のできるフリースペースです」と語っている。同放送では参加者にもインタビューをしていた。ある参加者は、「家にいて母親が仕事から帰って来るのをひたすら待つのではなく、ここに来ています。その方が妻も喜びます。広いスペースにたくさんのおもちゃがあり、多くの人と出会えます」と話した。

既述の通り、女性には「マザーズ・グループ」という場が公的な母子保健制度のなかで整備されている。その一方で、父親には育児に関する情報共有や、緩やかな関係を形成する場が公的に設けられていない。育児休暇を取得しても行き場がなくて困っていたり、父親としての経験や悩みを共有する機会に出合えないケースが多い。こうした父親のための育児支援の場が不足している現状から「お父さんの遊び場」というプロジェクトを起こしたのが、ファザー・フォー・ライフ（Far for Livet）というＮＧＯである。２０２2年9月現在、デンマーク全土42カ所で「お父さんの遊び場」が展開されており、事業運営はファザー・フォー・ライフに委託されている。

デンマークでは、子ども一人につき、夫婦で合計52週間の育児休暇を取得できる。女性は出産前の4週間、出産後の14週間（うち最初の2週間は義務）を産前・産後休暇として取得できる。産後最初の2週間は両親ともに取得することができ、その後さらに32週間を取得可能である。この32週間については、夫婦間で調整のうえ、時期が重ならないように取得することになっている。このように法制度としては父親の育児休暇取得が認められているものの、実際には育児休暇の取得は進んでいない。この課題の打開策の一つとして取り組まれているのが「お父さんの遊び場」だと言える。

「お父さんの遊び場」の活動場所は、公共図書館に設定されていることが多い。オーフス以外にも、コペンハーゲンやゲントフテ、オルボー、ヴィズオウア（Hvidovre）、レズオウア（Rødovre）などのコムーネにおいて、公共図書館で「お父さんの遊び場」が実施されている。公共図書館はNGOと協力しながら、父親が育児に取り組む際に立ちはだかる障壁の軽減にも努めている。

5 難民を対象とした公共図書館プログラム

欧州難民危機による難民の急増

デンマークの公共図書館は、難民に対してどのようなプログラムを提供しているのだろうか。北欧に滞在する難民の数は、2015年頃から顕在化した欧州難民危機により急激に増加した。北欧諸国における難民申請者の数は2014年には10万3915人であったが、2015年には23万9555人になった[16]。しかしその後、急激に増加した難民に対し、デンマーク政府は厳しい姿勢を示し、申請件数は2016年以降減少している。

2016年以降、政府の姿勢に変化があったものの、欧州の図書館界でもっとも早く難民を歓迎する姿勢を示したのはデンマーク図書館協会（Danmarks Biblioteksforening）であった。

2015年9月、同協会は、デンマークの図書館界が長年にわたり移民・難民に対する図書館サービスに取り組んできたことについて触れ、それゆえデンマークの公共図書館は新たなゲストを受け入れる準備が整っており、図書館員は難民が安心して図書館を利用できるよう最善を尽くしていくと声明を発表した[17]。

以下では、難民を主な対象として展開されている図書館プログラムについて、具体的事例を見ていきたい。

難民を対象としたカウンセリング

水曜日の午後、フレデリクスベア（Frederiksberg）図書館の多目的室に続々と人が入室していく。一人で来る人もいれば、家族や友人数名で来る人もいる。ベビーカーを押して幼子を連れて来る人の姿もある。部屋はあっという間にいっぱいになり、デンマーク語のほか、アラビア語やペルシャ語、ティグリニア語など多言語が部屋の方々から聞こえてくる。和やかな雰囲気とは言いがたく、みな真剣な面持ちで語っている。

フレデリクスベア図書館は毎週1回、「日常相談」（Hverdagsrådgivningen）という難民を対象としたカウンセリング事業を行っている。難民としてデンマークに滞在している人であれば、誰でもここで相談ができる。室内にはアラビア語やペルシャ語、ティグリニア語などの言語の通訳がおり、デンマーク語での相談が難しい場合には、通訳を介して相談することも可能である。対応できる相談内容に明確な規則は設けられていないが、基本的に難民としてデンマークでの生活を始めたばかりの人を対象としており、各種公共サービスへのアクセス方法の伝達や、トラブルの解決支援、専門部署や専門機関への橋渡しなどを行っている。一口に公共サービスと言っても

「日常相談」を訪れた難民と相談に応じる図書館職員（筆者撮影）。

その範囲は広い。行政から届いたデンマーク語の手紙を理解することができないといった相談から、子どもを現地の幼稚園に通わせるための手続きの方法がわからないといった相談など、その内容は多岐にわたる。

ウマイマ（仮名）は、筆者が調査の際に出会った60代のシリア出身の難民女性だ。夫と息子と共に、シリア第2の都市アレッポから戦火を逃れて越境して来た。現在、ウマイマは未だシリアに残っている子どもをデンマークへ呼び寄せたいと考えている。しかし、具体的にどのような手続きを行えばよいかわからず困惑していた。そのような折に、息子がフレデリクスベア図書館で相談できるようだという噂を聞き、ウマイマは息子と共に「日常相談」にやって来た。ウマイマは語学学校でデンマーク語を学習中であるが、家族の呼び寄せについて相談できるほど流暢にデンマーク語を話せない。そこで、アラビア語の通訳を介して相談を始めた。カウンセリング終了後、ウマイマは、「とても親身に話を聞いてくれました。まさか、図書館で相談できるとは思いませんでした。シリアでは図書館はこういうこと（カウンセリング事業）はしていませんから。来週また来ます」と語った。

「日常相談」を担当している図書館職員によると、昔からフレデリクスベアに暮らす住民の中には、多数の難民が定期的に公共図書館に集うことに不満を漏らす者もいるようだ。同職員は、その度に、難民も等しく図書館を利用する権利を持っていることを説明していると語った。「日常相談」に携わる職員は、難民の抱える行政サービスに関する相談に対応するのみでなく、他の住民に難民への理解を働きかけている。

難民へのアウトリーチ

フレデリクスベア図書館が行っている難民支援は「日常相談」のみではない。同館は「出張市民サービス」（Borgerservice to-go）も展開している。「出張市民サービス」は、図書館のスタッフが、難民が多数居住している地区を訪問し、難民の相談に応じる事業である。訪問の拠点は2カ所設けられており、それぞれ週に1回2時間、スタッフが訪問する。「日常相談」と同様に、広く公共サービス全般に関する相談を受け付けているが、特に重視しているのはＩＴ支援である。近年デンマークでは、NemIDと呼ばれるインターネット上のＩＤ制度や、ネット・バンキング、行政への電子申請等が導入されている。電子行政サービスになじみがなく、デンマーク語の学習途中にある難民には、基本的な操作さえ困難な場合がある。そこでフレデリクスベア図書館は、難民が多く居住する地区にパソコンを数台持参して出張し、電子行政サービスの利用手順を相談者と共に確認することで、相談者の課題解決を支援している。

出張するスタッフの中には、移民の背景を持ち、ヒジャブ（スカーフ）をまとったアラビア語話者の女性もいる。フレデリクスベア図書館で「出張市民サービス」を担当している図書館員にインタビューをしたところ、「警戒心を取り払って気軽に相談に来てほしいので、彼女（アラビア語話者の女性）にプロジェクトに関わってもらっています。その方には、アラビア語の通訳としても活動してもらっています」と語った。相談に訪れる難民の心的障壁を軽減させるために、また相談者とのアラビア語でのコミュニケーションを円滑に進めるために、相談者と一部近い背景を持つ者をスタッフに採用している。

「出張市民サービス」のような活動をアウトリーチと呼ぶ。『図書館情報学用語辞典』によれば、アウトリーチは「施設入所者、低所得者、非識字者、民族的少数者など、これまでの図書館サービスが及ばなかった人々に対して、サービスを広げていく活動」と定義されている。フレデリクスベア図書館で「出張市民サービス」を担当している図書館員は、「難民を対象とする場合、図書館で待っているだけでは、本当に支援を必要としている人にサービスを届けることは難しいのです」と話す。フレデリクスベア図書館は、これまで図書館サービスが届いていなかった難民のもとへサービスを届けるために、アウトリーチに取り組んでいる公共図書館の一例である。

庇護希望者を支援する

次に紹介するトナー（Tønder）図書館は、ドイツとの国境近くに立地している。トナー図書館が２０１７年5月から２０１９年12月まで取り組んでいたプロジェクトに「待っている間に」（Mens Vi Venter）がある[18]。

このプロジェクトは、トナー図書館と、難民支援をしているアスルスウ（Asylsyd）というＮＧＯの協働で行われた。難民認定前の庇護希望者（Asylum-Seekers）を主な対象としており、難民認定をまさに「待っている間に」も、新しい情報を獲得し、コミュニティの住民と接点を持つことを通して、デンマークの文化に触れられるよう支援している。

「待っている間に」のプロジェクトの中では、複数のプログラムが提供された。その一つに「編み物カフェ」がある。図書館内の一角に集まり、他の参加者と会話しながら、図書館が所蔵する編み物のテキストを参考に編み物を楽しむというもので、デンマークの公共図書館でよく見られる長年人気のプログラムである。「待っている間に」の「編み物カフェ」は、ルーゴムクロスタ（Løgumklosterk）図書館を会場とした。ルーゴムクロスタ図書館はトナー図書館の分館で、そのすぐ近くに庇護センター（Asylum Centre）があることから、庇護希望者のうち編み物に関心のある人を「編み物カフェ」に招き、元々ルーゴムクロスタ周辺に暮らす住民と庇護希望者との接点を創出することに成功した。なお庇護センターは、庇護を希望する人が難民認定審査を受けている間に入所する一時収容センターである。

また、「カルチャーバス」（Kulturbussen）という名の移動図書館で、トナーにある庇護センターを定期的に訪問するプログラムも実施した。「カルチャーバス」には、本や玩具、パソコンやタブレットなどのデバイスがあり、庇護センターで生活する庇護希望者は自由に「カルチャーバス」を利用することができた。また資料やデバイスを提供するほか、お話会などのプログラムも実施していた。

「待っている間に」は2019年末で終了したが、その成果は『あなたが待っている間に』（Mens Du Venter）という報告書に収められている。同報告書は、庇護希望者から庇護希望者への助言という形でまとめられており、アフガニスタン、シリア、パレスチナ、ボスニア、エリトリア、アルバニアなどを出身とする人の発言が掲載されている。[19]

難民と庇護希望者へ図書館プログラムを届ける

ここまで、「日常相談」「出張市民サービス」「待っている間に」という三つのプログラムを取り上げた。厳密に言えば、「日常相談」「出張市民サービス」の対象は主に難民（難民認定後の人）であり、「待っている間に」は主に庇護希望者（難民認定前の人、Asylum-Seekers）を対象としている。

難民認定は基本的に「到着」「審査」「審査結果通知」のプロセスで進んでいく。審査に要する時間の長さや、その間の滞在方法は、国によって異なる。デンマークの場合、難民認定プロセスの期間は、庇護センターと呼ばれる一時収容センターに入所することになる。[20] 受けられるサービス内容にはセンター間で差があり、また図書館のない庇護センターもある。難民認定審査の結果が通知され、定住許可へ向けたプロセスに進むと、庇護希望者は庇護センターを出て、制約が軽減された生活を送れるようになる[21]ため、一般利用者として公共図書館にアクセスすることが可能になる。また、庇護希望先社会に親族等が滞在している場合、審査期間中でも親族等の元で生活することを許可されることがある。その場合には、特に制約なく公共図書館を利用できる。

ここで見てきたような、正式にデンマークに滞在することが決定していない人々をも利用対象者に含め、アウトリーチ等により公共図書館サービスを届ける取り組みは、デンマークの図書館界における新たな展開と言える。難民認定を「待っている間に」も、進んで情報へのアクセスを保障していくという一貫した姿勢には、デンマークの図書館が持つ覚悟を見ることができる。

6 まとめ～デンマークの公共図書館像と実践

読書推進から緩やかな紐帯を紡ぐ場へ

本章の第2節では、デンマークの公共図書館がどのような契機や変遷を経て、今日のように多様な図書館プログラムを提供するに至ったのかを見てきた。既述のように、１９６０年代の「文化の民主化」および１９７０年代の「文化民主主義」に関する文化政策の議論が、公共図書館プログラムの発展に影響を与えた可能性が高い。1960年代には、読書の推進や図書の貸出を増やすための手段として見なされていた図書館プログラムは、徐々に演劇や映画などの文化活動の機会をより多くの人々に届ける取り組みへと変化していった。その後、図書館プログラムは、コミュニティの形成を促す手段と見なされていった。さらに2010年代には合唱プログラムや会食プログラムなどのように、学習内容の題材より、ひと時を共に過ごすことや、経験を共有することといった行為自体に焦点を当てたプログラムが登場した。

公共図書館は、直接的に図書館資料に関連するプログラムのみを提供する段階から脱し、徐々に図書館の外へとアウトリーチを広げ、コミュニティで活動するより多くのステークホルダーとの関係性の中で、プログラムを構成していくようになった。それに伴って、プログラムで扱うテーマも多様化し続けている。デンマークの公共図書館は、文化政策の転換や、ステークホルダーからの要望、時流などを柔軟に受け入れながら、プログラムの形式や内容を変化させてきたと言えよう。今日、公共図書館で見られる多様なプログラムは、プログラムを継続させていくための文化行政や図書館運営側の戦略と、コミュニティや利用者の需要との調整・折衝の末の形態と捉えることができるだろう。

既述のように、今日の公共図書館には、「共に過ごす」こと、それ自体が目的のものが出現している。ここから、利用者の需要も、図書館側の戦略も、他者との緩やかな関係のなかに、自身の居場所を見つけることに重きを置いていることが読み取れる。今後も、図書館プログラムをめぐる図書館側の戦略と利用者の需要の調整・折衝の動向に注目していきたい。

多様な社会福祉サービスへと接続するデンマークの公共図書館

本章第3節から第5節までに提示した事例からも明らかなように、今日デンマークの公共図書館で展開されている図書館プログラムの多くは、図書館単体ではなく、自治体内の他部署やNGO、企業、ボランティアなど、複数のアクターとの連携・協力によって成り立っている。

デンマークでは近年、公共文化施設の複合施設化が進んでおり、文化センター（Kulturhus）などと公共図書館が統合された施設が多数存在する。また2008年頃から、「コミュニティセンター」（Medborgercentre）機能を持つ公共図書館が生まれ、図書館の提供するサービスの範囲が拡大している。コミュニティセンターでは、図書館機能を基盤としながら、労働、教育、保健、市民権等に関する多様な行政サービスや、ボランティア活動、相談サービス、教育プログラムなどが展開されている。コミュニティセンターでは、図書館の枠を超えた分野横断型の連携が重視されており、基礎自治体内の他部署、学校、NGO、企業、個人等の多様なアクターとの協働によって活動が行われている（Kulturstyrelsen Center for Bibliotek 2012:82）。今日のデンマークの公共図書館は、従来から担ってきた伝統的な資料貸出機能や情報提供機能を基礎としながら、柔軟に他機関等と連携し、多様な社会福祉サービスへと接続するコミュニティセンター機能を担っている。

2012年、ヨコムスンらは、①インスピレーション空間、②学びの空間、③出会いの空間、④創作の空間という四つの場から構成される「四空間モデル」（The Four Spaces）として21世紀の公共図書館像を提示した（図表5－6）（Jochumsen 2012:586-597）。デンマークの城・文化局は、

図表 5-6　公共図書館の四空間モデル

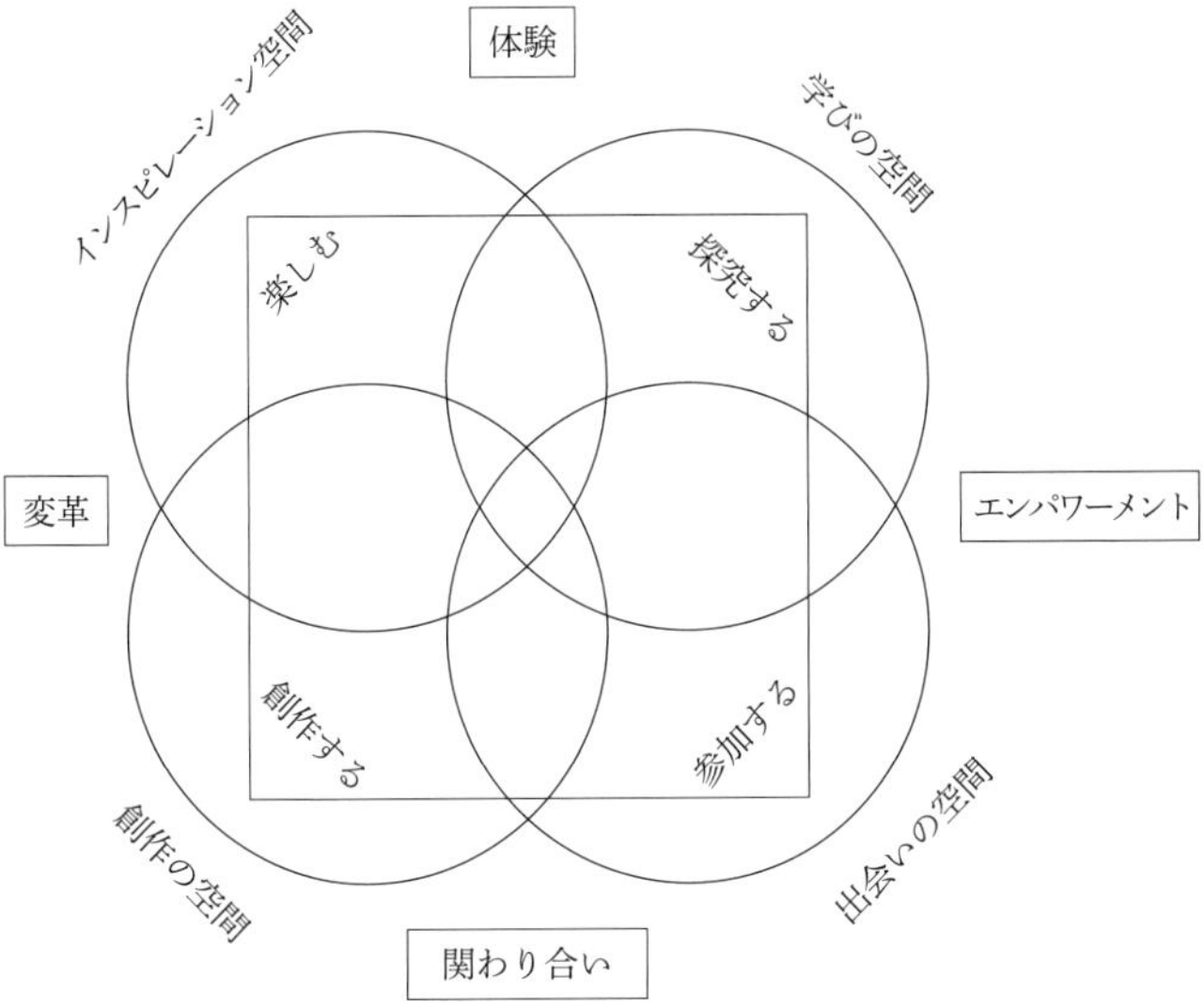

出典：Jochumsen, Henrik et.al（2012）. The four spaces: a new model for the public library. *New Library World*. vol. 113, no. 11/12, 2012, p.589. Figure1. 日本語訳は、吉田右子（2014）「対話とエンパワーメントを醸成する 21 世紀の北欧公共図書館」、『現代の図書館』vol. 52, no. 2 を参考とした。

四空間モデルを今後の公共図書館のあり方を示す基本的な理念モデルとしてウェブ上で紹介している。さらに四空間モデルは、デンマークのみでなく広く北欧諸国の図書館界において共有されている。

そもそも四空間モデルは、１９９６年にスコット・ハンスンが発表した「四センターモデル」を土台としている。四センターモデルは、公共図書館が担う機能を①文化センター、②学習センター、③情報センター、④社会センターの四つのセンターとして提示したものである。なかでも④社会センター機能は、社会福祉に関わる住民の課題解決支援の場としての公共図書館の役割を示している（Skot-Hansen 1996:4-7）。現在広く浸透している四空間モデルは、四センターモデルを包含した理念モデルと言える。

本稿で見てきた、高齢者や子育て世代、移民・難民を対象としたプログラムは、一部の先進的な図書館による単発的な取り組みではない。公共図書館が多様な社会福祉サービスへと接続することは、デンマークの図書館界において共有されている公共図書館像の中に織り込まれている。

このようにデンマークの公共図書館は、公共図書館像に忠実に従ってサービスを提供し、実際に成果をあげてきた。言い換えれば、理念と実践に大きな矛盾がないということだろう。そこには、不平等な立場に置かれた人たちを文化的に包摂するという、デンマークの公共図書館界の一貫した強固な姿勢が見える。ひとりひとりの声を聞くということがデンマークの公共図書館像の中で広く共有され、各地域で社会福祉へと接続する図書館サービスの中で実践されているのである。

コラム6

学校図書館と公共図書館の複合

デンマークでは学校図書館と公共図書館とが結合し、複合図書館となるケースが増加している。一口に複合図書館と言っても、建築のみ複合施設となるケースもあれば、予算や資料管理、職員体制まで一体運用しているケースもあり一様ではない。呼称もさまざまで、デンマーク語ではコンビ図書館（Kombi-Bibliotek）、統合図書館（Integrerede Bibliotek）などと称されている。ここでは、デンマークにおいて徐々に増えている学校図書館と公共図書館の複合の状況について、その背景を含めて紹介する。なお、便宜上ここでは複合図書館と記していく。

学校図書館と公共図書館の複合は、コペンハーゲンにあるソルヴァン（Solvang）図書館のように、古くは1970年代から建築が一体化した事例を確認できる。その後も2008年以降、オーフスにコンビ図書館と呼ばれる複合図書館7館が誕生するなど、複合図書館は基本的に現場主導で進められてきた。その背景としては、2007年に実施された自治体改革により、基礎自治体であるコムーネの数が減ったことにともない、公共図書館数も減少したため、図書館サービスを保障する必要性が生じたことが挙げられる。加えて、緊縮財政の下で公共運営の合理化や効率化が求められている地方自治体が、学校図書館と公共図書館を複合図書館とすることにより経費削減をはかろうとしているという側面もある。

複合図書館は現場主導で進み、後から法整備が行われてきた。複合図書館に関する法整備は、２０１４年８月の国民学校法改正において「各学校に教育・学習センターを設置する。教育・学習センターは学校活動の一部であり、公共図書館と協力していく」と明記されたことで前進した。この法改正により、学校図書館は「教育・学習センター」と改称され、学校外の情報資源へのアクセスや、地域の組織・団体との連携が重視されるようになった。同年に行われた大規模な学校教育改革の一環で教育・学習センターが誕生することとなった。しかしながら、２０１４年の法改正では複合図書館について詳細に言及されることはなかった。暫定的な対応として、教育省は公式ウェブサイトに教育・学習センターと公共図書館の複合に関するＦＡＱページを掲載した。同ページには、教育・学習センターと公共図書館が新たに複合図書館となる場合には、事前に教育省への申請が必要であると記された。つまり、２０１４年時点では連携には触れているものの複合図書館については法令上、言及がなく、実質的には引き続き現場主導であった。

２０１９年８月の「学校教育法」改正で、同法内に複合図書館に関する記述が初めて追加された。この改正により、各自治体は教育省の許可を得ることなしに複合図書館を設置することが可能となった。

グリプスコウ（Gribskov）にノアスチュアネ基礎学校（Nordstjerneskolen）という学校がある。２０１３年に同校が新設された際、同校の敷地内に市民プールと、公共図書館

図表　複合図書館のカテゴリーとタイプ

カテゴリー		タイプ
建築	建築変更	新設
		改修・増築
		建築の変更なし
	空間構成	間仕切りなし
		部分的に間仕切りあり
		機能的に分離
予算		全体的に共有
		事業ごとに部分的に共有
運営形態		学校・公共図書館が共同運営
		公共図書館主導
		学校主導
		行政の関係部署主導
		その他（独自運営）
資料管理		一体型資料管理
		分離型資料管理

出典："Integrerede biblioteker med lokalefællesskab". Kommunernes Forening for pædagogiske Læringscentre（https://www.kfplc.dk/image/catalog/Integrerede/Kategoriseringer2.pdf）をもとに筆者作成。

であるヘルスィンゲ図書館（Helsinge Bibliotek）も設置された。学校、市民プール、公共図書館の機能が、全て共通のエントランスで繋がっている。ヘルスィンゲ図書館には図書館資料のほか、３Ｄプリンターやレーザーカッターもあり、同校の生徒はこれらを使って学ぶことができる。ところが２０１９年、ヘルスィンゲ図書館を、町の中心部へ移設する案が市議会に提出された。ノアスチュアネ基礎学校の生徒は移設案に反対し、３名の代表生徒が市議会に参加して、学校の敷地内に公共図書館があることが同校生徒にとっていかに意義深いかを説明した。その後、移設は見送られ、２０２２年現在、ヘルスィンゲ図書館は複合図書館として、同校の敷地内に存在している。なお市議会で意見を述べた生徒３名の行動は、複合図書館をまもる勇気ある行動として自治体から表彰された。

この事例のように、複合図書館の立地については議論となりやすい。学校の敷地に隣接する図書館は、セキュリティ面でも注意が必要となる。また考慮すべき事項は立地だけではなく、建築、予算、運営形態、資料管理など多岐にわたり（図表）、複合図書館の選択肢は多様だ。こうした運営における検討事項は多数ある一方、ヘルスィンゲ図書館のように、利用者は日々の利用を通して複合図書館の価値や意義を実感していることも忘れてはならない。定量的・定性的手法による利用者からの評価を定期的に行いながら、公共図書館と学校図書館が融合する複合図書館の効果を運営者・利用者双方の視点から捉える必要がある。

（和気尚美）

おわりに

ヒュッゲや幸福度を支える生涯学習社会

「デンマークの教育について全体像がわかる、お薦めの本はありませんか？」
授業などでデンマークの教育の話をすると、この問い合わせを受けることが幾度もあった。その際、デンマークに在住している方の経験談を中心とした書籍や、研究者による各分野に特化された専門書を紹介することもあった。一方で、このニーズに対応できる本を作れないだろうかとずっと思っていた。

とはいえ、ここまで本書を読んできた方はお気づきであろうが、非常に独特で多層的な学びの場が展開している（そして変化も多い！）デンマークの教育に関して、わからないこと、確信を持てないことも多く、一人でまとめることは難しいのが実情であった。

私たちは、それぞれがデンマークに長期、また複数回の滞在経験を持ち、それぞれの視点でデンマーク社会、特に教育領域の研究をしてきた。デンマークの教育について研究している研究者は少なく、あまりつながってはいなかった。各人が少しずつ、手探りでデンマークの生涯学習制度や教育の特徴について理解を深めていた中で私たちは知り合い、２０１５年８月に初めて集まり、現在進めている研究や自身の体験、参考になる情報の交換、何よりデンマークの教育について不明瞭な点について確認し合った。それから年に数回、定期的に集まるようになり、気づけばデンマーク教育研究会という名称も付いた。そして自然と、冒頭のようなニーズに少しでも応えられるような本を作ろう、という方向で話は進み、足かけ数年でまとめたのが本書である。

本書では、デンマークの生涯学習社会についてそれぞれの視点から描く中で、義務教育段階から大人まで、フォーマル、そしてノンフォーマルに展開される多層的な学びの場や、一人一人に合ったオーダーメイドの学びを提供する仕組み、社会的経済的に困難な立場に置かれがちな人を包摂していく取り組み、そして、彼らが当事者として参加し変えていける仕掛けなどを紹介してきた。

「ヒュッゲ」が世界的に流行となり、「幸福度の高さ」でもしばしば注目されるデンマークのライフスタイルに関心を持つ人々も増えているが、そのライフスタイルの背後にある社会制度や文化的背景、特に生涯学習の在り方について明らかにしようと試みた。

生涯学習への注力と国際的な評価

生涯学習という点から見て、デンマークをはじめ北欧諸国は、北欧閣僚会議を中心として生涯学習のネットワーク化を進め、「北欧モデル」の模索と発信を続けてきた。

例えば北欧生涯学習事業（Nordplus）や北欧成人学習ネットワーク（ＮＶＬ）などによる協力体制の構築や、『草原のなかの黄金の富―万人のための生涯学習』（１９９５年発行）など、様々な報告書を刊行してきた。同報告書では、学歴や資格の取得を直接の目的とせず、全人的な学びと批判的思考を培うことで市民を育成することを目的とした、19世紀からの北欧の伝統に根ざした民衆成人教育を中心とした教育の重要性を強調している（澤野 2016：243-247）。

そして、北欧の生涯学習は国際的に注目され高い評価を受けている。例えば欧州政策センターによる報告書『北欧モデル―欧州の成功のレシピか？』（2005年発行）では、デンマークをはじめ、北欧諸国において教育費の公財政支出がEU諸国の中で最高水準である点、就学前教育から高等教育、職業訓練など生涯学習が充実している点、市民が自らのスキルを常に向上できる環境にある点が注目されている（European Policy Centre 2004：53-54）。また、北欧型の生涯学習が、EUのリスボン戦略[1]が目指す競争力の向上と社会的結束の強化という点で効果があり、就労率の改善、雇用による社会的包摂だけでなく、所得の平等化を図る上での生涯学習の意義を指摘した研究者もいるという（澤野 2016：253）。

北欧諸国の中でもデンマークは、19世紀半ばに設立されたフォルケホイスコーレをはじめとして、成人に多様な学習機会を保障してきた伝統を持ち、現在も生涯学習社会の先進国と見なされている。[2]

デンマークの教育の変容と課題

もちろん、デンマークの教育にも様々な課題がある。本書でも一部触れているが、例えば政府は、若者の中退や早期離学への対策としてガイダンスを導入、強化することで、効率的で最適化された進路選択ができるシステムを目指している。しかし、これは一人一人が試行錯誤を繰り返し、ゆっくりと適性を見つけていく伝統的な教育の文化とは摩擦を生んでいる。

外国につながる子どもたちの学力保障の問題もある。社会的経済的に困難を抱えた人々が多く住む地域（ゲットーと呼ばれることもある）には「困難校」も存在し、教師たちは多くの課題への対応を迫られている。

ネットを介したいじめも問題となっている。またGDPに占める教育予算割合が高い国としてデンマークはしばしば取り上げられるが、こんなに公的資金を拠出しているにもかかわらずOECD生徒の学習到達度調査（PISA）の成績が伸びないのはなぜか？　教員のせいではないか？　学校での勉強が足りないのではないか？　という議論もあり、教員養成制度や教員の労働時間改革、学校の教育改革が進められている。

若手の初任者教員の間で辞めたいと思っている教員が増加しており、初任者を支える研修やメンタリングの仕組みの整備が急がれている。対話を重視し、内省的・全人的な発達を重んじてきた伝統的な教育から、測定・評価可能な成果の重視や、エンプロイアビリティ（企業や組織に雇用され得る能力）を高める教育へとシフトしてきている動向もある。

以上、グローバル化の波を受け、デンマークの教育も大きく変容している最中であることを駆け足で列挙したが、日本で「いいね」と言われることが多いデンマークの教育イメージは、今後、「古き良き伝統」として周縁に追いやられていく可能性もありえる。

それでも、私たちはデンマークの教育にどこか魅力を感じ、直面している課題も含めて分析、考察している。それは私たちの目から見て、デンマーク社会や教育を鑑として、日本の社会や教育にあったらいいなと思う制度、実践、出来事、参考になる議論、課題、そして社会的背景があるためだ。

特に、一人一人の子どもや若者の、異なる発達の速度や興味関心の移り変わりに対応して移行を支える教育制度、成人の学びを経済的な側面や、ガイダンスサービスなど情報支援の側面から公的に支える仕組み、マイノリティや社会的経済的に困難な立場に置かれがちな人々を排除せずに包摂し、彼らが生きやすいように社会参加を進め、制度や環境の変革の主体となることを可能とするノンフォーマルな教育、様々な背景を持つ多様な人々が共に学び合う場の在り方などは、日本における社会的包摂を目指した生涯学習、社会教育の具体的な在り方を構想する上で大いに参考になる。

一人一人の発達、成長段階を考慮した教育

私自身の話を少しさせてほしい。私たちが定期的な集まるようになってから本書を刊行するまでに、子どもが二人生まれた。上の子はもうすぐ5歳で保育園に通っている。子育てに日々奮闘する中、思うことがある。

親として、「のびのびと元気に育ってくれればいい」「ゆっくりとでも、その子のペースで歩んでいってもらえればいい」という素朴な願いがある。本当に、子どもは一人一人発育や興味関心のペース、移り変わりが異なる。あるとき何かに興味関心がぐぐっと集中して、そのあとは別のものへと変わり、彼らの成長の道筋は、ジグザグ型、あるいはウネウネとした

曲線なのだとつくづく感じる。

しかし、学校教育が始まると、同じ年齢で学年が分けられ、本人の関心や発達段階、興味関心に関係なく学ぶ内容が定められ、ある時点で一斉に試験が行われ、評価され、選抜され、時に振り分けられていく。もしかしたら、その段階では知識や能力が求められる段階に届いていなくても、あと半年後にはその子もできるようになっているかもしれない。学ぶ内容も段階ごとの評価も、学校教育を運用している大人（社会）の都合であり、一人一人の状況に寄り添うという方向性とはかけ離れている仕組みと言える。

その点、デンマークの10年生や、エフタスコーレなどの学校群は、一人一人が自身のペースで学び、進路を決定できる仕組みであり、一人一人の発達、成長段階が考慮されている。

また、日本の移行システムは、社会で普通、標準とされるライフコースから一度はずれると不利になることが多く、やり直しにくいと言われる。早期の教育的達成や移行の成否で、その後の人生全体が大きく決まってしまう社会よりも、フォーマル、ノンフォーマルに教育の場が充実し、移行も柔軟に可能で、いつでも学び直しやすい多層的な教育制度が整えられている社会のほうが、子どもは安心して学ぶことができるのではないか。そしてその安心感が、挑戦やイノベーションへの土台となっていくのではないかと思う。

近年、デンマークのフォルケホイスコーレへ留学する日本人が増えている。その中には、学校を卒業後、またはどこかで就労後に仕事を辞めて次のステップに進む際に、選択する人も一定数いる。もちろんデンマーク社会に興味があったり異文化に身を置きたいという動機もあるかもしれないが、日本社会において、他者と共に過ごしながら、ゆっくりと安心して試行錯誤し、視野を広げる場が少ないことの裏返しかもしれない。

また本書では扱っていないが、デンマーク発祥の、マイノリティとの対話の実践であるヒューマンライブラリーという取り組みも日本で広がっており、筆者も取り組んでいる。これは、自分とは異なる背景を持つ他者と対話することでお互いを理解し、自己理解を促すような場である。そうした「他者と共に在る場」が日本でも求められているのかもしれない。

支える側と支えられる側で区別しない制度

社会的包摂を目指す生涯学習や社会教育において、対象として念頭に置かれているのは、マイノリティをはじめ、社会的経済的、または文化的に困難な立場に置かれがちな人たちかもしれない。

実は、社会的包摂を目指す上では、「支えられる側」の人々を「支える側」の私たちが包摂し支援する、という視点だけでは十分ではない。自分自身も欠陥を抱え弱さを持ち誰かにケアされる立場でもあること、いつでも自分自身も「支えられる側」の当事者として困難な立場になる、という視点を持っておくことが大事である。中西（2015）によれば、「私たちは、人間であるかぎり、どこかで何らかのケアを受ける存在であり、『自分一人では自分自身の生活を完結できない』という事実に着目するなら、欠如・欠落を必ず抱えている存在」（中西 2015：68）であるという。むしろ、「弱い存在であること、誰かに依存しなくては生きていけないということ、支援を必要とするということは人間の出発点」（村上 2021：Ⅳ）であり、各々の人が持つ欠点や弱さがあるからこそ、私たちは相互に関わり合うことが可能になる。

自分の弱さを隠して、知識基盤社会やグローバル社会の中で負けないよう、不利な立場にならないように学び続ける生涯学習社会、自立して主体的に社会に参加する強い個人を前提とした社会や学習の在り方よりも、「『私もあなたも大丈夫ではない』という共通の土台の上にたがいの関係を築いてゆけるような社会、『弱さ』や『傷つきやすさ』が人間的な関係を築く不可欠の資源であるような社会」（中西 2015：43）、いわば、共に作り、共に支え合う社会の構想が必要であろう。

これは、私自身の実体験からくる課題意識でもある。私は、大学院修士課程を修了後に20代半ばで就職するはずだった。しかし、それが就職予定であった法人の都合で立ち消えとなり、まさに教育から就労の移行でつまずくこととなった。

突如、既卒という立場になり、なんとか就職活動をしようとするも、新卒ではなく（教育機関に在籍していない）、正社員等での就労経験もない20代半ばの私には、採用試験を受けること、ましてや内定をもらうことは困難であった。人材会社数社に登録するも、翌日には「希望条件に該当する案件は一件もありません」というメールが大量に届いた日のこと、内定が出たわけでもなく、ただ「採用試験を受けていい」と電話で言われただけで、うれしさと、そんな自分がみじめで泣いた日のことは忘れない。

自分なりには色々と動いてみたけれど、動けば動くほど傷つくことも多く、気づけば動くことを止めていた。自室でほとんど1日を過ごし、たまに外出する程度、でも近隣のまなざしも気になり、あまり昼間は出かけたくない。結果、昼夜逆転した生活となる。皆が働き、学んでいるような昼間は憂鬱で、夕方や夜のほうが元気であった。そして深夜まで起きて、早朝に新聞配達のバイクの音が聞こえると、「また憂鬱な一日が始まる」、とベッドにこもった。「あなたは社会には必要ではない」「いてもいなくてもいい」というメッセージを社会から受けているような気がしていたときもある。友人たち皆がまぶしく見えて、自分から疎遠になった。

後に、社会的排除、というのはこういうことなのかと知った。私はそれまで、社会問題に関心を持ちながら、どちらかと言えば、「支える側」の視点に無意識に立っていた。それが、ちょっとしたことをきっかけに、困難な状況にいる当事者（支えられる側）となったのだ。当時は、「まさか自分が」と、非常に愕然としたことを覚えている。

ただ、当時を振り返ってみても、私は恵まれていたと思う。私は、奨学金を借りながら博士課程に進学して再起を計ることが可能であった。進学を可能にするための衣食住は、関東圏に実家があったことで維持でき、私を受容してくれる両親がいて、友人や先輩がアルバイトや社会活動への復帰につなげてくれた。共にいてくれる人や場があったことで、社会の中に居場所を再度構築することができた。逆に、それらがなかった場合、もっと困難な状況にあったことは予想できる。

その経験からも、一部の顕在化した困難を抱えた人たちやマイノリティの人たちを「支えられる側」として、彼らのための社会的包摂を目指した生涯学習、社会教育ではなく、「普通の」、「支える側」と自分または社会から想定されている人々も含んだ、ユニバーサルで予防的に支える生涯学習が求められている。「支える側」と「支えられる側」は流動的であり、社会の側に排除する構造があるという視点から、いかに排除を生み出さないような仕掛けを作っていくかが問われているのだ。

「私のことは私が決める」文化

小池・西（2007）は、しばしば言われるデンマーク社会の特徴として、個の自律性と共同性とが両立して補い合っている点を挙げ、デンマークの歴史的な発展が、社会から排除されていた人々を包摂しながら、自由で平等な共生社会を作りあげるプロセスであったとしている（小池・西 2007：158-159）。

そのプロセスは、まず①排除された人々の存在があり、②排除された人々による社会的政治的組織の結成〜既存社会への抗議と権利拡大〜政治権力の掌握、③②を通じた高次の社会的包摂〜より自由で平等な共同社会の形成、④新たな排除問題に対する取り組みの再スタート、として定式化されている。つまり、排除されている人々自身が当事者として、社会的状況を変えながら包摂を達成してきた歴史がある。そしてフォルケホイスコーレをはじめ、ノンフォーマルな教育がそれらを支えてきたのである。

デンマークには現在も、「私のことは私が決める」という当事者主権の文化がある。第3

章で扱ったユースカウンシルの取り組みや、学校における生徒会、また本書では触れていないが保護者も関わる学校理事会や、公共施設の利用者が運営にも関与する利用者民主主義（ユーザーデモクラシー）が随所に見られる。

日本においても、排除されている人々自身が望むように環境や状況を変えていくことが可能となる仕組みを、生涯学習や社会教育の領域でデザインしていく必要があるだろう。

最後となるが、本書の執筆にあたっては、ミツイパブリッシングの中野葉子さんが出版をご快諾してくださり、刊行までご尽力くださった。心からお礼を申し上げたい。また、中野さんと私たちをつないでいただいた聖心女子大学の澤野由紀子先生をはじめ、本書の執筆にあたり、デンマークの教育や社会の事情について確認したい際に的確に助言をくれた針貝有佳さん、詳細な情報をリンクつきでご紹介くださった鈴木優美さん、そしていつも研究や生き方という点で大変刺激をもらっている北欧教育研究会の皆さんにも感謝をお伝えしたい。

なお、本書の原稿執筆にあたり、以下のＪＳＰＳ科研費の助成を受けている。
18K02317、18K13071、17H00052017、18H00060、16K04528、19K02521、20K02479、17H06761、20H04479

２０２２年８月

佐藤裕紀

●注●

はじめに

1 UN, https://worldhappiness.report/, (2021 年 3 月 4 日最終閲覧)。
2 OECD, https://www.oecd.org/pisa/, (2021 年 3 月 5 日最終閲覧)。
3 OECD, https://data.oecd.org/eduresource/, (2021 年 3 月 4 日最終閲覧)。

第 1 章

1 社会福祉研究所 (VIVE) ウェブサイト「基礎学校」の記述による。https://www.vive.dk/da/temaer/grundskolen/, (2021 年 8 月 30 日最終閲覧)。
2 共働き家庭の多いデンマークでは、就学前の子どもたちは保育園に、小中学校の子どもたちも放課後や長期休暇中は、学童保育のための施設で過ごすことが多い。10 歳くらいまでの子どもたちが過ごすのは、SFO（Skolefritidordninger）と呼ばれる小中学校の管轄で運営され学校理事会が監督する学童保育施設と、余暇センター（Fritidshjem）と呼ばれる自治体が設立し教育士（Pædagog）と保護者による理事会が民主的な方法で運営する学童保育施設である。その後は、10 ～ 11 歳が対象となる余暇クラブ（Fritidklub）、12 ～ 14 歳が対象となるジュニアクラブ（Juniorklub）、14 ～ 18 歳が対象となる若者クラブ（Ungdomklub）などがある。SFO は国民学校法（Folkeskoleloven）、余暇センターと余暇クラブは日中保育法（Dagtilbudsloven）、ジュニアクラブと若者クラブは若者学校法（Ungdomsskoleloven）に基づきそれぞれ運営されている。余暇センターおよび余暇クラブを設置している自治体は、全体の 10 分の 1 程度である。
3 その他の通学形態には、エフタスコーレをはじめ、療育施設や自由職業学校、職業系学校（Erhvervsskoler）、若者学校などがある。子ども教育省ホームページ , https://www.uvm.dk/statistik/grundskolen/elever/elevtal-i-grundskolen, (2020 年 9 月 8 日最終閲覧)。
4 実際には、10 年生該当学年の希望者のうち、公立および私立の 10 年生クラスを 33.3% の生徒が希望するのに対し、エフタスコーレが 53.8%、若者学校が 7.7%、その他の学校（自由職業学校を含む）がごくわずかとなっている。
5 この進路を選択する生徒はごく少数で、全国合わせて 13 校、総生徒数 668 人程度、10 年生を選択する生徒の 1%未満である（子ども教育省、2020)。
6 この傾向は現在まで引き継がれ、各学校の所在地を示す地図からは、フュン島およびユトランド半島に数多くのフリースコーレが現存していることがわかる。https://www.friskolerne.dk/om-os/friskolekort, (2021 年 8 月 30 日最終閲覧)。
7 オーフス大学デンマークの歴史「1814 － 2014 年の学校と教育」より引用。https://danmarkshistorien.dk/leksikon-og-kilder/vis/materiale/skole-og-undervisning-1814-2014/ , (2019 年 7 月 16 日最終閲覧)。
8 グルントヴィフォーラム「フリースコーレ」解説による。https://grundtvig.dk/grundtvig/skole/skolerne/friskole/, (2019 年 7 月 16 日最終閲覧)。
9 グルントヴィフォーラム「フリースコーレ」解説による。https://grundtvig.dk/grundtvig/skole/skolerne/friskole/, (2019 年 7 月 16 日最終閲覧)。
10 オーフス大学デンマークの歴史「1814－2014 の学校と教育」より引用。https://danmarkshistorien.dk/leksikon-og-kilder/vis/materiale/skole-og-undervisning-1814-2014/, (2019 年 7 月 16 日最終閲覧)。

11 TVMV の記事による。https://www.tvmidtvest.dk/ringkoebing-skjern/kommunen-lukkede-folkeskolen-foraeldre-noedsaget-til-at-lave-friskole, (2021 年 9 月 1 日最終閲覧)。
12 法センター、https://www.retsinformation.dk/Forms/R0710.aspx?id=209946, (2021 年 8 月 30 日最終閲覧)。
13 法センター、https://www.retsinformation.dk/Forms/R0710.aspx?id=209946, (2021 年 8 月 30 日最終閲覧)。
14 子ども教育省、https://www.uvm.dk/folkeskolen/folkeskolens-maal-love-og-regler/nationale-maal/om-nationale-maal, (2020 年 2 月 27 日最終閲覧)。
15「子ども教育省のウェルビーイング・ツール」はこちらを参照のこと。https://nationaltrivsel.dk/nationaltrivsel/login.
16 子ども教育省のウェブサイトを参照。https://www.uvm.dk/folkeskolen/laering-og-laeringsmiljoe/trivsel-og-undervisningsmiljoe/om-trivsel-og-undervisningsmiljoe, (2020 年 2 月 27 日最終閲覧)。
17 日本では、人の移動を前提とする国の統合政策がなく、外国籍や海外ルーツをもつ生徒、海外からの帰国子女に対する多文化共生施策は、総務省「地域における多文化共生推進プラン」(2006 年)により各自治体がそれぞれに取り組むこととされてきた。そのため、外国籍や海外ルーツをもつ生徒、海外からの帰国子女に対する第二外国語としての日本語教育や、それぞれの情報保障や母語支援の内容は日本の場合は、居住する自治体により様々である。
18 UG, https://www.ug.dk/kot-tal, (2021 年 3 月 13 日最終閲覧)。
19 後期中等教育課程を卒業して 2 年以内に高等教育課程をスタートすると、最初の専攻科のときにさらに 12 カ月分が追加でもらえるボーナスもあり、最長で 82 カ月分である。
20 SU ポータルサイト参照。https://www.su.dk/su/, (2020 年 9 月 15 日最終閲覧)。
21 労働組合系のシンクタンク Arbejderbevægelsens Erhvervsråd のレポートによると、2030 年には 9 万 9000 人の職人が不足し、2 万 4000 人の短期高等教育(1 〜 2 年間)を受けた人、1 万 3000 人の中期高等教育(3 〜 4 年間)を受けた人が不足し、長期高等教育(つまり大学修士号以上 5 〜 6 年)を受けた人は 2 万 5000 人余るだろうという予測がある(Arbejderbevægelsens Erhvervsråd 2021)。
22 第 1 章はデンマーク在住の Madogucci 主宰鈴木優美氏の校閲を受けたものである。

＊第 1 章は JSPS 科研費 18K02317 の助成を受けたものである。

第 2 章

1 https://www. uvm.dk/statistik/tvaergaaende-statistik/soegning-til-ungdomsuddannelser/soegning-til-ungdomsuddannelser を参照(最終閲覧 2022 年 10 月 4 日)。
2 子ども教育省「教育ガイド」https://www.ug.dk/, (2020 年 9 月 14 日最終閲覧)。
3 http://www.svu.dk/om-svu/ を参照(2017 年 1 月 6 日最終閲覧)。
4 2016 年 7 月 1 日以前は、高等教育段階の補償(給付)も失業手当最大支給額の 80%であった。
5 ただし 20 〜 25 歳の申請者でも、「外国籍の成人のためのデンマーク語のための

SVU」は受給することができる。予備成人教育、ディスレクシアのための基礎教育や特別な支援が必要な成人のための教育を想定している。
6 早期退学者という条件は、外国籍の成人のためのデンマーク語、予備成人教育、失語症の成人対象の特別な教育、成人のための特別支援教育には適用されない。
7 例外として、申請者の高等教育経験が古くなった（時効）の場合は給付の対象となる。例えば過去5年間、高等教育を利用していない場合、健康上の理由等で高等教育に行く権利を使用できなかった場合、またはデンマーク以外の高等教育を修了（デンマークで使用できない）している場合等がある。
8 https://www.ug.dk/uddannelser/artikleromuddannelser/oekonomi/veu-godtgoerelse（2022年10月4日最終閲覧）を参照。
9 ただし、遠隔（通信）教育や収入を生む活動に対しては支払われない。
10 ただし、仮に高等教育を受けた者も、過去5年間、高等教育に在籍、参加していない場合には対象となる。
11 https://www.dr.dk/nyheder/indland/elever-ved-ikke-om-de-er-uddannelsesparate-eller-ej, https://www.dr.dk/nyheder/indland/elever-i-8-klasse-bliver-presset-af-uddannelsesvalg,（2020年12月1日最終閲覧）。
12 https://www.dr.dk/nyheder/regionale/bornholm/unge-faar-kursus-i-vasketoej-sund-mad-og-nem-id,（2020年11月19日最終閲覧）。
13 https://www.efterskolerne.dk/Om-efterskoleforeningen/Tal_og_analyser,（2022年10月4日最終閲覧）。
14 その後1942、1954、1967、1970、1992、1994、1996、2000、2011、2015年に改正し、現在ではエフタスコーレと自由職業学校（Frie fagskoler）に関する法となっている。https://www.retsinformation.dk/eli/lta/2019/815,（2022年10月4日最終閲覧）。
15 https://www.eva.dk/sites/eva/files/2017-07/Karakteristik%20af%2010.-klasse-elever.pdf,（2022年10月4日最終閲覧）。
16 http://psf.nu/images/charter/international_engelsk.pdf（2022年10月4日最終閲覧）。
17 ジーン・レイヴ、エティエンヌ・ウェンガー、佐伯胖訳『状況に埋め込まれた学習–正統的周辺参加』（産業図書、1993年）。

＊第2章はJSPS科研費18K13071の助成を受けたものである。

第3章
1 NHK WEB NEWS「衆院選 18歳と19歳の投票率は43% 前回より2.52ポイント高く」、https://www3.nhk.or.jp/news/html/20211102/k10013332791000.html,（2022年5月7日最終閲覧）。
2 Dansk Ungdoms Fællesråd, http://duf.dk/om-duf/dufs-medlemmer,（2022年3月8日最終閲覧）。
3 Haader, B. (2011) Danish Youth Policy, Forum,21[Policy].
4 Netværket af Ungdomsråd, http://www.nau.dk/,（2020年10月31日最終閲覧）。
5 全世代を通しての投票率も80%台を維持する国政選挙よりやや低く、2021年11月16日は4年に1度の地方議会選挙だったが、投票率は67.2%だった。
6「国民の会議」は、年に一度、デンマークのボーンホルム島に政治家と国民が集

まり、自由に議論するイベントである。
7 2014～2016年のユースカウンシルの試験期間が終了した後、ユースカウンシルは「ユースフォーラム」という形で継続されることになった。
8 エフタスコーレについては第1、2章を参照。
9 デンマークでは2007年の行政改革により、従来の14のアムト（amt, 県）が廃止され、より広域な行政体である五つのレギオン（region, 地域）に再編された。このときに274あったコムーネ（kommune, 地方自治体）は98に統合された。
10 カルチャーハウスの大半は図書館にある。カフェやコンサートホールに併設されていることもある。アートイベントやワークショップなどが行われる。
11 後日のインタビューでは、このプログラムは学校との調整がうまくいかず、実現しなかったそうである。
12 移民地区のゲレロップは、パレスチナ難民やアフリカの紛争地域からの難民が多い、デンマーク最大の移民地区である。地理的には西地区に属するが、移民・難民独自の課題が多いため、西地区から独立してバックグラウンドグループを組織する。
13 Nordic Council of Ministers（2016） Do Rights!- Nordic perspective on child and youth participation, https://www.norden.org/en/publication/do-rights,（2020年9月23日最終閲覧）。

第4章

1 日本では、職業成人教育と訳されることが多い。
2「2 成人の労働市場教育」の内容は、子ども教育省の成人職業教育の以下のウェブサイトからの引用に一部加筆した。データ等は可能な限り最新のものに入れ替えた。https://eng.uvm.dk/adult-education-and-continuing-training/adult-vocational-training,（2021年8月10日最終閲覧）。その他、別の引用については、その箇所に、出典等を付した。
3 https://www.tur.dk/arbejdsmarkedsuddannelser-(amu)/amu-kompetencebeskrivelser/,（2021年8月10日最終閲覧）。
4 https://www.uvm.dk/ministeriet/organisationen-i-ministeriet/raad--naevn-og-udvalg/arbejdsgivernes-uddannelsesbidrag,（2021年10月20日最終閲覧）。
5 日本の職業教育と比較すると、日本の場合は、正規雇用職員・労働者に対する職業教育訓練は、公務員や大企業などの場合は、役所や企業の財政負担によって行われている。中小企業の労働者や、公務員や大企業でも非正規雇用職員・労働者に対しては、職業教育訓練の支援体制は極めて弱い。
6「3 普通成人教育」の内容は、子ども教育省の普通成人教育の以下のウェブサイトからの引用に一部加筆した。https://eng.uvm.dk/adult-education-and-continuing-training/the-general-adult-education-programme,（2021年8月10日最終閲覧）。その他、別の引用については、その箇所に出典等を付した。
7 デンマークVUCとHFの連合によるウェブサイト。https://vuc.dk/om-os/vuc-i-tal/,（2021年10月2日最終閲覧）。
8 コペンハーゲン成人教育センターのウェブサイト。https://kvuc.dk/,（2021年8月10日最終閲覧）。
9 コペンハーゲン成人教育センターの『2020年報告書』によると、全学生で2807人（フルタイム換算）で、AVUの学生は441名となっている。https://kvuc.dk/

media/2416/aarsrapport-2020-opt.pdf, (2021年10月2日最終閲覧)。

10「4 自由成人教育」の内容は、子ども教育省の普通成人教育の以下のウェブサイトからの引用に一部加筆した。https://eng.uvm.dk/adult-education-and-continuing-training/non-formal-adult-education, (2021年8月10日最終閲覧)。その他、別の引用については、その箇所に出典等を付した。
11 デンマークのノンフォーマル教育は、図表4-2で示した学校教育の体系と、成人及び継続教育の体系に含まれない教育として捉えることができる。
12 https://www.fof.dk/da/kbh (2021年10月20日最終閲覧)。
13 フリーファグスコーレのウェブサイト。https://friefagskoler.dk/akademilinje, (2021年10月20日最終閲覧)。
14 Tove Heidemann, Randi Nygaard Andersen, Finn Thorbjørn, Anders Bech Thøgersen, *Værdigrundlag og selvevaluering paå de frie kostskoler*, København, Danmark Pædagogiske Universitet, 2001, p.12.
15 同前、p.15.
16 ウルダムホイスコーレのウェブサイトより。https://uldum-hojskole.dk/, (2021年9月10日最終閲覧)。

＊第4章第1節は、デンマーク在住の鈴木優美氏より、多大なご協力をいただいた。
＊第4章の一部は、平成28年度秋田大学研究者海外派遣事業、JSPS科研費16K04528、19K02521、20K02479の助成を受けたものである。

第5章

1 Slots- og Kulturstyrelsen, "Om Biblioteker," https://slks.dk/omraader/kulturinstitutioner/biblioteker/, (2021年9月5日最終閲覧)。
2 Danmarks Statistik, "Public Libraries by Region and Activity," http://www.statistikbanken.dk/BIB2B, (2021年9月5日最終閲覧)。
3 配本所とは、図書館から送られてきた資料を利用者に貸し出す場所を意味する。通常、配本所には利用者から要望があった資料が置かれ、豊富なコレクションが常置されることはない。日本図書館情報学会用語辞典編集委員会編 (2020)「配本所」『図書館情報学用語辞典 第5版』、丸善出版、198頁。
4 Københavns Biblioteker, "Ny app til sundhedskortet," https://bibliotek.kk.dk/nyheder/artikel/ny-app-til-sundhedskortet, (2021年9月5日最終閲覧)。
5 Danmarks Statistik, "Public Libraries Key Figures by Region and Key Figures," http://www.statistikbanken.dk/BIB1, (2021年9月5日最終閲覧)。
6 Det Informationsvidenskabelige Akademi, "Arrangement," *Informationsordbogen: Ordbog for Informationshåndtering*, Det Informationsvidenskabelige Akademi, http://www.informationsordbogen.dk/concept.php?cid=4103, (2021年9月5日最終閲覧)。
7 Danmarks Statistik, "Public Libraries by Region and Activity," http://www.statistikbanken.dk/BIB2B, (2021年9月5日最終閲覧)。
8 例えば以下の研究がある。Kjær, Bruno; Ørum, Anders (2018) "Forvandlingsbilleder og Bibliotekskulturelle Identiteter. 1. del: Refleksioner over og Analyser af Folkebibliotekernes Indirekte Formidling," *Biblioteksarbejde*, no. 34, pp.33-43.; Kjær, Bruno; Ørum, Anders (2018) "Forvandlingsbilleder

og Bibliotekskulturelle Identiteter. 2. del: Refleksioner over og Analyser af Folkebibliotekernes Indirekte Formidling," *Biblioteksarbejde*, no. 34, pp.45-71.; Andersson, Marianne; Skot-Hansen, Dorte（1994）*Det Lokale Bibliotek: Afvikling eller Udvikling*. Danmarks Biblioteksskole.

9 Mathiasson, Mia Høj（2020）"From Means to an End to Ends in Themselves: An Empirical Study of the Development of Public Library Programmes in Denmark between 1960 and 2020," *Nordic Journal of Library and Information Studies*. vol.1, no.2, pp.34-52.; Mathiasson, Mia Høj（2021）*Programs as Ideas and Practice : A Story of Public Library Programming Activity*, Det Humanistiske Fakultet, Københavns Universitet, 195p.

10 United Nations Department of Economic and Social Affairs, "Denmark," https://publicadministration.un.org/egovkb/en-us/Data/Country-Information/id/48-Denmark,（2021 年 9 月 5 日最終閲覧）。

11 Danmarks Statistik, "Population Projections 2021 by Region/Province, Age and Sex," http://www.statistikbanken.dk/FRLD121,（2021 年 9 月 5 日最終閲覧）。

12 Slots-og Kulturstyrelsen, "Hold Hjernen Frisk," https://slks.dk/omraader/kulturinstitutioner/biblioteker/i-fokus/hold-hjernen-frisk/,（2021 年 9 月 5 日最終閲覧）。

13 Aarhus Kommunes Biblioteker, "Nyheder i Kategorien Fællessang," https://www.aakb.dk/tags/faellessang,（2021 年 9 月 5 日最終閲覧）。

14 Folkehøjskolernes Forening i Danmark, "Højskolesangbogen," https://hojskolesangbogen.dk/om-sangbogen,（2021 年 9 月 5 日最終閲覧）。

15 TV2 Østjylland, "Fars Legestue er et Frirum, Hvor Mænd Snakker om Bold og Bleer," https://www.tv2ostjylland.dk/aarhus/fars-legestue-er-et-frirum-hvor-maend-snakker-om-bold-og-bleer,（2021 年 9 月 5 日最終閲覧）。

16 Eurostat, "Asylum in the EU Member States: Record number of over 1.2 million first time asylum seekers registered in 2015,"http://ec.europa.eu/eurostat/documents/2995521/7203832/3-04032016-AP-EN.pdf/790eba01-381c-4163-bcd2-a54959b99ed6,（2021 年 9 月 5 日最終閲覧）。

17 Danmarks Biblioteksforening,"De Danske Folkebiblioteker Byder Flygtningene Velkommen,"https://www.db.dk/artikel/de-danske-folkebiblioteker-byder-flygtningene-velkommen,（2021 年 9 月 5 日最終閲覧）。

18 Tønder Kommunes Biblioteker, "Mens Vi Venter," http://www.mensviventer.dk/,（2021 年 9 月 5 日最終閲覧）。

19 Tønder Kommunes Biblioteker, "Mens Du Venter," http://mensviventer.dk/aktiviteter/mens%20du%20venter.html,（2021 年 9 月 5 日最終閲覧）。

20 The Danish Immigration Service, "Asylum Centres," https://www.nyidanmark.dk/en-GB/You-are-waiting-for-an-answer/Asylum/Where-can-asylum-seekers-live'/-Asylum-centres,（2021 年 9 月 5 日最終閲覧）。

21 The Danish Immigration Service, "Where can Asylum Seekers Live?," https://www.nyidanmark.dk/en-GB/You-are-waiting-for-an-answer/Asylum/Where-can-asylum-seekers-live,（2021 年 9 月 5 日最終閲覧）。

＊第 5 章は、JSPS 科研費 17H06761、20H04479 の助成を受けて行った研究成果の一部である。

おわりに

1 リスボン戦略とは、2000 年 3 月にポルトガルの首都リスボンで開催された EU 首脳会議で採択された目標で、2010 年までに EU を「世界で最も競争力がありダイナミックな知識基盤社会」へと構築していくことを目指した。

2 例えば、成人教育学（andragogy）の用語をアメリカの成人教育の文献に最初に示したとされるエデュアード・C・リンデマンや、学習社会（learning society）の用語が注目される契機となる『ザ・ラーニング・ソサエティ』（The Learning Society）を記したロバート・M・ハッチンスらも、デンマークのノンフォーマルな成人教育を中心とした学習文化や社会運動、社会変革を志向した成人の学習について高く評価している。

●参考文献●

はじめに

マイケル・ブース（2014=2016）黒田眞知訳『限りなく完璧に近い人々ーなぜ北欧の暮らしは世界一幸せなのか？』、角川書店。

OECD (2020a) Education at a Glance.

OECD (2020b) Education Policy Outlook: Denmark.

第 1 章

Edward Broadbridge et.al.eds.（2011）The School for Life, Aarhus University Press.

永田佳之（2005）『オルタナティブ教育ー国際比較に見る 21 世紀の学校づくり』、新評論。

クリステン・コル（2007）清水満編訳『コルの「子どもの学校論」ーデンマークのオルタナティヴ教育の創始者』、新評論。

オーヴェ・コースゴー（1999）川崎一彦監訳、高倉尚子訳『光を求めてーデンマークの成人教育 500 年の歴史』、東海大学出版会。

Ove Korsgaard (2011) Grundtvig's Philosophy of Enlightenment and Education, in: Edward Broadbridge et.al.eds., The School for Life, Aarhus University Press, pp.13-35.

清水満（2007）「解説　コルの教育思想」、クリステン・コル、清水満編訳『コルの「子どもの学校論」ーデンマークのオルタナティヴ教育の創始者』、新評論、190-247 頁。

清水満（2019）「コルの教育思想」、永田佳之編『変容する世界と日本のオルタナティブ教育ー生を優先する多様性の方へ』、世織書房、272-293 頁。

鈴木優美（2019）「デンマークにおけるフリースクールの意味と役割」、永田佳之編『変容する世界と日本のオルタナティブ教育ー生を優先する多様性の方へ』、世織書房、235-255 頁。

Judith T. Wagner/Johanna Einarsdottir (2006) Nordic Ideals as Reflected in Nordic Childhoods and Early Education, in: Judith T. Wagner/Johanna Einarsdottir, eds., Nordic Childhoods and Early Education, IAP, pp.1-12.

子ども教育省 HP, Børne- og Undervisningsministeriet, https://www.uvm.dk/（2020 年 2 月 27 日最終閲覧）。

子ども教育省（2020）Børne- og Undervisningsministeriet, Frie fagskoler, Karakteristik af elevgrundlag, enkeltfagsordning, karakterkrav, resultater og overgange.

子ども教育省（2021）Børne- og Undervisningsministeriet, Havd vælger eleverne, når de forlader grundsko- len efter 9. og 10. klasse i 2021.

EVA (2018) Danmarks Evalueringsinstitut, Valget af 10. klasse: Unges veje mod ungdomsuddannelse, https://www.eva.dk/sites/eva/files/2018-09/Valget%20af%2010.%20klasse_final.pdf,（2021 年 8 月 30 日最終閲覧）。

Arbejderbevægelsens Erhvervsråd (2021) Danmark mangler 99.000 faglærte i 2030.

Børne- og Undervisningsministeriet, 2007, Denmark's strategy for lifelong learning－Education and lifelong skills upgrading for all, https://www.uvm.dk/

publikationer/engelsksprogede/
2007-denmarks-strategy-for-lifelong-learning, (2020 年 9 月 15 日最終閲覧)。
木戸裕（2014）「ヨーロッパ統合をめざした高等教育の国際的連携――ボローニャ・プロセスを中心にして」、『比較教育学研究』第 48 号、116-130 頁。
Ministry of Higher Education and Science (2020) Guidance in Education, Euroguidance Denmark, The Danish Agency for Science and Higher Education.
OECD (2020) Education at a Glance 2020, OECD Publishing.
ハンス＝ヴェルナー・プラール（2015）山本尤訳『大学制度の社会史』、法政大学出版局。
坂口緑（2018）「誰がパイプラインをつなぐのか―デンマーク・通学制国民高等学校の事例」、『日本生涯教育学会論集 39』、73-82 頁。
豊泉周治（2018）「デンマークの成人教育―後期中等教育の保障をめぐって」、『群馬大学教育学部紀要 人文・社会科学編』第 67 巻、47-59 頁。
Thomas Clausen (2020) From decentralized means-testing to the centralized management of stipends and loans. The administration of student financial aid in Denmark 1950 − 2000, Journal of Educational Administration and History, pp.1-14, DOI:10.1080/00220620.2020.1719392.

コラム 1

清水満（1996）『改訂新版　生のための学校－デンマークで生まれたフリースクール「フォルケホイスコーレ」の世界』、新評論。

小池直人（2015）「グルントヴィのホイスコーレ構想が拓いたもの－訳者解説」、『グルントヴィ哲学・教育・学芸論集３ホイスコーレ　下』、風媒社。

小池直人（2017）『デンマーク　共同社会の歴史と思想－新たな福祉国家の生成』、大月書店。

オーヴェ・コースゴー（1999）川崎一彦監訳、高倉尚子訳『光を求めて－デンマークの成人教育 500 年の歴史』、東海大学出版会。

オヴェ・コースゴー（2016）清水満訳『政治思想家としてのグルントヴィ』、新評論。

原田亜紀子（2022）『デンマークのシティズンシップ教育－ユースカウンシルにおける若者の政治参加』、慶應義塾大学出版会。

第 2 章

青木真理、谷雅泰、三浦浩喜（2007）「デンマークの進路指導について―ガイダンスセンターにおける聞き取り調査」、『福島大学地域創造』19 巻 1 号、96-106 頁。

青木真理、谷雅泰、三浦浩喜（2009）「デンマークのガイダンスシステムについて：教育省でのインタビュー調査を中心に」、『福島大学総合教育研究センター紀要』7 号 67-74 頁。

青木真理、谷雅泰、三浦浩喜（2010）「デンマークの若者はどのように進路選択するか―ガイダンスセンターでの調査をもとに」、『福島大学総合教育研究センター紀要』8 号 39-46 頁。

青砥恭編（2015）『若者の貧困・居場所・セカンドチャンス』、太郎次郎社エディタス。

池田法子（2018）「デンマークにおける特別なニーズのある若者教育政策の展開－特別計画若者教育（STU）を中心に」、『京都大学大学院教育学研究科紀要』64 号、29-41 頁。

岡部茜（2019）『若者支援とソーシャルワーク―若者の依存と権利』、法律文化社。

小山晶子（2021）「第３章 EU による早期離学に関する教育訓練政策の展開」、園山大祐編『学校を離れる若者たち－ヨーロッパの教育政策にみる早期離学と進路保障』、ナカニシヤ出版。

クリステン・コル（2007）清水満編訳『コルの「子どもの学校論」－デンマークのオルタナティヴ教育の創始者』、新評論。

厚生労働省（2006）『第８次職業能力開発基本計画』。

児玉珠美（2016）『デンマークの教育を支える「声の文化」－オラリティに根ざした教育理念』、新評論。

斎藤里美（2021）「第２章 OECD による早期離学の予防・介入・補償政策」、園山大祐編『学校を離れる若者たち－ヨーロッパの教育政策にみる早期離学と進路保障』、ナカニシヤ出版。

佐藤裕紀（2015）「デンマークの生涯学習における『従前学習認証』に関する研究：従前学習認証の展開の現状とノンフォーマル成人教育での実践」、『日本生涯教育学会論集』36 号、199-216 頁。

佐藤裕紀（2015）「デンマークの生産学校における従前学習の認証に対する取り組み：生産学校協会による取り組みに着目して」、『早稲田大学教育学会紀要』16 号、103-110 頁。

清水満（2019）「コルの教育思想－デンマークのフリースクール運動の創始者」、永田佳之編『変容する世界と日本のオルタナティブ教育－生を優先する多様性の方へ』、世織書房。

下村英雄（2013）『成人キャリア発達とキャリアガイダンス－成人キャリア・コンサルティングの理論的・実践的・政策的基盤』、労働政策研究・研修機構。

鈴木優美（2019）「デンマークにおけるフリースクールの意味と役割」、永田佳之編『変容する世界と日本のオルタナティブ教育―生を優先する多様性の方へ』、世織書房。

谷雅泰、三浦浩喜、青木真理（2010）「デンマークの若者支援－若者へのインタビューその２・エフタスコーレと HTX」、『福島大学地域創造』21(2) 、61-79 頁。

豊泉周治（2018）「デンマークの成人教育―後期中等教育の保障をめぐって」、『群馬大学教育学部紀要 人文・社会科学編』第 67 巻、47-59 頁。

豊泉周治（2021）『幸福のための社会学―日本とデンマークの間』、はるか書房。

夏目達也（2015）「イギリスの大学における生涯キャリアガイダンス政策の展開－学生のキャリア形成支援活動の現状」、『名古屋高等教育研究』第 15 号、117-138 頁。

宮本みち子編（2015）『すべての若者が生きられる未来を－家族・教育・仕事からの排除に抗して』、岩波書店。

森田佐知子（2017）「自律的キャリア形成時代におけるキャリア教育の在り方―デンマークにおける生涯学習意欲醸成のための取組に着目して」、『佐賀大学全学教育機構紀要』第５号、115-125 頁。

横井敏郎編著（2022）『教育機会保障の国際比較―早期離学防止政策とセカンドチャンス教育』、勁草書房。

Andersen,M.,&Laugesen,C (2012) *Recognition of Prior learning within Formal Adult education in Denmark*. PLAIO,Prior Learning Assessment Inside Out,1, No2.

Bjarne Wahlgren (2015) *The parallel adult education system: A danish contribution to lifelong Learning at university level*.Yang, J., Chripa.S&S.

Roche(ed). The Role of Higher education in Promoting Lifelong Learning, Hamburg , UNESCO Institute for Lifelong Learning, pp.164-174.
Cedefop (2009) *Professionalising career guidance: Practitioner competences and qualification routes in Europe*, pp.49-53.
Cort, P., R.Thomsen & K.M.Anderson (2015) *Left to your own devices'-the missed potential of adult career guidance in Denmark*. British Journal of Guidance & Counselling43, 3, pp.292-305.
Danmarks Evalueringsinstitut (EVA) (2011) "*Karakteristik af 10.-klasse-elever*（10年生の生徒の特徴）", https://www.eva.dk/grundskole/karakteristik-10-klasse-elever,（2022年7月18日最終閲覧）。
Euroguidance Denmark (2014) *Guidance System in Denmark*-Overview, https://www.euroguidance.eu/guidance-systems-and-practice/national-guidance-systems/guidance-system-in-denmark,（2018年11月20日最終閲覧）。
Euroguidance Denmark, The Danish Agency for Science and Higher Education (2020) *Guidance in Education -the educational guidance system in Denmark*, https://ufm.dk/publikationer/2020/guidance-in-education ,（2022年9月29日最終閲覧）。
European Commision (2013) *Reducing early school leaving:Key messages and policy support, Final Report of the Thematic Working Group on Early School Leaving*.
Eurostat (europa.eu) Early leavers from education and training by sex and labour status, https://ec.europa.eu/eurostat/databrowser/view/edat_lfse_14/default/table?lang=en,（2022年9月3日最終閲覧）。
Højskolerne, Efterskolerne, Dansk Friskoleforening and Den frie Lærerskole (2018) *The Danish free school tradition*（https://www.friskolerne.dk/fileadmin/filer/Dansk_Friskoleforening/Billeder_og_video/Eng_version/faelles_international_hefte_18_small.pdf）,（2022年7月18日最終閲覧）。
Kalundborgegnens Produktionsskole & Jean Lave (2002) *From Education to situtated learning-Experience of a Danish production school*.
Michael Bjergsø og Produktionsskoleforeningen (2015) *En anden vej til uddannelse -Produktionsskolernes rolle og sammenhængen i forløb og uddannelser*, https://www.ft.dk/samling/20151/almdel/BUU/bilag/84/1588147.pdf,（2022年7月18日最終閲覧）。
OECD (2002) *Review of Career Guidance Policies-Denmark Country Note*, Paris.
OECD (2004) *Career Guidance and Public Policy: Bridging the Gap*, OECD Publications, Paris.
Palle, Rasmussen (2004) *Towards Flexible Differentiation in Higher Education?：Recent changes in Danish higher education*. Ingemar , Fägerlind & Görel Strömvist. (ed). Reforming higher education in the Nordic countries-studies of change in Denmark, Finland, Iceland, Norwayand Sweden, Paris, UNESCO.
Peter Fløe og Marianne Søgaard Sørensen (2004) En skoleform bliver til – Blikke på produktionsskolen gennem 25 år, Foreningen for produktionsskoler og produktionshøjskoler.
Plant, P., & R. Thomsen (2012) *Career Guidance in Denmark: Social control in*

a velvet Glove. Retrieved December 31. 2016, http://www. scielo. org.ar/pdf/orisoc/v11/en_vaa102.pdf,（2022 年 7 月 18 日最終閲覧）。
Produktionsskole foreningen（2016）, *The Danish Production Schools - an introduction*, http://psf.nu/images/charter/international_engelsk.pdf,（2022 年 7 月 16 日最終閲覧）。
Produktionsskole foreningen（2016）*Produktionsskolernes udslusningsresultater 2015 Statistik baseret på indberetninger fra produktionsskolerne til PSF*, http://www.psf.nu/images/Statestik/Produktionsskolernes_Udslusningsstatistik_2015_-_Landstal_PSF_september_2016.pdf,（2022 年 7 月 18 日最終閲覧）。
Robert Powell (2011) *The Danish Free School Tradition-a lesson in democracy*. Curlew Productions, Kelso.
The Danish Ministry of Education（2007）*Denmark's strategy for lifelong learning - Education and lifelong skills upgrading for all Report to the European Commission*, https://planipolis.iiep.unesco.org/sites/default/files/ressources/denmark_lifelong_learning.pdf,（2022 年 7 月 18 日最終閲覧）。
The Ministry of Higher Education (2016) The Danish Education System.
エフタスコーレ協会ウェブサイト、https://www.efterskolerne.dk/
生産学校協会ウェブサイト、http://psf.nu/
コペンハーゲン市若者学校ウェブサイト、https://ungdomsskolen.kk.dk/
生産学校法（Lov om produktionsskoler）、https://www.retsinformation.dk/eli/lta/2015/781,（2022 年 7 月 18 日最終閲覧）。
記事「若者学校の事例：若者は選択、健康的な食事、nemID についてのコースで学ぶ」、https://www.dr.dk/nyheder/regionale/bornholm/unge-faar-kursus-i-vasketoej-sund-mad-og-nem-id,（2020 年 11 月 19 日最終閲覧）。
記事「普通中等教育進学で準備ができていると見なされると評価の点数が上がる」、https://www.dr.dk/nyheder/regionale/nordjylland/hoejere-adgangskrav-traeder-i-kraft-ved-midnat-faerre-unge-skal-paa,（2020 年 12 月 1 日最終閲覧）。
記事「8 年生が進路選択にプレッシャーを抱えている」、https://www.dr.dk/nyheder/indland/elever-ved-ikke-om-de-er-uddannelsesparate-eller-ej, https://www.dr.dk/nyheder/indland/elever-i-8-klasse-bliver-presset-af-uddannelsesvalg,（2020 年 12 月 1 日最終閲覧）。
https://ungdomsskolen.kk.dk/artikel/working-areas-and-organisation,（2020 年 11 月 19 日最終閲覧）。
https://www.efterskolerne.dk/Faglig_viden/Efterskolens_historie_og_vaerdigrundlag,（2022 年 7 月 16 日最終閲覧）。

コラム 3

石井英真（2020）『未来の学校－ポスト・コロナ時代の公教育のリデザイン』、日本標準。

国立教育政策研究所（2019）『諸外国における情報通信技術を活用した学校教育事例報告書』、https://www.nier.go.jp/04_kenkyu_annai/pdf/20190800-01_jpn.pdf,（2022 年 3 月 19 日最終閲覧）。

佐藤裕紀（2020）「各国の教科書制度・デンマーク王国」、『海外教科書制度調査研究報告書』、公益財団法人教科書研究センター、291-298 頁。

佐藤学（2021）『第四次産業革命と教育の未来－ポストコロナ時代の ICT 教育』、岩波書店。

中島健祐（2019）『デンマークのスマートシティ－データを活用した人間中心の都市づくり』、学芸出版社。

第３章

小池直人（2017）『デンマーク　共同社会の歴史と思想－新たな福祉国家の生成』、大月書店。

鈴木賢志（2018）「スウェーデンの主権者教育」、川崎一彦、澤野由紀子、鈴木賢志、西浦和樹、アールベルエル松井久子『みんなの教育　スウェーデンの「人を育てる」国家戦略』、ミツイパブリッシング。

キャロル・ペイトマン、寄本勝美訳（1977）『参加と民主主義理論』、早稲田大学出版。

坪郷實編著（2009）『比較・政治参加』、ミネルヴァ書房。

朝野賢司、生田京子、西英子、原田亜紀子、福島容子（2005）『デンマークのユーザー・デモクラシー』、新評論。

原田亜紀子（2022）『デンマークのシティズンシップ教育―ユースカウンシルにおける若者の政治参加』、慶應義塾大学出版会。

原田亜紀子（2017）「デンマークの若者の「民主主義の学校」での主体形成に関する考察：デンマーク若者連盟におけるハル・コックの思想に着目して」、『社会教育学研究』53(1)、1-12 頁。

Harada, A（2021）How to involve a diverse group of young people in local government decision making: A case study of Danish youth councils. Compare: A Journal of Comparative and International Education, 1-17.

ロジャー・ハート（2000）木下勇、田中治彦、南博文監修、IPA 日本支部訳、『子どもの参画　コミュニティづくりと身近な環境ケアへの参画のための理論と実際』、萌文社。

Dansk Ungdoms Fællesråd (1994) Nærdemokrati- unge med i billedet.

ハル・コック (2004) 小池直人訳『生活形式の民主主義』、花伝社。

オーヴェ・コースゴー（1999）川崎一彦監訳、高倉尚子訳『光を求めて-デンマークの成人教育 500 年の歴史』、東海大学出版会。

Matthews, H (2001) Citizenship, youth councils, and young people's participation. Journal of youth studies, 4(3), 299-318.

キャロル・ペイトマン (1977) 寄本勝美訳『参加と民主主義理論』、早稲田大学出版部。

ボー・ロートシュタイン（2013）「スウェーデン - 社会民主主義国家における社会関係資本」、ロバート・パットナム編、猪口孝訳『流動化する民主主義―先進８カ国におけるソーシャル・キャピタル』、ミネルヴァ書房。

Wyness, M. (2009) Children representing children: Participation and the problem of diversity in UK youth councils. Childhood, 16(4), 535-552.

Hvidovre Avisen, 2015 年 5 月 25 日付。

コラム４

Dansk Skole Elever, https://skoleelever.dk/,（2022 年 6 月 12 日最終閲覧）。
Dansk Gymnasium Elever Sammenslutning, https://www.gymnasieelever.dk/,（2022 年 6 月 12 日最終閲覧）。

Berlingske：VK vil fjerne loft på klassestørrelse（d. 04. december 2010), https://www.berlingske.dk/samfund/vk-vil-fjerne-loft-paa-klassestoerrelse,（2022 年 6 月 12 日最終閲覧）。

第 4 章
オーヴェ・コースゴー（1999）川崎一彦監訳、高倉尚子訳『光を求めて－デンマークの成人教育 500 年の歴史』、東海大学出版会。
清水満（1996）『改訂新版　生のための学校－デンマークで生まれたフリースクール「フォルケホイスコーレ」の世界』、新評論、62-63 頁。
原義彦（2019）「フォルケホイスコーレの基本価値の類型化と自己評価」『秋田大学教育文化学部教育実践研究紀要』第 41 号、85-96 頁。

コラム 5
寺中作雄（1946）『公民館の建設ー新しい町村の文化施設』、公民館協会。
宇野豪（2003）『国民高等学校運動の研究ーひとつの近代日本農村青年教育運動史』、渓水社。
新海英行、木見尻哲生（1995）「デンマーク Folk High School 思想の受容過程に関する考察ー日本 Folk High School 運動前史」、『名古屋大学教育学部紀要（教育学科）』42(1)、197-211 頁。
新海英行、木見尻哲生（1995）「デンマーク Folk High School 思想の受容過程に関する考察 (2) ー山形県立自治講習所と日本国民高等学校」、『名古屋大学教育学部紀要（教育学科）』42(2)、337-346 頁。

第 5 章
Duelund, Peter (2001) “Cultural Policy in Denmark,” *Journal of Arts Management, Law and Society*, vol.31, no.1, pp. 34-56.
Duelund, Peter; Valtysson, Bjarki; Bohlbro, Lærke (2012) “Country Profile: Denmark,”*Compendium of Cultural Policies and Trends in Europe*, Council of Europe / ERICarts, 100p., https://www.culturalpolicies.net/wp-content/uploads/pdf_full/denmark/denmark_032012.pdf, (2021 年 9 月 5 日最終閲覧)。
Dyrbye, Martin et al. (2005) *Det Stærke Folkebibliotek: 100 år med Danmarks Biblioteksforening*. Danmarks Biblioteksforening and Danmarks Biblioteksskole, 271p.
石黒暢（2012）「デンマークの電子政府戦略 : 行政の効率化と市民サービス向上の試み（北欧諸国における情報の収集・管理・公開に関する多角的研究）」、『北欧研究』no. 20, 119-134 頁。
Jochumsen, Henrik et.al. (2012) “The Four Spaces: A New Model for the Public Library,” *New Library World*. vol. 113, no. 11/12, pp. 586-597.
Kulturstyrelsen Center for Bibliotek, Medier og Digitalisering (2012) *Medborgercentre: Et Fremtidigt Bibliotekskoncept*, Kulturstyrelsen, 82p. , http://slks.dk/fileadmin/user_upload/dokumenter/bibliotek/Fokusomraader/Laesning_og_laering/Medborgercentre2012.pdf,(2021 年 9 月 5 日最終閲覧)。
Mathiasson, Mia Høj (2020) “From Means to an End to Ends in Themselves : An Empirical Study of the Development of Public Library Programmes in Denmark

between 1960 and 2020," *Nordic Journal of Library and Information Studies*. vol. 1, no.2, pp.34-52.
Mathiasson, Mia Høj (2021) *Programs as Ideas and Practice : A Story of Public Library Programming Activity*. Det Humanistiske Fakultet, Københavns Universitet, 195p.
Skot-Hansen, Dorte. (1996) "The Local library : Its Profile and Anchorage," *Scandinavian Public Library Quarterly*, vol.29, no.1, pp.4-7.
Sønderstrup-Andersen, Eva. (2008) "Bibliotekerne Samarbejder med borger.dk," *Nyt fra Bibliotek og Medier*, no. 3, p. 16.
Thorhauge, Jens. (2002) *Danish Library Policy: A Selection of Recent Articles and Papers*. Copenhagen, Danish National Library Authority, 114p.
https://archive.ifla.org/VII/s8/annual/cr02-dk.pdf, (2021 年 9 月 5 日最終閲覧)。
吉田右子（2007）「北欧におけるマイノリティ住民への図書館サービス－デンマークとスウェーデンを中心に」、『図書館界』vol. 59, no. 3, 174-187 頁。
吉田右子（2010）『デンマークのにぎやかな公共図書館－平等・共有・セルフヘルプを実現する場所』、新評論 , 268 頁。
和気尚美（2018）「スカンジナビアにおける難民・庇護希望者に対する公共図書館サービス」、『カレントアウェアネス』no. 335, 23-26 頁。
和気尚美（2019）「移民・難民のくらしに寄り添う公共図書館－デンマークにおける取り組みに着目して」、『多文化社会の社会教育－図書館・博物館・公民館がつくる「安心の居場所」』、明石書店、139-152 頁。
和気尚美（2022）『越境を経験する－デンマーク公共図書館と移民サービス』、松籟社、300 頁。

おわりに
小池直人、西英子（2007）「福祉国家デンマークのまちづくり－共同市民の生活空間」、かもがわ出版。

澤野由紀子（2016）「グローバル社会における教育の『北欧モデル』の変容」、北村友人編『岩波講座　教育　変革への展望７　グローバル時代の市民形成』、岩波書店、241-276 頁。

中西新太郎（2015）「人が人のなかで生きてゆくこと－社会をひらく『ケア』の視点から」、星雲社。

村上靖彦（2021）「ケアとは何か－看護・福祉で大事なこと」、中央公論新社。

European Policy Centre（2005）The Nordic model: A recipe for European success? (EPC Working paper No. 20), Brussels, EPC.

著者略歴

坂口緑（さかぐち　みどり）
1968年、東京都生まれ。明治学院大学教授。学術修士。オーフス大学客員研究員を経て現職。共著に『コミュニタリアニズムのフロンティア』（勁草書房）、『ボランティア活動をデザインする』『テキスト生涯学習』（共に学文社）、共訳書に『タイムバインド』（ちくま学術文庫）ほか。

佐藤裕紀（さとう　ひろき）
1983年、千葉県生まれ。新潟医療福祉大学講師。修士（教育学）。デンマーク教育大学客員研究員を経て現職。共編著に『北欧の教育最前線』（明石書店）、共著に『ヒューマンライブラリー』（明石書店）、『比較教育学のアカデミック・キャリア』（東信堂）、『ノンフォーマル教育の可能性』（新評論）ほか。

原田亜紀子（はらだ　あきこ）
1971年、東京都生まれ。広島大学教育開発国際協力研究センター研究員。博士（教育学）。慶應義塾高校教諭（社会科・公民分野）を経て現職。著書に『デンマークのシティズンシップ教育』（慶應義塾大学出版会）、共著に『デンマークのユーザー・デモクラシー』（新評論）、『北欧の教育最前線』（明石書店）。

原義彦（はら　よしひこ）
1966年、長野県生まれ。東北学院大学教授。博士（学術）。宮崎大学助教授、秋田大学大学院教授、ロスキレ大学客員研究員等を経て現職。著書に『生涯学習社会と公民館』（日本評論社）、共編著に『社会教育経営論』（理想社）ほか、『Folkehøjskoleに行こう』（ビネバル出版）に寄稿。

和気尚美（わけ　なおみ）
1983年、埼玉県生まれ。三重大学情報教育・研究機構招へい教員。博士（図書館情報学）。三重大学情報教育・研究機構助教を経て現職。著書に『越境を経験する』（松籟社）、共著に『北欧の教育最前線』『多文化社会の社会教育』（共に明石書店）、『文化を育むノルウェーの図書館』（新評論）ほか。

デンマーク式 生涯学習社会の仕組み

2022年10月28日　第1刷発行

著者◎坂口緑・佐藤裕紀・原田亜紀子・原義彦・和気尚美

ブックデザイン◎藤田知子
発行者◎中野葉子
発行所◎ミツイパブリッシング
〒078-8237 北海道旭川市豊岡7条4丁目4-8
トヨオカ7・4ビル　3F-1
電話 050-3566-8445
E-mail: hope@mitsui-creative.com
http://www.mitsui-publishing.com
印刷・製本◎モリモト印刷

ISBN：978-4-907364-27-4 C0037